sériehightech

DIRECTION DE COLLECTION
Yann Garret

AUTEURS
Fabrice Neuman
Jacques Harbonn

Groupe Eyrolles
61 bd Saint-Germain
75240 Paris Cedex 05
www.editions-eyrolles.com

ISBN : 978-2-212-14070-5

Il y a forcément une tablette Android pour vous !

Quels que soient votre budget, vos besoins ou vos envies, vous trouverez une tablette Android qui vous convient. D'une centaine d'euros à près de huit cents, avec un écran pouvant varier de 7 à 12 pouces (18 cm à 30 cm) de diagonale, le marché des tablettes Android vous propose un choix incomparable. Le seul inconvénient, finalement, c'est l'embarras du choix.

C'est donc tout naturellement que ce guide commence par vous donner les clés pour faire le bon choix et aussi pour comprendre les différents atouts de chaque tablette. Car derrière le mot Android se cache en réalité une multitude de modèles, proposant des fonctions variées. Certains fabricants comme Samsung ou Sony modifient et ajoutent leurs propres fonctions au système de Google, pourtant déjà très complet. Nous vous indiquons chaque fois si une fonction est spécifique à une tablette ou si elle est commune à toutes.

Vous verrez ensuite comment vous servir au mieux de votre tablette au quotidien, pour vous connecter à Internet, consulter vos courriels, et aussi acquérir les bons réflexes pour profiter de toutes les fonctions importantes sans effort.

Vous découvrirez aussi que votre tablette est si puissante, qu'elle peut pratiquement remplacer votre ordinateur en toutes circonstances : travailler sur des documents bureautiques et les imprimer, gérer vos photos et même en commander des tirages papier, ou encore vous connecter à tous vos services en ligne.

N'oubliez pas non plus qu'une tablette est un formidable outil de détente et d'information : lire des livres électroniques ou des magazines, regarder des films, écouter de la musique, jouer à tous les types de jeux, etc. Vous ne la lâcherez plus ! D'autant qu'avec le Play Store de Google, vous pourrez compléter ses fonctions à l'infini en faisant votre choix parmi des centaines de milliers d'applications.

À vous de jouer !

Imprimé en Pologne par Interak
N° d'éditeur : 9333
Dépôt légal : août 2014

Cet ouvrage est imprimé sur du papier couché demi-mat 130 g, papier issu de forêts gérées durablement.

SOMMAIRE

56

CHAPITRE 4

Centraliser tous ses échanges

74

CHAPITRE 5

Installer et gérer ses applications

90

CHAPITRE 6

Travailler avec une tablette Android

150

CHAPITRE 10

Aller plus loin avec sa tablette

1

Calculatrice
Chat +
ChatON
Contacts
Google
Mois
Avril 2013
LUN
MAR
MER
JEU
VEN
Horloge mo..
Vue double
Internet
Lecteur MP3
Lecteur vid..
Mes fichiers
Polaris Offi..
S Calendrier
S Note
Modifier
Mes fichiers
/storag...card0
storage
sdcard0
Pictures
02/04/2013 15:36
S Note
02/04/2013 12:19
samsungapps
02/04/2013 12:15
cloudagent
29/03/2013 11:32
Heure
Contac...
http://www.bresil-

À DÉCOUVRIR DANS CES PAGES

BIEN CHOISIR SA TABLETTE ANDROID

Votre choix est fait : le système Android animera votre nouvelle tablette. Face aux iPad, le prix nettement plus abordable de ces appareils a sûrement pesé dans la balance. Rassurez-vous, il y a bien d'autres raisons de miser sur le système de Google ! De nombreuses grandes marques ont choisi Android, vous aurez donc le choix entre des dizaines de modèles et différentes tailles d'écran. Si vous n'avez pas encore acheté votre petit ordinateur tactile, ce chapitre vous aidera à repérer le meilleur candidat.

POURQUOI CHOISIR UNE TABLETTE ANDROID PLUTÔT QU'UN IPAD ?

Le nom iPad est souvent utilisé comme un synonyme du mot tablette. Pourtant, les tablettes Android sont bien plus nombreuses et ont de quoi retenir l'attention.

Il y a fort à parier que lorsque vous entendez le mot tablette, c'est d'abord l'iPad qui vous vient à l'esprit. Apple n'est pourtant pas l'inventeur du concept. Dès le début des années 2000, Microsoft avait lancé ses Tablet PC, des ordinateurs portables extrêmement légers, avec ou sans clavier, et munis d'un écran tactile. Le succès ne fut pas au rendez-vous mais Microsoft n'abandonne pas pour autant puisque son dernier système d'exploitation, Windows 8, est conçu pour être aussi bien utilisé sur un PC traditionnel que sur une tablette tactile. De son côté, Apple lançait la première version de l'iPad en 2010 et, là, le succès public fut immédiat. Comme si on comprenait enfin à quoi pouvait bien servir une tablette. Apple ne pouvait pas rester longtemps seul sur le créneau. Quelque temps plus tard, des tablettes équipées du système Android, acheté et développé par Google, faisaient leur apparition, avec de nombreux arguments pour séduire.

DE PETITES TABLETTES MOINS CHÈRES

Le prix est évidemment le premier argument de poids. Apple n'est pas connu pour proposer des produits très abordables. Son modèle le moins cher, l'iPad mini, coûte près de 300 euros, alors que l'on peut trouver des tablettes Android pour moins de 60 euros ! Bien sûr la comparaison est un peu faussée car on ne parle pas de la même gamme, et ces tablettes à quelques dizaines d'euros risquent fort de vous décevoir et sont donc à éviter. Cela dit, si vous êtes à la recherche d'une bonne tablette légère et facilement transportable, munie par exemple d'un écran de 7 pouces (près de 18 cm) de diagonale, à comparer aux 8 pouces (environ 20 cm) de l'iPad mini, des fabricants comme Acer ou HP vous en proposeront pour à peine 150 euros. Et un modèle un peu plus haut de gamme comme la Nexus 7 signée Google et fabriquée par Asus, qui propose notamment un écran de meilleure résolution, ne coûte lui qu'un peu moins de 230 euros dans sa version de base.

DE GRANDES TABLETTES AU PRIX PLUS QU'ABORDABLE Même chose pour la catégorie des tablettes munies d'un écran d'environ 10 pouces (25 cm) de diagonale. Il vous faudra débourser près de 400 euros chez Apple pour l'iPad avec écran Retina. Alors que vous en trouverez de parfaitement utilisables à moins de 200 euros du côté d'Android, chez le fabricant Archos par exemple. Autant dire que si vous avez un budget limité, une tablette Android s'impose.

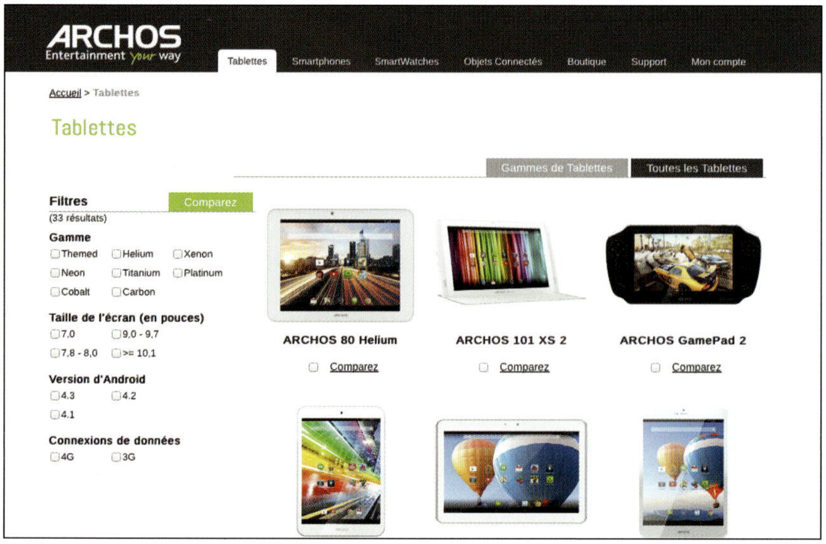

Archos est une entreprise française qui propose une gamme de tablettes étonnamment large, de toutes les tailles et pour tous les budgets. Ces tablettes utilisent de plus une version d'Android très peu modifiée, ce qui les rapproche de l'expérience « pur Google » des tablettes Nexus. Extérieurement, certaines tablettes Archos sont très proches des iPad, proposant notamment une face arrière en aluminium et des écrans proportionnés en 4/3, ce qui s'avère souvent plus agréable au quotidien que les écrans allongés au format 16/9.

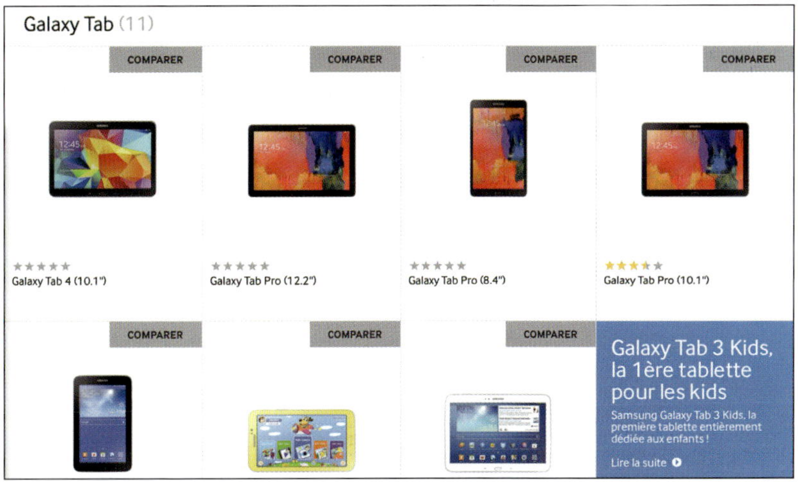

Quelle que soit la taille dont vous avez besoin, vous trouverez une tablette qui convient dans la gamme Samsung !

TOUTES LES TAILLES D'ÉCRAN Alors que l'iPad n'est disponible qu'en deux tailles, vous aurez l'embarras du choix du côté d'Android. Il suffit de regarder chez Samsung par exemple : vous trouverez une gamme de tablettes aux écrans de 7 pouces, 8 pouces, 8,4 pouces, 10,1 pouces et même 12,2 pouces ! On pourrait même y ajouter les smartphones Galaxy, dont les tailles d'écran varient de 5 à 6,5 pouces. On nomme parfois les plus grands d'entre eux des *phablets*, contraction anglophone de *phone* et *tablet*. Vous n'avez plus qu'à mesurer la taille de votre poche ou de votre sac !

DES INNOVATIONS TOUS AZIMUTS Apple n'a plus, non plus, le monopole de l'innovation. Samsung, encore, a réintroduit avec bonheur l'utilisation du stylet sur ses tablettes de la gamme Note. Non seulement la tablette est alors munie d'un emplacement pour y insérer le stylet afin de ne pas le perdre, mais des applis spécifiques s'affichent automatiquement lorsqu'on le retire de son logement. De même, le système Android, grâce à sa version 4, n'a plus rien à envier à l'iOS d'Apple. Il dispose par exemple d'un système de notifications bien plus avancé et pratique (**voir p. 32**), permet une plus grande personnalisation (**voir chapitre 3**) et dispose de fonctions très innovantes comme Google Now qui vous donne des informations avant même que vous ne les demandiez.

DES SERVICES À LA PELLE Il ne faut pas oublier non plus le vaste portefeuille des services offerts par Google, qui s'intègrent avec simplicité et efficacité à n'importe quelle tablette Android : Gmail, Maps, Calendriers, sauvegarde de photos, etc.. Si vous utilisez déjà un compte Gmail, essayez donc le « 100 % Google ». En centralisant toutes vos données et vos utilisations autour des services Google, vous obtiendrez une expérience homogène et agréable. Et dans ce cas, rien de mieux qu'une tablette Android pour en profiter. Notez également que vous pourrez les compléter par les services propres à chaque constructeur. Aussi bien Samsung que Sony, par exemple, proposent leurs propres services pour, entre autres, accéder à d'autres catalogues d'applications, de musiques, de films ou de sauvegarde de données en ligne. Cela dit, chaque gamme de services complémentaires demande évidemment la création d'un compte en plus, et on perd alors en simplicité. L'ouverture du système Android se fait parfois au détriment de la facilité d'utilisation. Heureusement, ce guide vous aidera à vous y retrouver.

Le haut de gamme existe aussi dans le monde Android : la tablette Xperia Z2 de Sony est l'une des plus fines (6,4 mm), elle dispose d'un excellent écran haute résolution de 1900 x 1200 pixels et est même étanche. Elle ne pèse que 440 grammes mais coûte environ 500 euros en version de base.

LES POINTS CLÉS ET AVANTAGES D'UNE TABLETTE ANDROID

Toutes les tablettes ne sont pas identiques. Découvrez comment choisir le bon modèle et profiter des avantages matériels des tablettes Android.

C'est peut-être la plus grande difficulté que vous rencontrerez avec votre tablette Android : laquelle choisir ? Il en existe tant de modèles qu'il y a de quoi s'y perdre. Mais cela signifie aussi que l'on peut trouver assez facilement un modèle qui convient exactement à ses envies, à ses besoins… ou aux deux ! Et c'est aussi l'occasion de faire le tour de tous les avantages des tablettes Android face aux modèles d'Apple.

UN CONNECTEUR MICRO-USB STANDARD

L'iPad est si populaire que l'on est presque tous habitués à voir son connecteur caractéristique. Mais ce dernier est loin d'être standard puisqu'il n'est utilisé que par les produits Apple et des périphériques compatibles. La plupart des tablettes, elles, sont équipées d'un connecteur standard micro-USB. Vous n'aurez donc aucun mal à trouver un chargeur si vous êtes presque à court de batterie. Essayez donc celui de votre téléphone (non, pas de l'iPhone !), il y a des chances que ça marche. Ce connecteur a toutefois un défaut, il ne délivre pas beaucoup de puissance. Du coup, pour charger une grande tablette munie d'une batterie de grande

capacité, cela peut prendre des heures. Heureusement, les bonnes tablettes ont une autonomie qui vous permet de les utiliser toute la journée sans problème.

UN FLASH POUR LES ENDROITS SOMBRES

Les tablettes, comme les smartphones, sont de plus en plus souvent munies d'un appareil photo de bonne qualité. Du coup, si vous comptez photographier avec votre tablette, choisissez-en une équipée d'un flash, pour vos photos en intérieur.

EXTENSION MÉMOIRE Certaines tablettes Android peuvent accueillir une carte mémoire au format microSD, comme celle utilisée par la plupart des appareils photos numériques. Du coup, il suffit d'y insérer ladite carte pour récupérer les photos sur sa tablette et les regarder sur grand écran (**voir p. 112**). Vous pouvez également dédier une carte mémoire pour étendre les capacités de stockage de la tablette. Cela dit, cette fonction s'avère assez complexe à utiliser, car la mémoire ajoutée ne se mélange pas à celle de la tablette : tout se passe comme si vous aviez un disque

Attention à l'entrée de gamme !

Sans chercher beaucoup, on peut trouver des tablettes Android pour moins de 40 euros ! C'est une performance en termes de prix, mais pas en ce qui concerne le confort d'utilisation ! À ce tarif-là, l'écran est de piètre qualité, la webcam a le mérite d'exister mais produit des images délavées et à gros pixels, et la batterie ne dure pas plus de 3 ou 4 heures. Le plus rédhibitoire est que le tout sera d'une lenteur exaspérante et que vous n'obtiendrez sûrement aucune mise à jour du système. Pour vous assurer d'une qualité minimale qui vous permettra vraiment d'utiliser la tablette plutôt que de la laisser dans un tiroir, comptez un budget minimum de l'ordre de 120 euros.

dur externe branché à la tablette. Et on ne comprend pas toujours où l'on stocke ses applis ou ses données. Si vous utilisez une telle carte mémoire, vous aurez besoin d'une application de gestion de fichiers (**voir p. 92**).

QUELLE TAILLE D'ÉCRAN ? Le choix de l'écran ne dépend pas uniquement du prix : il est aussi fonction de l'usage que l'on va privilégier. Pour lire des livres électroniques (**voir p. 136**), les tablettes munies d'un écran de 7 ou 8 pouces (18 cm) sont les plus indiquées parce qu'elles sont suffisamment légères pour être tenues à une main. Le confort de lecture dépendra aussi de sa résolution, c'est-à-dire de sa finesse d'affichage (voir plus loin). Pour regarder des vidéos ou lire des magazines en pleine page, un plus grand écran sera plus agréable : 9, 10 ou même 12 pouces. Quelle que soit la taille, faites aussi attention à la finesse d'affichage. En effet, à résolution égale, par exemple 1024 x 800, plus l'écran est grand et plus les pixels sont gros, ce qui nuit à la lisibilité.

HAUTE DÉFINITION ? Cette finesse d'affichage, ou résolution, s'exprime en point par pouce ou ppp. On utilise aussi l'acronyme anglais dpi pour *dot per inch*. Cette finesse est donc, par définition mathématique, dépendante du nombre de points total par rapport à la surface. Ainsi, une tablette de 7 pouces ayant une définition de 1024 x 600

pixels, offre une résolution de 170 ppp. La Nexus 7 de Google de deuxième génération offre elle une définition de 1920 x 1200 qui lui permet d'atteindre plus de 320 ppp. Plus fort encore, les tablettes 8,4 pouces Tab Pro et Tab S de Samsung atteignent les 350 ppp, grâce à leur définition de 2560 x 1600 pixels. Le confort de lecture sur ces deux dernières est optimal Et on ne parle pas uniquement de lecture de livre électronique : tous les caractères sont affichés plus finement, y compris le nom des applications sous leurs icônes, ou encore les options dans les menus. Ne négligez pas cet aspect : vos yeux vous remercieront.

QUELLE MÉMOIRE ? Le prix d'une tablette dépend aussi de sa mémoire de stockage. Les moins chères n'offrent en général que 4 Go de mémoire, ce qui peut vite se révéler un peu juste pour peu que vous installiez quelques jeux gourmands en espace : 8 Go sont un strict minimum. Si vous comptez stocker des films pour vos voyages, en les louant ou en les achetant sur le Play Store (**voir p. 140**), optez pour un modèle disposant d'au moins 16 Go. Un seul film peut facilement occuper entre 2 et 4 Go selon sa longueur et la qualité SD ou HD de l'image.

PUR GOOGLE ? Au contraire des tablettes de Samsung ou Sony par exemple qui utilisent une interface graphique modifiée, les tablettes Nexus de Google ou celles d'Archos utilisent une version standard d'Android, telle que sortie des « usines » de Google. Le principal intérêt de cette dernière est de vous permettre de bénéficier plus rapidement des mises à jour système, alors qu'il vous faudra souvent attendre plusieurs mois avec une tablette modifiée. Sans compter que les interfaces personnalisées des constructeurs sont parfois déroutantes, voire irritantes, car elles essaient souvent de vous détourner des services de Google.

Les tablettes Galaxy de Samsung utilisent une version modifiée de l'interface Android, nommée TouchWiz. Celle-ci offre des fonctions et des applis supplémentaires, comme ici le multi-fenêtrage, au détriment parfois de la simplicité d'utilisation.

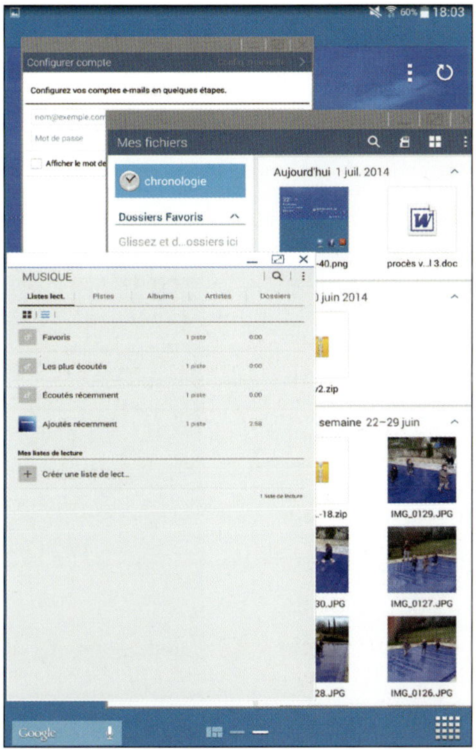

COMPRENDRE LES DIFFÉRENTES VERSIONS D'ANDROID

Toutes les tablettes Android ne disposent pas de la même version du système. Petit historique pour mieux vous repérer.

Que vous optiez pour une tablette de marque Acer, Archos, Asus, HP, Motorola, Samsung, Sony ou encore Toshiba, toutes ont pour point commun d'utiliser le système Android développé par Google. À la différence des iPad d'Apple, donc, qui utilisent eux le système iOS « maison », entièrement conçu et contrôlé par Apple.

LE MÊME SYSTÈME POUR TOUS ET DES TABLETTES POURTANT DIFFÉRENTES

La popularité d'Android, aussi bien chez les fabricants que chez les utilisateurs, tient à deux raisons essentielles. Il s'agit tout d'abord d'un système puissant et complet, notamment depuis la version 4 (voir plus loin). De plus, et peut-être surtout, Google le distribue gratuitement et autorise même les fabricants à le modeler à leurs besoins. C'est pourquoi toutes les tablettes Android se ressemblent un peu. Selon les cas, les fabricants adoptent Android sans le modifier, comme le fait Archos par exemple. D'autres, tel Samsung, profitent de la souplesse de Google vis-à-vis de son système pour l'adapter et proposer une interface différente et des applications et services supplémentaires. Cette démarche à des avantages et des inconvénients. Ne serait-ce que parce que Samsung, mais aussi Sony, ajoutent des services en plus de ceux de Google, ce qui fait que l'on se perd parfois un peu. Vaut-il mieux acheter un film sur le magasin de Google ou sur celui de Sony ? Et les applis : le magasin de Samsung est-il aussi complet que celui de Google ? Et que se passe-t-il quand je change de tablette ?
Il faut également noter le cas particulier des tablettes vendues directement par Google sous la marque Nexus. Ces appareils ne sont pas fabriqués par Google, mais conçus avec des partenaires, selon les spécifications précises de Google. La Nexus 7 est ainsi fabriquée par Asus. Son principal avantage est d'utiliser une version non modifiée d'Android et qu'elle est forcément la première à bénéficier des mises à jour du système. Les autres tablettes devront attendre plusieurs semaines, voire plusieurs mois, afin que leur propre interface soit adaptée au nouveau système.

LA LONGUE HISTOIRE D'ANDROID Lorsque que Google a dévoilé la première version d'Android en 2007, on était bien loin des tablettes. Le premier appareil Android fut le G1 de HTC, un smartphone dont les caractéristiques techniques font sourire aujourd'hui. La définition de l'écran était de 320 x 480 pixels, pour une diagonale de 3,2 pouces et un poids de 158 grammes. Il offrait déjà un écran tactile, mais ses fonctions étaient limitées et il manquait de puissance. Les progrès ont été fulgurants depuis.

Des centaines de milliers d'applis

Même s'il est très complet, le système Android ne peut pas répondre à lui seul à tous vos besoins. Pas de problème puisqu'il dispose aussi de son propre magasin d'applis, le Google Play Store, que vous découvrirez en détail au chapitre 5.

La version 3 d'Android, baptisée *Honeycomb*, fut la première conçue pour les tablettes en 2011. Elle comportait déjà un grand nombre des éléments d'interface que l'on trouve aujourd'hui dans Android 4, tel le volet de notifications qui était accessible ici depuis le coin inférieur droit.

SYSTÈME ET DESSERT La première version d'Android portait le nom de *Donut*, c'est-à-dire beignet, en anglais. Elle a été suivie par différents opus pour la version 2, portant les nom de *Eclair*, *Froyo* (pour *Frozen Yogurt*, ou yaourt glacé) ou encore *Gingerbread* (pain d'épice). Il faut vous y faire : pour s'y reconnaître dans les versions d'Android, on doit se souvenir de noms de dessert en anglais ! Ce n'est qu'à partir de la version 3 lancée en 2011, soit un an après le lancement de l'iPad, que Android a été adapté aux tablettes. Cette version portait le nom de *Honeycomb* (nid d'abeille). Celle-ci était même uniquement destinée aux tablettes et ne pouvait s'installer sur les smartphones. Ce n'est qu'avec la version 4.0, nommée *Ice Cream Sandwich*, que Google a offert un système unifié pour téléphone et tablette, permettant en principe d'installer les mêmes applis sur sa tablette et son smartphone. Les versions 4.1, 4.2 et 4.3 ont ensuite toutes porté le nom de *Jelly Bean* (une variété de bonbons !). Elles ont apporté leur lot de nouveautés (voir pp. suivantes), mais Google s'est aussi, voire enfin diraient certains, décidé à résoudre les problèmes de performances que Android traîne depuis ses débuts.

BARRE CHOCOLATÉE La dernière version en date, numérotée 4.4, a été baptisée *KitKat*, comme les barres chocolatées suite à un accord marketing entre Google et Nestlé / Hershey. Parmi les nouveautés de cette version, on note par exemple l'apparition de la commande vocale « OK, Google ». Ainsi, sur certains appareils, il n'est même plus nécessaire de toucher l'écran ou un bouton pour lancer une commande : la tablette ou le mobile est à l'écoute en permanence et attend que vous prononciez cette commande vocale pour écouter et exécuter ensuite l'ordre voulu. Le système a également été optimisé pour passer plus rapidement d'une appli à l'autre via le menu multi-tâche (**voir p. 34**).

La version 4 d'Android propose une interface très proche, que vous utilisiez une tablette 10 pouces (ci-dessus) ou une tablette 7 pouces (ci-contre).

S'assurer des mises à jour

Au moment de la rédaction de ce guide, la dernière version d'Android était numérotée 4.4.4 et baptisée KitKat (voir ci-contre). Pour vérifier où en est votre tablette, rendez-vous dans les Paramètres, puis dans la section qui vous permet d'accéder à l'option « À propos de l'appareil ». Vous y verrez le numéro de version. Tapez sur l'option « Mise à jour » pour forcer la tablette à vérifier la disponibilité éventuelle d'une mise à jour système. Ici, la tablette Samsung, très récente, est basée sur la version 4.4.2.

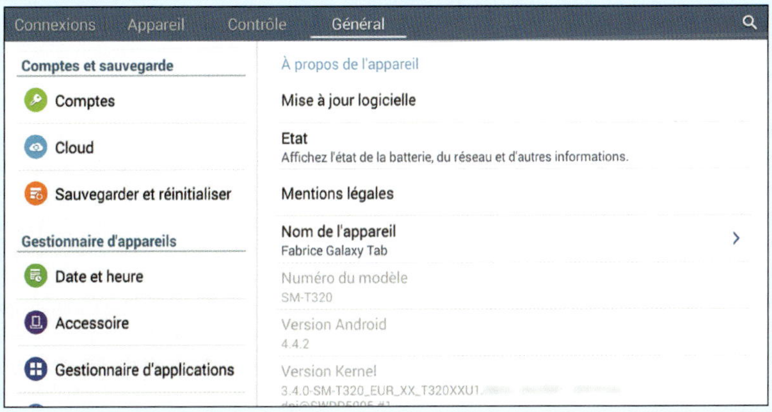

DÉCOUVRIR LES PRINCIPALES NOUVEAUTÉS D'ANDROID 4

La version 4 d'Android regorge de fonctions majeures ou simplement pratiques, et d'astuces d'interface vraiment utiles.

Vérification de sécurité

Le modèle de fonctionnement d'Android est ouvert, ce qui signifie notamment que tout un chacun peut publier une application sur le Play Store, sans contrôle de la part de Google, à la différence d'Apple qui filtre toutes les applis disponibles sur son App Store pour l'iPad. Cela a malheureusement entraîné quelques problèmes de sécurité, certains développeurs mal intentionnés en profitant pour publier des virus ou des applis tentant de dérober vos données personnelles. Pour tenter d'y remédier, Android 4 intègre désormais un mécanisme de vérification des applis au moment où vous les installez depuis le Store. La tablette vous prévient si jamais il y a un doute sur sa provenance.

On l'a vu, la version 4 d'Android cache en réalité plusieurs versions successives du système (**voir p. 10**), chacune d'elles apportant son lot de nouveautés et d'améliorations. Assurez-vous de disposer d'une tablette au moins munie de la version 4.2, afin de pouvoir bénéficier de la plupart des nouveautés décrites ici.

GOOGLE NOW Cette fonction est surtout destinée aux smartphones et les rend effectivement plus « intelligents ». Une fois que vous l'avez activée, ce qui n'est pas le cas par défaut, Google Now étudie tout ce que vous faites avec l'appareil pour vous proposer automatiquement des informations susceptibles de vous intéresser. Google Now se base sur vos messages Gmail, sur votre calendrier et aussi sur vos déplacements grâce à la puce GPS intégrée, pour vous signaler par exemple la météo de l'endroit où vous vous trouvez, mais aussi de vous dépêcher si vous ne voulez pas rater votre prochain rendez-vous. Ces informations peuvent aussi vous être utiles sur votre tablette.

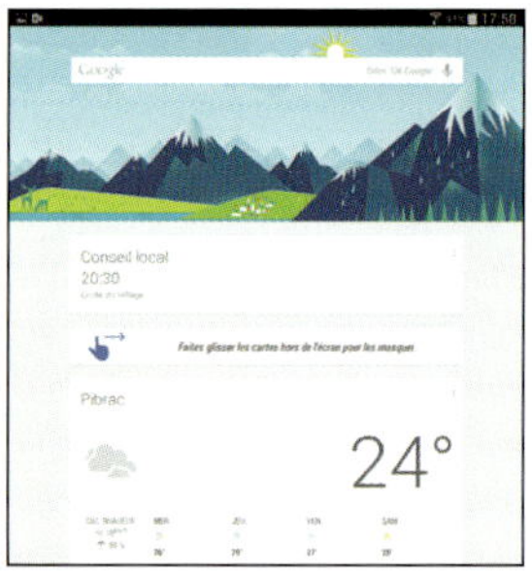

REDIMENSIONNEMENT DES WIDGETS Les widgets sont l'un des principaux signes distinctifs des tablettes Android face à l'iPad. Vous pouvez ainsi garnir votre écran d'accueil de modules dynamiques vous permettant d'obtenir d'un coup d'œil des information variées comme vos derniers courriels reçus ou les derniers titres d'actualité, sans avoir à ouvrir l'application correspondante. Depuis *Jelly Bean*, vous pouvez facilement modifier l'espace occupé par ces widgets afin qu'ils cohabitent facilement avec les icônes d'applis ou les autres widgets que vous désirez ajouter à vos écrans d'accueil.

AJOUTER DES WIDGETS SUR L'ÉCRAN DE VERROUILLAGE *Jelly Bean* pousse le concept des widgets un peu plus loin en vous permettant d'en ajouter également sur l'écran de verrouillage. Assurez-vous tout de même de ne pas y diffuser d'informations confidentielles : comme il n'est plus nécessaire de déverrouiller la tablette pour les lire, elle seraient visibles par tout le monde. Rendez-vous p. 46 pour découvrir ces nouveaux widgets.

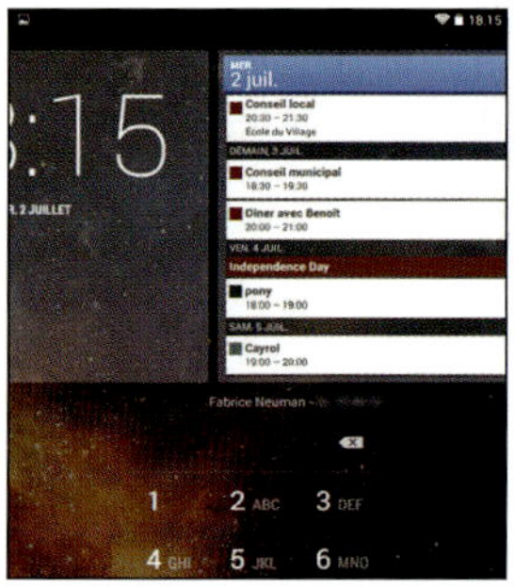

SAISIE GESTUELLE DU CLAVIER On dit souvent qu'Android est un système ouvert. Cela signifie notamment qu'il est possible de le modifier presque à loisir, par exemple pour remplacer le clavier standard par un autre plus sophistiqué. À ce jeu-là, la société Swype est l'une des plus inventives et propose depuis plusieurs années déjà un clavier avec lequel vous n'avez plus besoin de taper sur chaque lettre pour former un mot. Il vous suffit de laisser votre doigt appuyé sur l'écran et de le faire glisser d'une lettre à l'autre, même de manière peu précise. Relevez le doigt à chaque mot et le clavier « devine » ce que vous vouliez écrire. Avec *Jelly Bean*, plus besoin de changer le clavier, cette fonction de glisser du clavier est directement

intégrée. Il suffit d'activer la fonction de saisie gestuelle dans les paramètres.

GÉRER SES NOTIFICATIONS UNE PAR UNE Les notifications sont un autre point fort d'Android. Il vous suffit de faire glisser le doigt depuis le haut de l'écran pour faire apparaître un volet les rassemblant. Vous y verrez par exemple la liste des derniers messages reçus ou encore les notifications vous indiquant qu'une application peut être mise à jour. Pour faire disparaître de la liste une de ces notifications tout en conservant les autres, faites-la simplement glisser latéralement. Et vous pouvez également les faire toutes disparaître en même temps via le bouton situé en haut à droite du panneau de notifications.

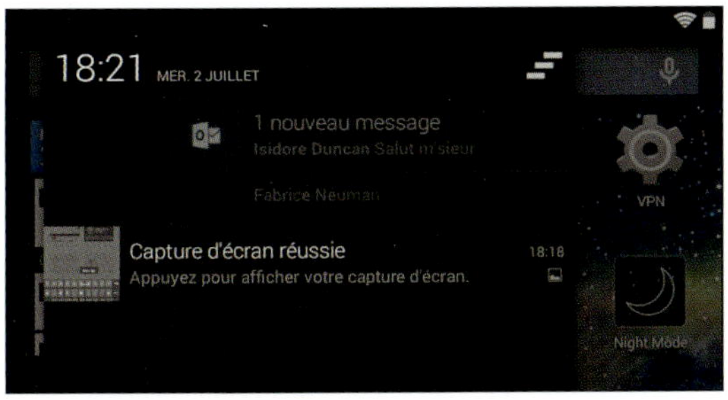

NOTIFICATIONS INTERACTIVES Certaines applications vont même plus loin dans leurs notifications. Si vous venez de recevoir un message sur votre compte Gmail par exemple, la notification vous permet d'en consulter les première lignes bien sûr, mais aussi de le supprimer ou bien d'y répondre directement, via les deux boutons *ad hoc*. Pour faire apparaître ces boutons, il vous faudra parfois « déplier » la notification en la faisant glisser vers le bas à deux doigts.

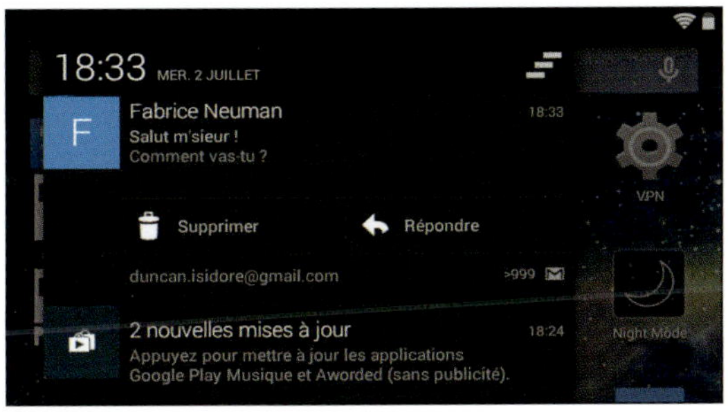

VOLET DE RACCOURCIS Android 4.2 dispose en réalité de deux panneaux glissant depuis le haut de l'écran. En faisant glisser le doigt vers le bas depuis le côté gauche de l'écran, vous faites apparaître le panneau de notifications. Tandis que si vous le glissez depuis le côté droit, c'est alors le volet des raccourcis qui s'affiche. Ce dernier rassemble des boutons d'accès rapides à quelques fonctions les plus pratiques, comme par exemple les paramètres de la tablette, l'activation / désactivation de la connexion Wi-Fi ou du Bluetooth, ou encore le blocage de la rotation de l'écran. Il vous indique aussi l'état de charge de la batterie, une tape sur ce raccourci vous emmenant vers la page détaillant l'utilisation de celle-ci. Notez aussi le premier bouton en haut à gauche de ce panneau qui vous permet de passer d'un utilisateur à l'autre pour, par exemple, partager votre tablette entre les membres de la famille (voir ci-dessous).

TABLETTE À PARTAGER ENTRE TOUS LES MEMBRES DE LA FAMILLE Enfin, les tablettes sont considérées comme des outils à partager en famille ! Depuis la version 4.2, il est maintenant possible de créer plusieurs comptes d'utilisateur sur une seule et même tablette. Chaque utilisateur peut ensuite utiliser ses propres comptes de courriels et installer ses propres applications. C'est le moyen idéal pour éviter, par exemple, que vos enfants n'aillent mettre le bazar dans vos e-mails, ou encore qu'ils n'encombrent vos écrans d'accueil d'une multitude de jeux dont vous n'avez que faire. De plus, le passage d'un utilisateur à l'autre est vraiment très simple.

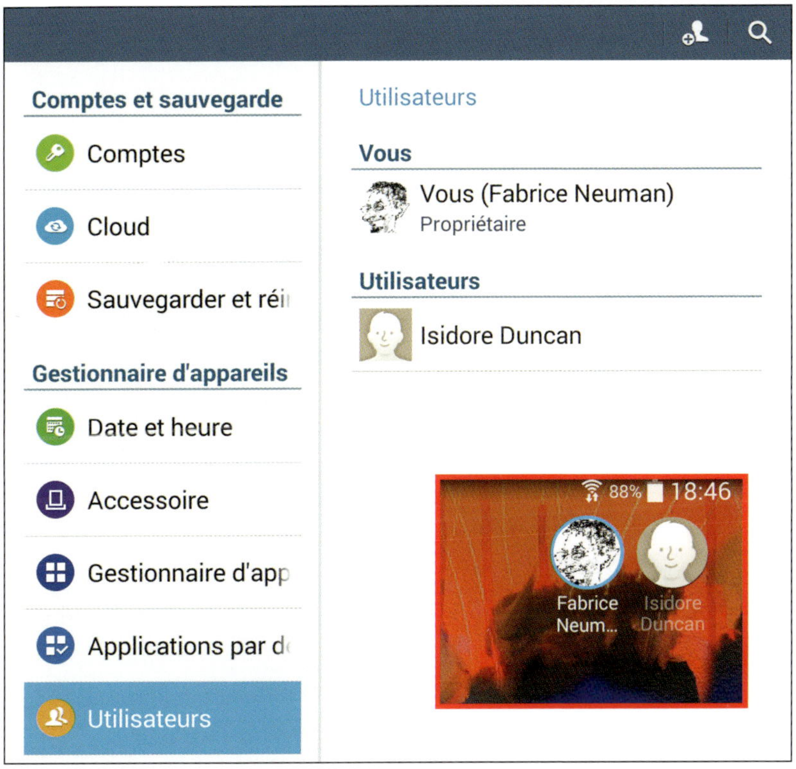

SE FAMILIARISER AVEC LES APPLIS GOOGLE INTÉGRÉES À ANDROID

Pour accéder à ses propres services, Google livre le système Android avec un grand nombre d'applications prêtes à l'emploi.

Lorsque vous allumez votre tablette Android pour la première fois (**voir p. 22**), elle est déjà garnie d'un certain nombre d'applications. Parmi celles-ci, vous remarquerez qu'une grande majorité est directement fournie par Google. En voici un tour d'horizon.

SON EMPLOI DU TEMPS AVEC AGENDA

Si vous avez créé un compte Google, via une adresse Gmail par exemple (**voir chapitre 8**), vous trouverez un intérêt évident à utiliser Google Agenda sur votre tablette. Tous les rendez-vous que vous ajouterez sur la tablette seront automatiquement synchronisés avec le service Google Agenda auquel vous vous connectez depuis n'importe quel ordinateur, à l'aide de votre navigateur Internet. Et vous les retrouverez aussi sur votre smartphone, Android ou non, à condition qu'il soit connecté au même compte Google (voir par exemple **p. 132**). Pour créer un événement, vous n'avez qu'à effectuer une double-tape sur le créneau horaire concerné. Vous pouvez également ajouter plusieurs comptes au sein de l'application et gérer les emplois du temps de plusieurs personnes au sein du foyer par exemple. Des alertes et des notifications peuvent être configurées pour ne plus jamais manquer un rendez-vous.

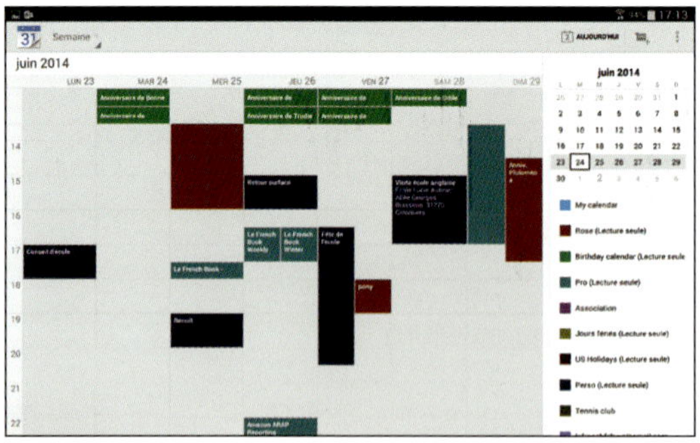

CONTACTS, HANGOUTS, EMAIL & GMAIL : TOUT POUR COMMUNIQUER !

Avec Google, vous ne risquez pas de manquer de solutions pour rester en contact avec vos amis, vos collègues ou vos clients. En effet, vous disposez tout d'abord de l'application Contacts qui vous permet de rassembler de nombreuses informations sur les personnes avec qui vous avez l'habitude d'échanger. Par le biais de Contacts, vous pourrez également envoyer des courriers électroniques. Pour ce faire, deux autres applications sont à votre disposition. Si vous utilisez une adresse Gmail, vous vous orienterez naturellement vers l'application du même nom. Pour toute autre adresse de courriel (Yahoo, Outlook.com, ou celle de votre fournisseur d'accès à Internet), c'est l'application tout simplement baptisée Email que vous devrez d'abord paramétrer et utiliser. Si vous préférez échanger de manière instantanée, une fois encore Google a pour vous la solution et vous propose d'utiliser Hangouts.

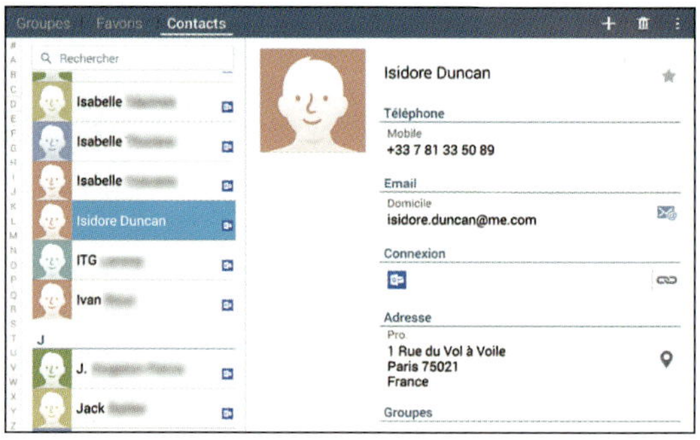

SEARCH, NOW ET RECHERCHE VOCALE

On recherche des infos sur Internet tous les jours. Aussi lorsqu'un système est développé par l'entreprise qui a créé le moteur de recherche le plus puissant du monde, il n'y a rien d'étonnant à ce que vous retrouviez sur votre tablette l'application Google Search qui, associée à Google Now (**voir p. 38**), vous permettra non seulement de chercher des données mais aussi de faire en sorte que les données vous parviennent sans même les demander. Google Now s'appuie sur vos goûts et vos

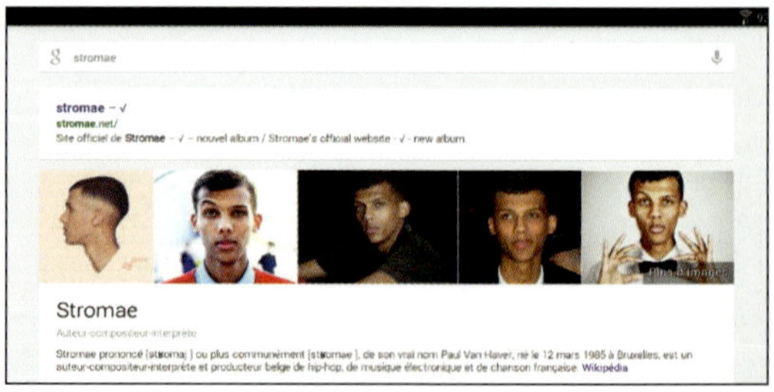

Chrome évidemment

Le navigateur Internet de Google n'est pas toujours fourni sur toutes les tablettes. Cependant, si vous utilisez une tablette Android, vous avez tout intérêt à installer Google Chrome qui est disponible gratuitement sur le Google Play Store. Puis, rendez-vous pp. 26 et suivantes pour savoir comment l'utiliser sans souci. Et si votre tablette est fournie avec Chrome, assurez-vous lorsque vous tapez sur un lien Internet pour la première fois de choisir Chrome comme navigateur par défaut.

habitudes pour afficher des informations liées à vos centres d'intérêt et à vos besoins. Sur certaines tablettes munies de la dernière version d'Android 4.4.4 KitKat, il vous suffit même de dire à haute voix « OK Google » pour ensuite lancer une recherche à la voix. Et vous pouvez de toutes façons taper sur le bouton micro pour énoncer une recherche, plutôt que de la taper au clavier.

MAPS & NAVIGATION Quelle que soit votre situation, votre tablette est en mesure de déterminer votre position géographique avec une assez bonne précision. Soit elle parvient à vous situer à l'aide d'un signal GPS qu'elle est en mesure de capter, soit elle utilise tout simplement votre connexion Wi-Fi pour définir votre localisation à quelques dizaines de mètres près. Si vous autorisez la tablette à utiliser les informations qu'elle peut collecter sur votre position géographique, alors vous pourrez tirer profit du célèbre Google Maps qui vous servira aussi bien à afficher des plans, cartes et vues satellites de n'importe quel point du globe, qu'à vous guider dans vos itinéraires, comme le GPS de votre voiture. Il faudra toutefois dans ce dernier cas, que vous vous assuriez que la tablette reste connectée à Internet pendant le trajet, par exemple en partageant la connexion 3G/4G de votre smartphone (**voir p. 24**).

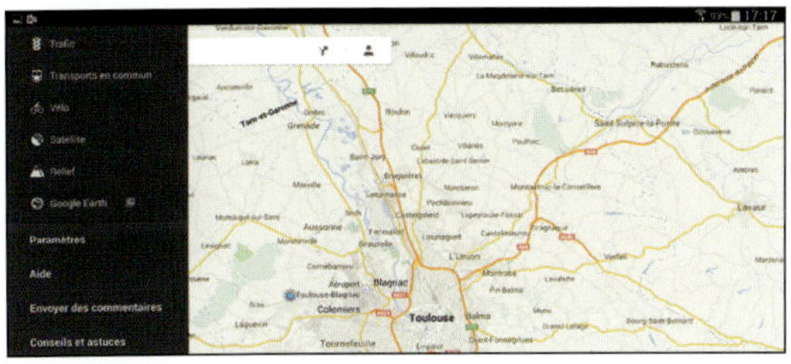

GOOGLE PLAY STORE Le Google Play Store, c'est la plate-forme « maison » pour télécharger des applis qui viendront étendre le champ de compétence de votre tablette Android. Mais avec Play Livre et Play Films, vous pourrez également télécharger livres électroniques et vidéos à la demande (**voir chapitre 9**).

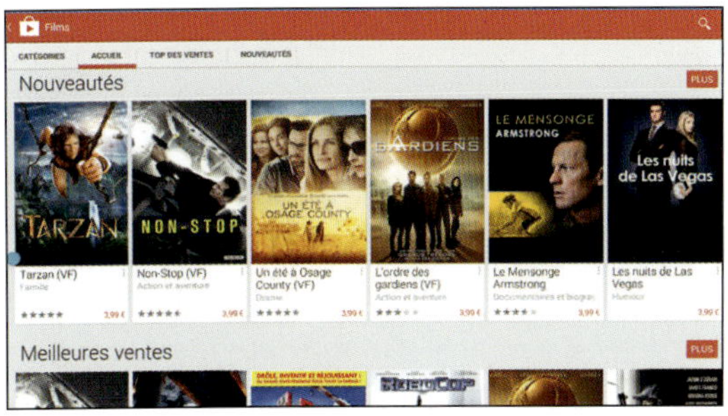

GOOGLE EARTH Formidable logiciel d'exploration planétaire, Google Earth vous offre un tour du monde à base de vues satellites… Vous n'avez pas fini de vous étonner grâce à la manipulation tactile. Indiquez la destination souhaitée et Google Earth vous y conduit d'un coup d'aile !

PARAMÈTRES GOOGLE : UNE NOUVEAUTÉ À DÉCOUVRIR Apparue avec la version 4.2.2 d'Android, l'appli Google Paramètres rassemble au sein d'une unique fenêtre toutes les options de configuration des différentes applications Google susceptibles d'interagir. Prenez le temps de l'explorer, vous y trouverez de nombreuses options pratiques et utiles pour, par exemple, modifier la police de caractères par défaut, changer les options de synchronisation de vos comptes, modifier le fond d'écran ou le code de sécurité d'accès à votre tablette, ou encore l'activation de certaines fonctions spécifiques aux constructeurs, tel le multi-fenêtrage de Samsung ou LG.

PARTICIPER À LA COMMUNAUTÉ AVEC GOOGLE+ Conçu comme un concurrent de Facebook, Google+ est le réseau social selon Google. Il permet les mêmes interactions que Facebook, à savoir publication de post, partage d'image ou de lien, mais aussi l'équivalent du clic sur le bouton « J'aime », via le bouton « +1 ».

LES APPLIS ET INTERFACES SPÉCIFIQUES DES CONSTRUCTEURS

Pour se différencier, les fabricants comme Samsung, Sony ou LG modifient l'interface graphique standard d'Android et ajoutent leurs propres applis.

Quasiment toutes les tablettes qui ne sont pas des iPad sont basées sur Android. Mais elles ne sont pourtant pas identiques car elles ne proposent pas forcément l'interface originelle du système de Google, contrairement aux appareils Nexus ou Archos par exemple. Chaque univers, celui de Samsung ou Sony par exemple, est donc immédiatement reconnaissable.

DES ICÔNES DIFFÉRENTES Première différence, certaines icônes des tablettes de Samsung ou de Sony sont différentes de celles des tablettes Nexus, par exemple celle qui vous conduit aux paramètres du système. Les noms sont parfois changés : à Paramètres, Sony préfère le mot Réglages. Les icônes des applis et services de Google, en revanche, restent inchangées quelle que soit la provenance de la tablette.

LE VOLET DES NOTIFICATIONS Outil précieux pour être toujours sur le qui-vive, les notifications s'affichent de la même façon sur toutes les tablettes (il suffit de faire glisser le doigt vers le bas depuis le bord supérieur de l'écran), mais elles ne se ressemblent pas. Sur les tablettes

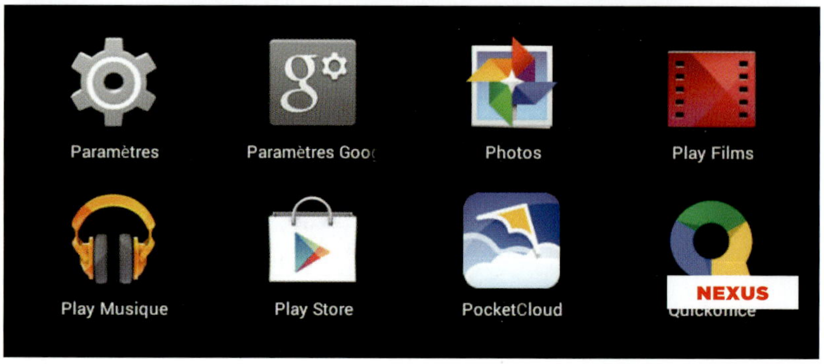

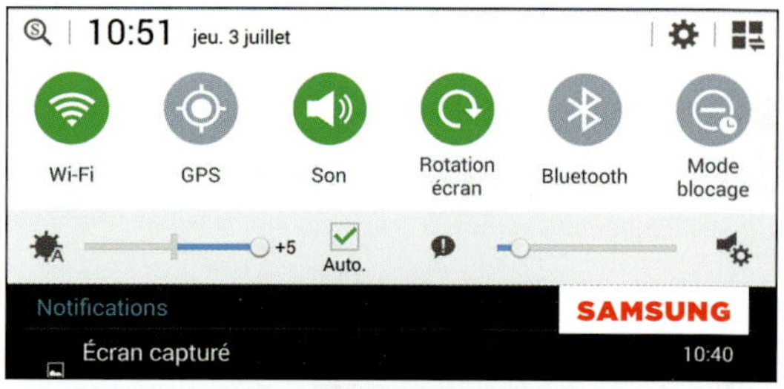

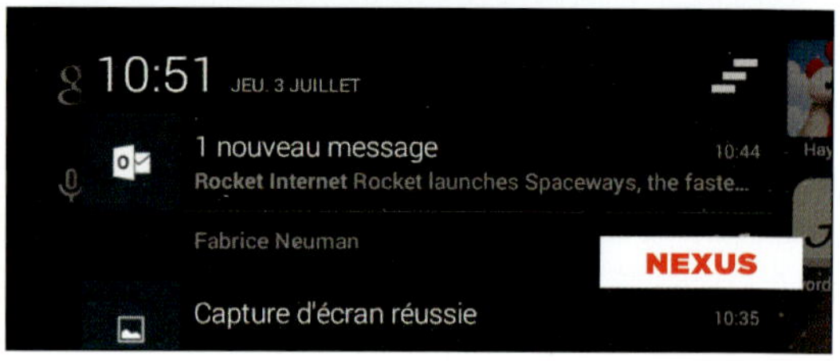

Galaxy, le volet des notifications inclut une ligne supplémentaire qui donne accès directement à quelques réglages de l'appareil. Sur les Nexus, comme sur les tablettes Sony, ces boutons de réglages sont intégrés au volet des raccourcis (voir plus loin). Mais sur les Galaxy, vous pouvez aussi accéder à un volet de raccourcis plus complet en faisant glisser deux doigts depuis le sommet de l'écran.

LE VOLET DES RACCOURCIS Toutes les tablettes proposent un volet de raccourcis pour accéder rapidement à un ensemble de réglages comme la luminosité, l'activation/désactivation du Wi-Fi etc. Faites glisser un doigt vers le bas depuis le bord supérieur droit de l'écran sur les Nexus et les tablettes Sony, deux doigts sur les Samsung.

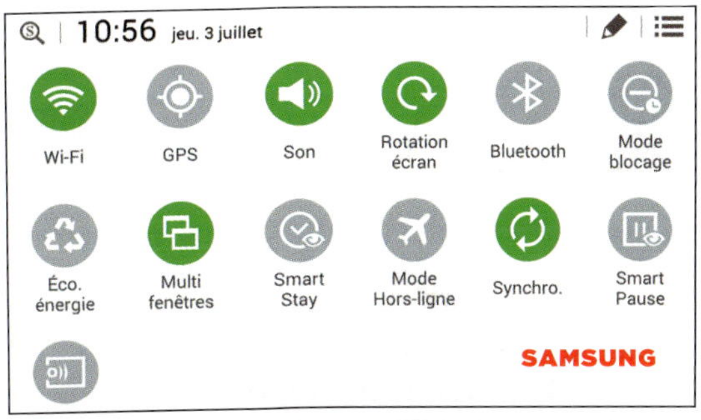

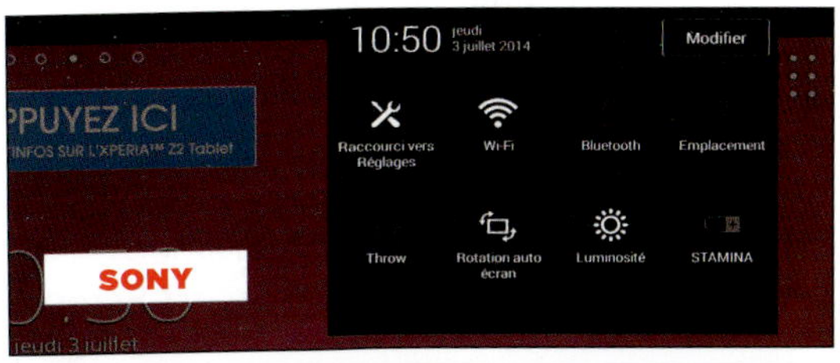

MULTI-FENÊTRAGE Les tablettes Samsung et LG vous proposent d'afficher plusieurs applications en même temps à l'écran, un peu comme sur votre ordi. Toutes les applis n'étant pas compatibles avec ce mode, la tablette affiche un menu regroupant celles qui le sont. Faites par exemple glisser le doigt depuis le bord droit de l'écran sur une Galaxy. Vous pouvez ensuite choisir d'afficher plusieurs applis en fenêtres qui se chevauchent, ou bien diviser l'écran en

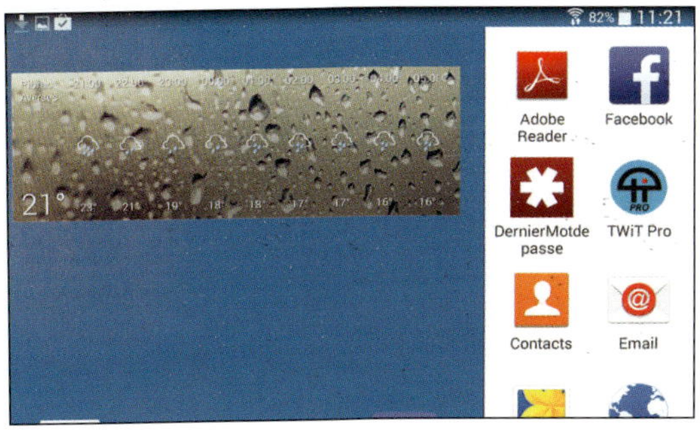

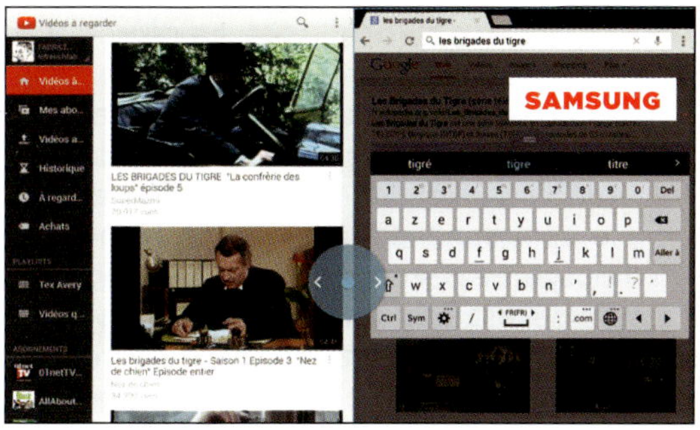

deux zones pour afficher deux applis côte à côte. Dans ce dernier cas, seules deux applis sont visibles et occupent tout l'écran. Vous pouvez déplacer au doigt la limite de séparation entre les deux applis pour donner à l'une d'elle un peu plus de surface.

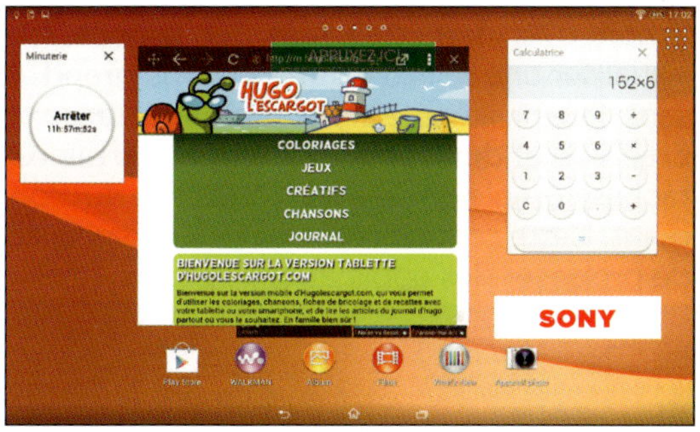

L'ÉCRAN DES APPLICATIONS Pour accéder à la liste complète des applis installées sur la tablette, tapez sur le bouton en damier en bas à droite sur les tablettes Galaxy et en bas au milieu avec les tablettes Nexus ou Archos. Le même bouton est en haut à droite sur les tablettes Sony. Cette liste présente aussi quelques différences. Dans l'écran des applications de l'Android standard, le bouton de menu en haut à droite ne donne accès qu'au Play Store, le magasins d'applications de Google. Si vous utilisez une tablette Samsung, ce bouton virtuel vous permet également d'accéder au Play Store, mais aussi à différentes commandes pour personnaliser ce menu : créer un dossier, afficher par ordre alphabétique ou dans un ordre personnalisé, masquer des applis, etc.

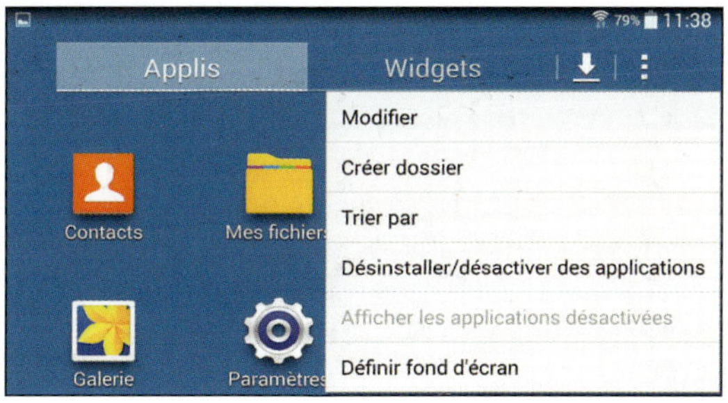

Manier les boutons

Android propose en permanence trois boutons en bas de l'écran. Chez Samsung, ces boutons ne sont pas à l'écran, mais déplacés sous l'écran, pour gagner un peu de place d'affichage. Mais les fonctions sont les mêmes. L'icône Maison vous permet en toutes circonstances de revenir à l'écran d'accueil. Si vous y êtes déjà, un nouvel appui vous ramène à l'écran d'accueil principal, celui du milieu. La flèche arrondie pointant vers la gauche est le bouton « Précédent ». Il vous permet de revenir un pas en arrière, mais son comportement est parfois étonnant car il ne fait pas toujours la même chose. Le bouton double-rectangle vous permet de passer rapidement d'une application à l'autre.

2

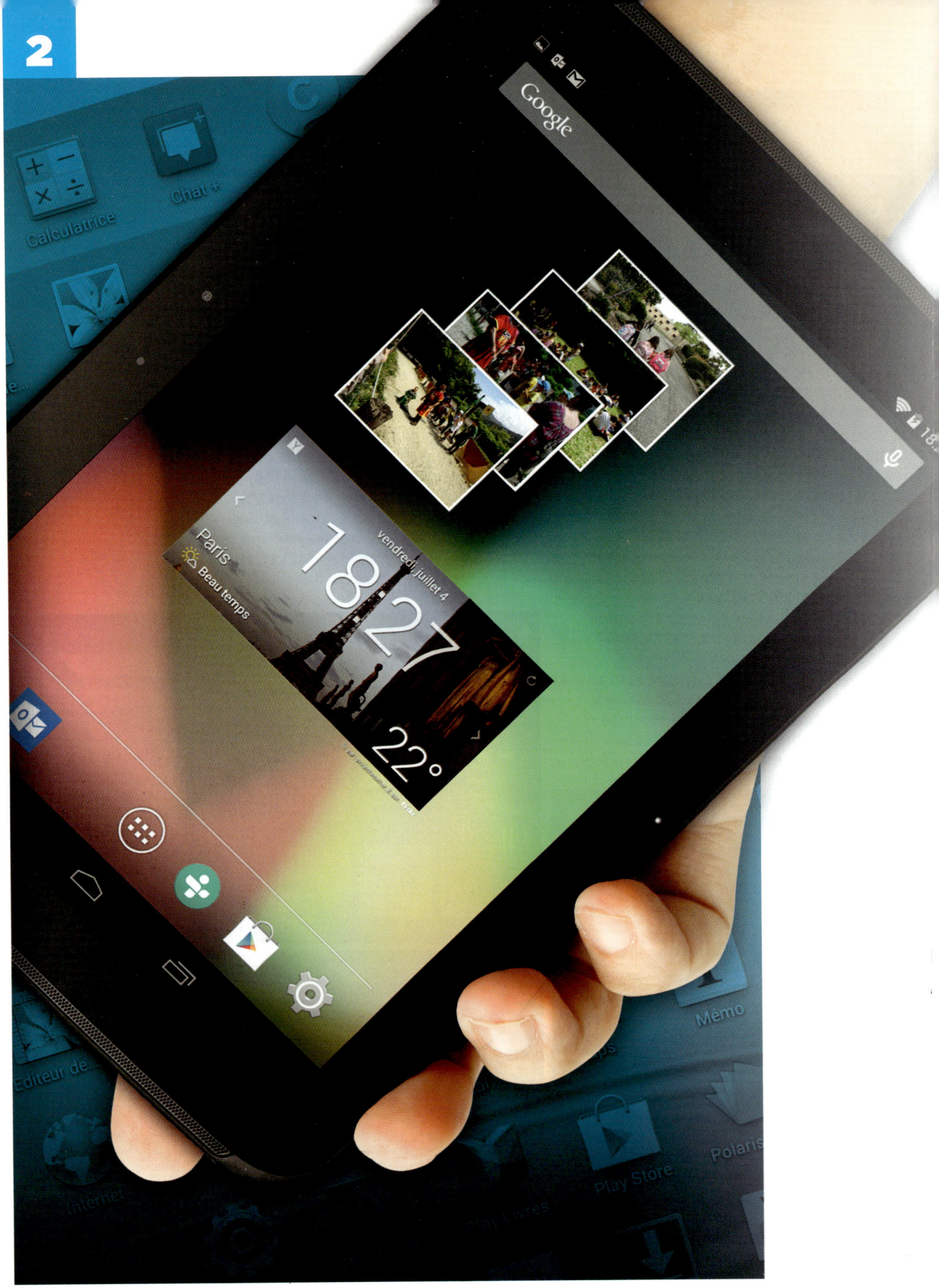
Google
Calculatrice
Chat+
Paris
Beau temps
vendredi, juillet 4
18 27
22°
Mémo
Play Store
Polaris
Internet

À DÉCOUVRIR DANS CES PAGES

PRENDRE EN MAINS SA TABLETTE

Votre tablette va devenir votre compagne de tous les jours. Elle ne quittera plus votre sac ou sera toujours à portée de main, sur votre bureau ou votre table basse. Météo, programme TV, e-mail ou réseaux sociaux... pour un oui ou pour ou non, vous la consulterez ! Aussi faut-il la bichonner dès le premier allumage, et notamment configurer les accès réseau. C'est un petit effort, mais si vous procédez avec méthode, vous n'aurez plus à y revenir.

DÉMARRER SA TABLETTE POUR LA PREMIÈRE FOIS

Votre tablette – ici une Google Nexus 7 – vous est livrée avec certains logiciels, mais elle n'est pas encore totalement prête à l'usage. Il va vous falloir, lors du tout premier démarrage, procéder à une configuration initiale, et répondre à quelques questions. Notez que le démarrage peut être légèrement différent si vous disposez d'une tablette dont le système Android a été adapté par le fabricant (Samsung, Sony, etc.).

1 ALLUMER LA TABLETTE À moins que votre tablette n'ait séjourné longtemps dans les entrepôts des revendeurs, sa batterie est normalement chargée à plus de la moitié : vous pouvez donc l'allumer dès le premier déballage sans avoir à la mettre en charge. Appuyez quelques secondes sur le bouton de démarrage, jusqu'à ce que le logo Google apparaisse à l'écran. La toute première fois, le démarrage est un peu long, et l'animation colorée vous « hypnotise » bien longtemps : c'est normal, Android prépare le système de fichiers et crée des dossiers et fichiers de configuration pour les principales applications du système. Rassurez-vous, les fois suivantes, les séquences de démarrage seront plus rapides puisque toutes ces préparations n'ont à être exécutées qu'une seule fois. Le tout premier écran de configuration, Bienvenue, concerne la langue à utiliser. Dans l'écran central, faites défiler la liste des langues vers le haut ou le bas, jusqu'à avoir Français au milieu, puis touchez la grosse flèche du bas pour accéder à l'écran suivant.

2 CHOISIR LE RÉSEAU WI-FI Vous arrivez à l'écran « Sélectionner le Wi-Fi » : cherchez dans la liste des réseaux sans fil qui s'affichent celui qui correspond au nom de votre point d'accès, et appuyez dessus. Une fenêtre vous invite alors à saisir le mot de passe ; cochez la case « Afficher le mot de passe » si cela vous facilite la saisie. Appuyez sur « Se connecter » quand vous êtes prêt. La tablette s'invite alors sur votre réseau.

3 CHOISIR OU CRÉER LE COMPTE GOOGLE Il vous faut ensuite définir votre compte Google. Si vous disposez d'une adresse de messagerie sur Gmail, touchez le bouton Oui et saisissez dans l'écran suivant votre adresse de courriel @gmail.com et votre mot de passe, puis validez en cliquant sur la flèche droite puis OK. Sinon, touchez le bouton Non et créez-vous un compte Google/Gmail. Vous devrez remplir un formulaire classique pour indiquer vos nom et prénom, choisir une adresse de messagerie valide sur Gmail, etc. Bien entendu, rien ne vous oblige à utiliser cette adresse Gmail pour vos échanges de courriers électroniques (voir ci-contre). Vous pourrez conserver votre adresse e-mail actuelle en utilisant l'appli E-mail fournie (**voir p. 64**). Le compte Google/Gmail

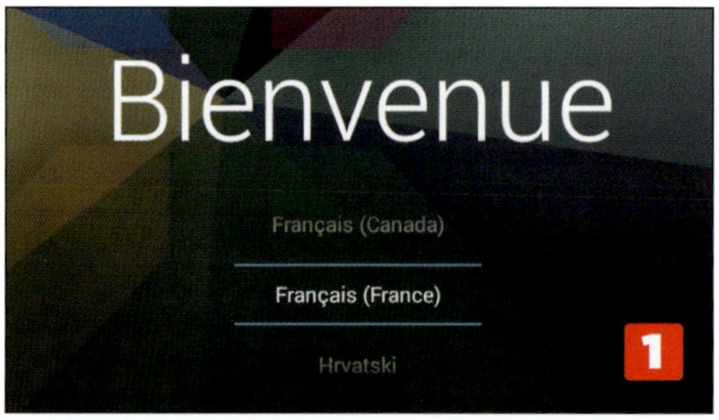

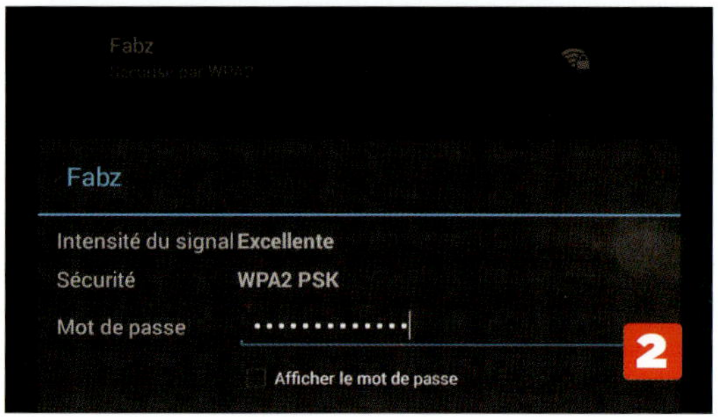

PLUS

✔ Lors du premier démarrage, si vous avez coché la case « Effectuer une restauration », laissez la tablette télécharger les applis liées à votre compte. Surveillez l'installation en utilisant le volet des notifications (**voir p. 32**).

✔ L'adresse de messagerie Gmail que vous créez éventuellement à l'étape 3 peut vous être utile de deux façons : soit en remplacement de votre adresse e-mail actuelle, par exemple votrenom@orange.fr, (il faut savoir que vous perdrez cette adresse e-mail si vous changez de fournisseur d'accès), soit à titre d'adresse « anonyme », que vous livrerez en pâture à tous les sites Web qui réclament une inscription. Vous protégerez ainsi votre e-mail personnel.

DIFFICULTÉ ★★☆☆☆ 10 MN

vous servira donc principalement ici à télécharger des contenus gratuits ou payants – applis, musiques, films, livres – sur la boutique Google Play (**voir les chapitres 5 et 9**).

4 VALIDER PAR SMS Si vous êtes en mode de validation en deux étapes par SMS (voir plus loin), la connexion va échouer : l'assistant de configuration vous annonce qu'il va devoir lancer le navigateur pour que la validation puisse se faire : acceptez ce lancement en pressant le bouton Suivant. Dans la fenêtre Web qui s'ouvre, saisissez de nouveau votre adresse e-mail @gmail.com et son mot de passe. Validez par Connexion. Dans l'écran suivant, saisissez le code que vient alors de vous envoyer Google par SMS, puis validez. Votre tablette mouline alors quelques secondes pour finaliser votre inscription : c'est presque prêt ! L'authentification en 2 étapes de Google consiste à recevoir sur votre téléphone, par un SMS envoyé par Google, un code unique. Il est envoyé à chaque fois que vous vous connectez depuis un nouveau logiciel ou un lieu inhabituel, et permet de contrôler que votre mot de passe n'a pas été « volé ». C'est donc une deuxième barrière de protection de vos données, qui utilise votre téléphone préalablement déclaré à Google. Vous pouvez activer cette fonction, qui est conseillée pour lutter contre le piratage des données en ligne, via les paramètres de votre compte Google. Accédez-y via votre navigateur.

5 RESTAURER DES PARAMÈTRES SAUVEGARDÉS Dans l'écran suivant, « Sauvegarder et restaurer », vous choisissez quoi rétablir ou enregistrer. La case « Effectuer la restauration » sert à remettre sur la tablette les applications et paramètres liés à votre compte, et que vous auriez déjà installés sur d'autres smartphones ou tablettes Android. Bien pratique pour installer vos applis préférées automatiquement dès le premier allumage. L'autre case, « Conserver une sauvegarde », permet de laisser sur les serveurs de Google une trace de ce qui est installé sur votre tablette, afin, justement, de pouvoir tout restaurer plus rapidement à l'avenir, par exemple en cas de réinstallation. Le mieux est de laisser les deux cases cochées puis de toucher la flèche droite.

6 GÉRER LA GÉOLOCALISATION C'est au tour de la géolocalisation. Si vous voulez profiter au mieux des applications comme les cartes ou la recherche de boutiques, laissez les deux cases cochées : la première autorise la tablette à utiliser les réseaux Wi-Fi pour vous localiser, et la deuxième autorise les applications à savoir où vous êtes. Pressez la flèche droite pour continuer.

7 TOUCHER AU BUT... C'est prêt ! Un dernier écran vous annonce que la configuration est terminée : touchez la dernière flèche pour accéder à votre nouvel environnement Android.

8 C'EST PARTI ! Lors de votre première arrivée sur les écrans d'accueil, quelques petits messages d'aide vous présenteront les widgets du bureau ou les menus d'applications : lisez-les et validez-les par OK.

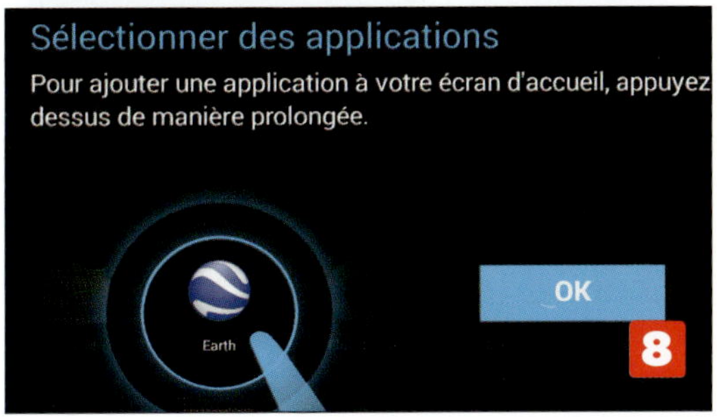

FAQ

Q: Et si j'utilise une tablette Samsung, Sony ou LG par exemple ?

R: En plus d'une interface graphique légèrement différente, ces constructeurs proposent des services complémentaires à ceux de Google. Vous devrez donc suivre les étapes décrites ci-contre, plus quelques autres. Vous pourrez par exemple créer ou vous connecter à un compte Samsung ou Sony pour profiter de services spécifiques.

Q: Puis-je me passer des services complémentaires des constructeurs ?

R: Oui, vous pouvez très bien vous contenter des services de Google. Cela a d'ailleurs plusieurs avantages. Tout d'abord, cela simplifiera l'usage de votre tablette et cela vous permettra aussi de passer d'une marque de tablette à l'autre sans, par exemple, perdre certains contenus achetés sur l'un des magasins en ligne spécifiques des constructeurs.

DIFFICULTÉ ★★★★★ 5 MN

SE CONNECTER À UN RÉSEAU SANS FIL WI-FI

Sans Wi-Fi, votre tablette Android est quasiment inutile ! Trouver une connexion et l'utiliser est donc une question essentielle…

Désactiver le Wi-Fi

Vous n'avez peut-être pas toujours besoin du Wi-Fi, soit pour économiser la batterie, soit pour minimiser la diffusion des ondes. Pour le couper et le réactiver rapidement, installez sur l'écran de démarrage le widget Contrôle de l'alimentation (**voir p. 46**). Ensuite, une pression sur l'icône de gauche active ou désactive facilement le Wi-Fi. Vous pouvez aussi dérouler tout simplement le panneau des raccourcis, en glissant le doigt vers le bas depuis le bord supérieur de l'écran.

1 TROUVER LES OPTIONS DU WI-FI Pour gérer le Wi-Fi, jetez un œil à la première ligne des Paramètres : son interrupteur doit être placé sur Oui. S'il est sur Non, activez-le. Pressez ensuite la ligne Wi-Fi pour accéder aux différents réseaux. Sélectionnez celui correspondant à votre box et, dans la fenêtre qui s'affiche, saisissez le mot de passe du réseau et validez par « Se connecter » (ignorez la case « Afficher les options avancées », à moins que vous ne sachiez ce que vous faites).

2 SE CONNECTER À UN RÉSEAU WI-FI EN DÉPLACEMENT Vous êtes en déplacement, et souhaitez profiter d'un accès Wi-Fi proposé par un hôtel ou un restaurant ? C'est très simple : demandez à votre hôte le nom de son réseau sans fil, rendez-vous dans les Paramètres, ligne Wi-Fi, et repérez le nom qui vous a été donné. Ouvrez ensuite le navigateur Web, et dirigez-le vers n'importe quelle page Web : avant de vous y conduire, une page Web intermédiaire apparaîtra très certainement, qui vous demandera de valider les conditions d'utilisation du point d'accès. Cela fait, vous pourrez surfer tranquillement. La procédure est la même si vous utilisez le réseau de points d'accès publics de votre fournisseur d'accès, comme FreeWifi ou SFR WiFi Mobile : la page Web vous demandera d'entrer votre numéro d'abonné et votre mot de passe. En déplacement, pensez donc à les avoir avec vous !

3 SE RELIER À UNE BOX WPS Votre tablette est compatible avec la connexion WPS, qu'on trouve de plus en plus sur les box récentes, pour une connexion plus facile. Sur la box, appuyez sur le bouton WPS pour enclencher la procédure. Puis, sur la tablette, dans l'écran de la liste des réseaux, pressez en haut sur le bouton WPS (avec les deux flèches qui tournent). La tablette mouline quelques secondes, puis se relie toute seule à la box. Pratique pour surfer rapidement sans avoir à saisir le code de sécurité Wi-Fi !

4 OUBLIER UN RÉSEAU L'historique des réseaux auxquels vous vous êtes connecté apparaît à la fin de la liste. Pour forcer la tablette à les oublier et cesser d'essayer de s'y connecter, faites un appui long sur le nom des réseaux à effacer.

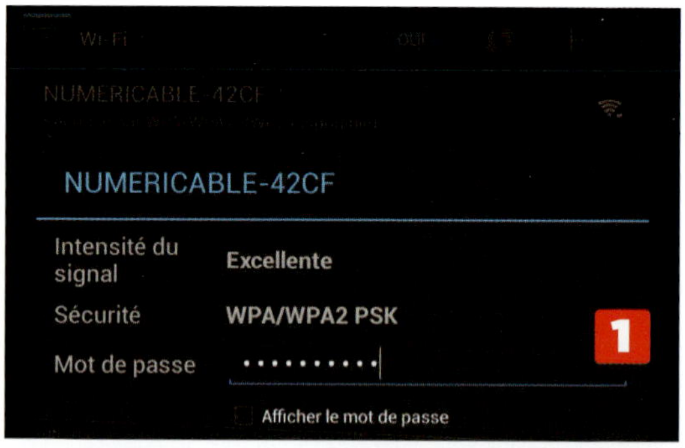

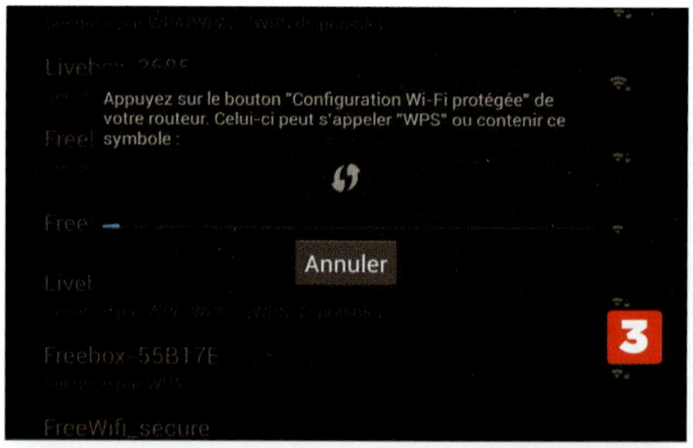

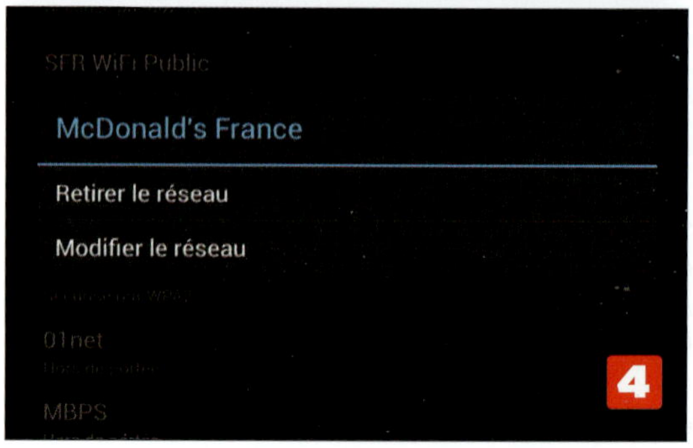

DIFFICULTÉ ★★★★★ 5 MN

PROFITER D'UNE CONNEXION 3G/4G SUR LA TABLETTE

La connexion 3G ou 4G utilise le réseau des antennes de téléphonie mobile pour connecter la tablette à Internet. Elle vient donc en complément du Wi-Fi, et permet de se connecter en dehors de la zone d'émission de vos points d'accès Wi-Fi habituels. Elle entraîne cependant un sérieux surcoût : d'une part, la tablette 3G / 4G elle-même coûte plus cher ; d'autre part, elle nécessite un abonnement mobile supplémentaire, avec carte SIM dédiée, en plus de celui de votre téléphone. Mais il y a une autre solution, que nous verrons également : partager la connexion 3G / 4G de votre mobile.

1 ACTIVER LA 3G / 4G SUR UNE TABLETTE WI-FI/3G

Si vous êtes l'heureux possesseur d'une tablette compatible avec les réseaux cellulaires, vous devez apprendre à activer et désactiver la 3G / 4G, pour ne l'utiliser que quand vous en avez besoin. Cela se passe dans les Paramètres, section « Sans fil et réseaux » : pressez Plus... puis « Réseaux mobiles ». Si la case « Données activées » est cochée, alors la 3G / 4G est activée, et les données passent par elle. Décochez la case si vous n'avez plus besoin de celle-ci. Méfiez-vous de la case « Itinérance des données » : elle sert à activer le réseau cellulaire quand vous êtes à l'étranger. Ce qui alourdira significativement la facture ; c'est la raison pour laquelle cette case est décochée par défaut.

2 TRANSFORMER SON SMARTPHONE EN POINT D'ACCÈS WI-FI

Si votre tablette n'est pas munie de la 3G, vous pouvez ponctuellement utiliser votre smartphone comme relais de connexion. Et cela fonctionne aussi bien avec un téléphone Android qu'avec un iPhone ou un Windows Phone. Sur un smartphone Android, rendez-vous dans les Paramètres, puis tapez sur Plus... et, dans la section « Sans fil et réseaux » ou « Point d'accès et modem » selon le modèle de téléphone. Activez l'option « Point d'accès mobile ». Si vous possédez un iPhone, rendez-vous dans les Réglages, puis Général, « Réseau cellulaire » et « Partage de connexion ». Activez ce dernier. Une fois que vous aurez relié votre tablette une première fois, l'option « Partage de connexion » sera disponible dès le premier niveau des réglages de l'iPhone. Dans les deux cas, notez le mot de passe Wi-Fi, indispensable pour l'étape suivante de connexion.

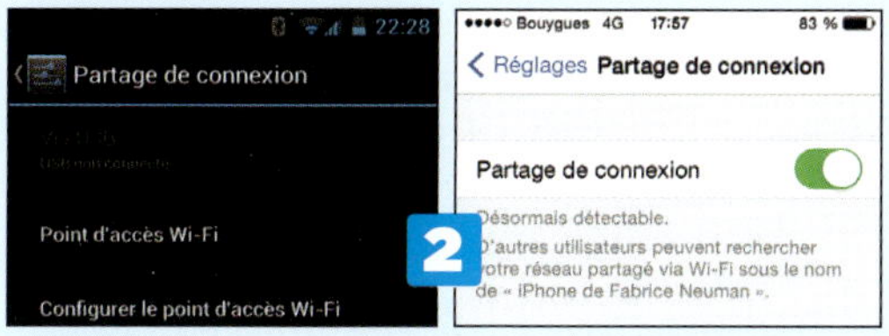

3 ASSOCIER TABLETTE ET MOBILE

Sur la tablette, rendez-vous dans les Paramètres puis dans l'écran de configuration Wi-Fi (*voir p. précédente*). Le point d'accès créé par votre smartphone apparaît dans la liste. Tapez dessus et indiquez ensuite le mot de passe (on vous avait dit qu'il serait utile !). Au bout de quelques secondes, votre tablette est connectée à Internet via votre smartphone. Vous pouvez surfer !

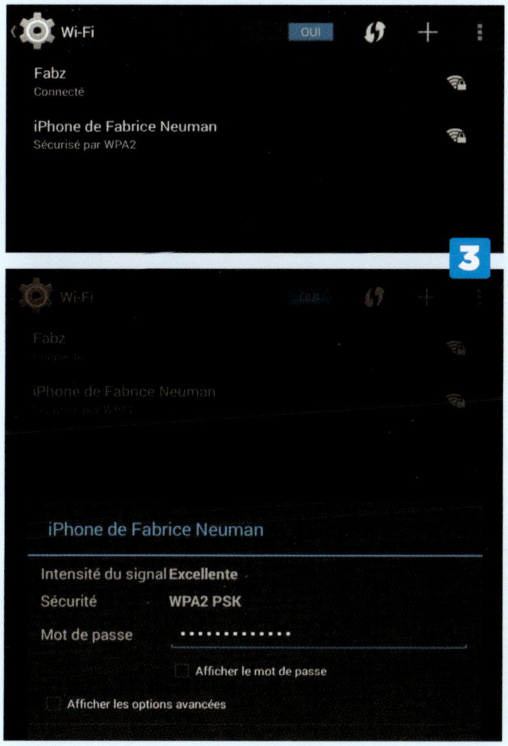

PLUS

✔ Consultez les conditions de votre forfait mobile avant de vous lancer. Selon les cas, le partage de connexion peut être inclus, non inclus et surfacturé, ou inopérant. S'il est inclus sans surcoût dans votre forfait, votre opérateur vous l'indique en précisant que vous disposez de l'option « Modem ». C'est le cas de nombreux forfaits low-cost : B&You, Free, SFR Red, Sosh...

✔ Utilisez le partage de connexion de façon très ponctuelle, pour vous dépanner, car il vide rapidement la batterie du smartphone.

TOUS LES SITES INTERNET AVEC GOOGLE CHROME

Multiplier les navigateurs

Vous pouvez installer d'autres navigateurs sur votre tablette. Il vous suffit de vous rendre sur le Play Store et de lancer une recherche avec les mots-clés «navigateur Internet». Vous pourrez ainsi installer Firefox : si vous utilisez aussi celui-ci sur votre ordi, vous profiterez des fonctions de synchronisation du navigateur, similaires à celles proposées par Chrome (**voir p. 28**).

1 CHOISIR CHROME Même si votre tablette est livrée avec son propre navigateur, comme c'est le cas des modèles Samsung livrés avec l'appli sobrement nommée Internet, le navigateur de Google est aussi pré-installé. Lorsque vous cliquez pour la première fois sur un lien Internet dans un courriel par exemple, le système vous demande avec quel navigateur vous voulez l'ouvrir. Si vous ne vous êtes pas encore décidé, tapez une fois sur l'icône d'un des navigateurs, puis sur le bouton «Cette fois seulement». Notez que vous parviendrez au même résultat en double-tapant sur l'icône du navigateur choisi. Sinon, pour utiliser Chrome par défaut à chaque fois que vous taperez sur un lien, effleurez le bouton Toujours.

2 SAISIR UNE ADRESSE WEB OU LANCER UNE RECHERCHE Lancez le navigateur en pressant son icône. Votre premier onglet de navigation s'ouvre sur une page de bienvenue. La barre d'adresses fait aussi office de barre de recherche : touchez-la pour faire apparaître le clavier virtuel et saisissez une adresse Web ou un terme de recherche. S'il s'agit d'une adresse de page Web, rappelons qu'il est inutile de taper *http://* et *www.* au début de son nom : tapez tout simplement *lemonde.fr* pour accéder au site http://www.lemonde.fr/. Notez aussi que le clavier comporte une touche «.com» en bas à droite pour ajouter rapidement cette mention. Lorsque vous tapez les premières lettres, Chrome vous propose, à la volée, des suggestions de sites ou de recherches : sélectionnez celle qui vous convient afin d'y accéder directement. En appuyant sur la petite icône au micro, vous pourrez même lancer une recherche en la prononçant à haute voix.

3 OUVRIR PLUSIEURS PAGES WEB GRÂCE AUX ONGLETS Comme sa version pour ordinateur, Chrome pour Android gère les onglets, qui servent à ouvrir plusieurs pages Web. Pour ouvrir un onglet vide, cliquez sur le mini losange, tout à droite de la barre des onglets. Vous pourrez ensuite inscrire l'adresse du site à atteindre, ou le sélectionner dans vos Favoris (voir plus loin). Si vous consultez déjà une page Web et que vous souhaitez la garder ouverte tout en affichant l'un de ses liens dans un nouvel onglet, faites un appui long sur le lien voulu et, dans le menu qui apparaît, choisissez «Ouvrir dans un nouvel onglet». Touchez le nom d'un onglet pour afficher sa page. Pour fermer un onglet et faire de la place, pressez juste sa petite croix grise. Enfin, notez aussi que certains sites Web, dont Google Actualités (news.google.fr), ouvrent systématiquement les liens sur lesquels on clique dans un nouvel onglet. Remarquez les autres options du menu. Choisissez par exemple «Copier l'adresse du lien» pour pouvoir ensuite le coller dans un message par exemple.

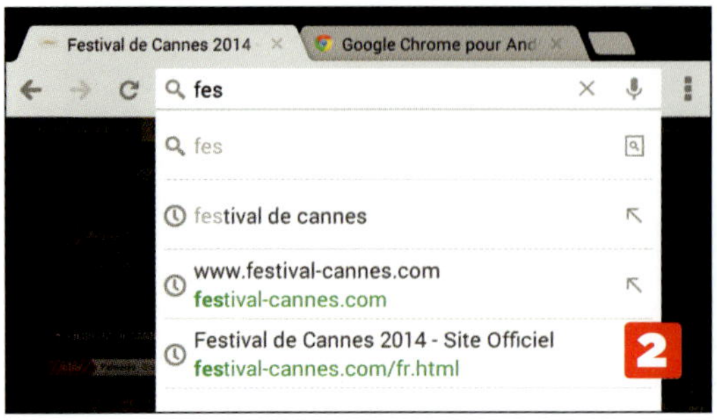

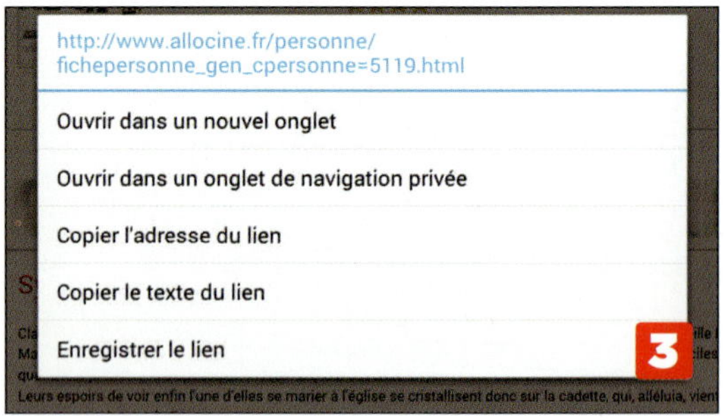

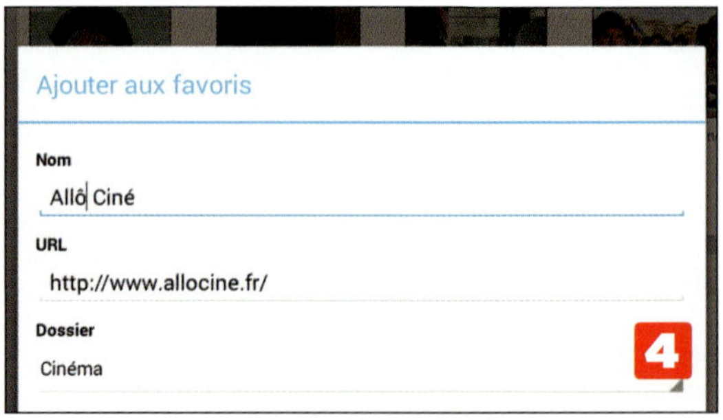

DIFFICULTÉ ★★★★★ 20 MN

4 AJOUTER UN SITE À VOS FAVORIS

Pour ajouter une page à vos Favoris, c'est très simple aussi : touchez l'étoile au bout de la barre d'adresses. Dans la fenêtre qui s'affiche, personnalisez le nom de la page, et choisissez le dossier où la ranger (par défaut, dans « Favoris sur mobile », mais vous pouvez presser « Nouveau dossier » pour en créer un) et validez par OK. Vous retrouverez vos favoris en cliquant sur le bouton Menu, puis Favoris.

5 REMPLACER GOOGLE PAR UN AUTRE MOTEUR DE RECHERCHE

Si le moteur de recherche défini par défaut, à savoir celui de Google, ne vous convient pas, vous pouvez le changer. Cliquez sur le bouton Menu, puis Paramètres, puis Moteur de Recherche. Là, choisissez entre Yahoo! et Bing – le choix est très restreint. La validation est immédiate, cliquez sur l'icône en haut à gauche pour revenir à la liste des Paramètres.

6 ZOOMER POUR LIRE

Chrome est très fort pour adapter les pages Web aux petits écrans des tablettes. Quand un site dispose d'une feuille de style bien pensée, il sait reformater la page dans le sens de la hauteur. Et quand le site est moins bien fait, il présente l'intégralité de la page. Comment zoomer sur un paragraphe que vous voulez lire ? Tout simplement d'une double-tape dessus : le paragraphe s'adapte à la taille la plus lisible possible. Une seconde double-tape lui fera retrouver sa présentation d'origine. Vous pouvez aussi utiliser le fameux mouvement de pincer, avec le pouce et l'index, mais c'est moins précis.

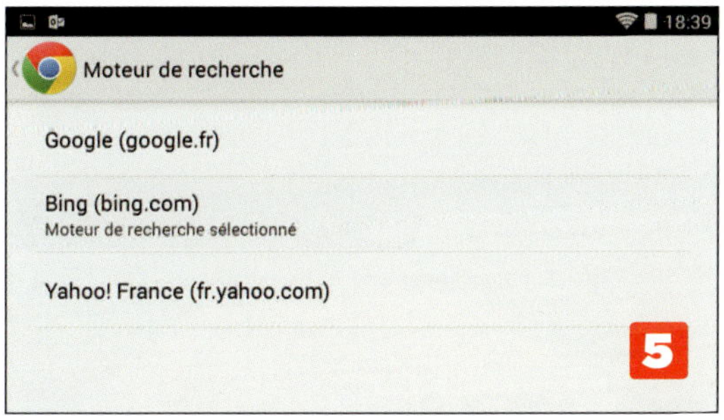

Enfin, notez que Chrome sait tout seul activer un effet loupe, très pratique quand vous aurez par exemple de toutes petites cases à cocher ou des liens à cliquer !

7 GROSSIR LA TAILLE DES CARACTÈRES

Vous pouvez aussi choisir d'augmenter systématiquement la taille des polices de caractères. Rendez-vous dans les Paramètres, Accessibilité et utilisez le petit curseur pour changer la taille des textes. Attention, cette option risque de casser la mise en page sur votre écran, c'est pourquoi certains sites la bloquent ; mais en cochant la case « Forcer l'activation du zoom », c'est vous qui aurez le dernier mot, et qui choisirez quelle taille vous voulez pour les textes !

8 INSTALLER L'APPLI DU SITE WEB

Les sites Web populaires prévoient souvent une application Android gratuite pour faciliter l'accès à leur contenu. Si vous appréciez ce site, installez son appli comme cela vous est proposé. Vous serez renvoyé sur sa fiche dans le Play Store (**voir chapitre 5**).

Défilé d'onglets

Vous avez de nombreux onglets ouverts ? Pour passer de l'un à l'autre, faites-les défiler ! Faites glisser votre doigt de gauche à droite ou de droite à gauche sur la barre des onglets pour voir leurs intitulés.

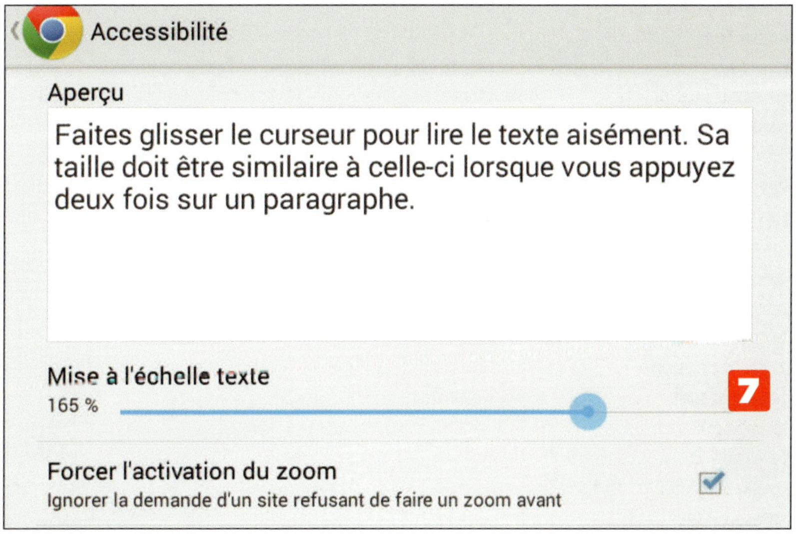

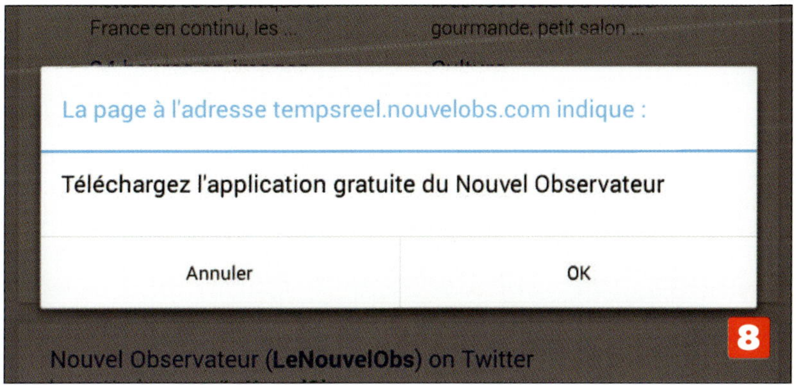

PROFITER DES FONCTIONS AVANCÉES DE GOOGLE CHROME

Chrome recèle quelques fonctions très pratiques mais un peu cachées qu'il faut absolument connaître. Les voici !

Bien que moins riche en fonctions que son grand frère pour ordinateur – il ne dispose pas d'extensions ni de thèmes –, Chrome n'en embarque pas moins des options qui vous seront souvent utiles.

SYNCHRONISER TOUS SES NAVIGATEURS CHROME Vous apprécierez peut-être la synchronisation du navigateur de la tablette avec les navigateurs Chrome de vos ordinateurs (Windows, Mac OS X ou Linux). La toute première chose à faire est de vérifier, sur votre Chrome de bureau, que vous l'utilisez bien connecté à votre compte Google. Pour cela, cliquez sur le bouton Menu (les trois traits empilés), puis vérifiez qu'il y a bien écrit « Connecté en tant que » suivi de votrenom@gmail.com. Sinon, cliquez sur « Se connecter à Chrome »... Entrez vos identifiants Google et validez. Si c'est votre première synchro avec Chrome, il vous sera demandé ce que vous voulez synchroniser. Choisissez « Tout synchroniser » dans le menu déroulant pour cocher toutes les cases, laissez les options de chiffrement sur « Chiffrer avec vos certificats Google » et validez par OK.

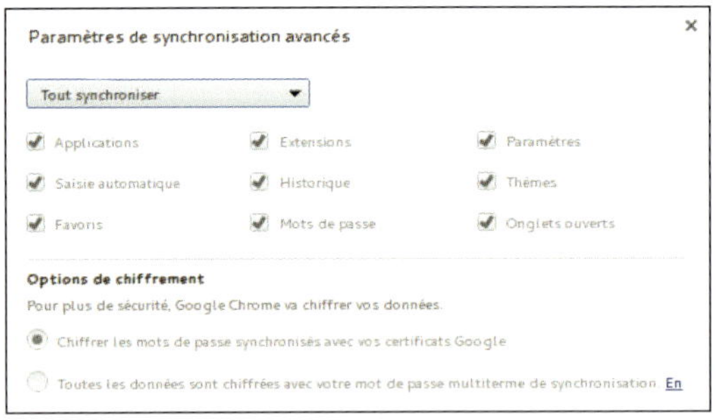

RÉGLER LA SYNCHRONISATION DANS CHROME POUR ANDROID Il faut faire le réglage équivalent sur le navigateur Chrome de la tablette. En principe, la connexion s'est faite lors du tout premier lancement de Chrome, en entrant votre identifiant @gmail.com. Il faut aussi vérifier que la synchronisation est bien activée. Rendez-vous, via le bouton Menu (les points de suspension verticaux), dans les Paramètres et pressez la ligne portant votre nom@gmail.com. Touchez la ligne Synchro et vérifiez que l'interrupteur en haut est sur Oui. Cochez ensuite la case « Tout synchroniser ». Revenez en arrière (en cliquant sur l'icône des Paramètres en haut à gauche plusieurs fois) et patientez quelques minutes...

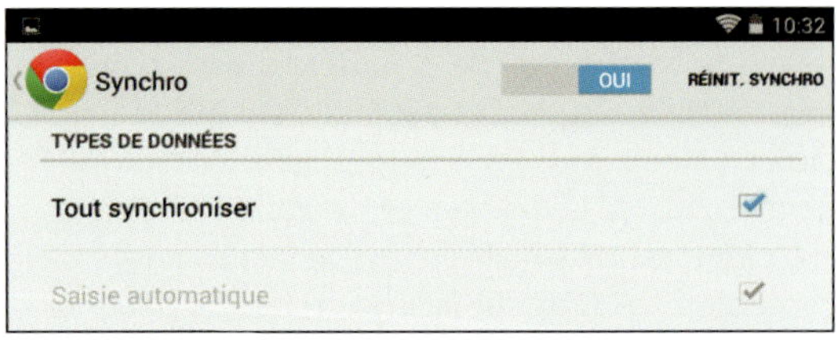

ÉVITER DE RESSAISIR LES FORMULAIRES Plus tard, donc, le temps que les synchronisations s'effectuent, vous pourrez vérifier que les données des formulaires ont bien été téléchargées vers votre tablette. Rendez-vous dans les Préférences et pressez la ligne « Saisie auto formulaires » (qui doit être sur Activé, sinon, placez son interrupteur sur Oui). Si vous aviez déjà créé un profil de saisie automatique sur votre Chrome pour ordinateur, il va apparaître ici. Touchez-le pour faire apparaître les coordonnées qui seront utilisées pour remplir automatiquement les formulaires Web et vérifiez si tout est bien correct.

RÉCUPÉRER TOUS SES MOTS DE PASSE De la même façon, et toujours depuis l'écran des Paramètres, vous vérifierez que les mots de passe que vous aviez retenus sur votre

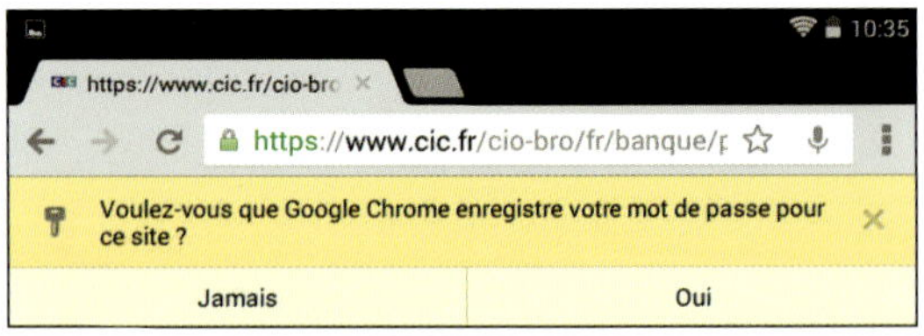

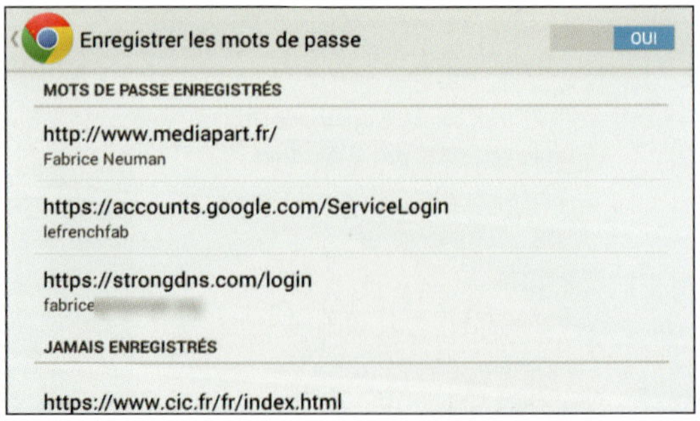

Protéger ses données

La synchronisation de Chrome avec votre compte Google est certainement très pratique... Mais elle ajoute un risque supplémentaire, en cas de vol de votre tablette : le voleur aura accès à tous les préremplissages de formulaires et mots de passe stockés sur le Chrome de votre PC de bureau... On n'insistera donc jamais assez sur la nécessité de verrouiller par un code la sortie de veille de votre appareil (**voir p. 154**).

Chrome pour ordi sont bien arrivés sur votre tablette : sélectionnez la ligne « Enregistrer les mots de passe » et vérifiez là encore que son interrupteur en haut à droite est bien sur Oui. Regardez ensuite les lignes affichées à l'écran : chacune correspond à un service ou une page Web demandant un mot de passe. Le nom d'utilisateur est affiché en petit juste en dessous. Pour effacer une entrée, pressez sur sa ligne et, dans l'écran suivant, appuyez sur le bouton Supprimer.

FAVORIS IDENTIQUES SUR L'ORDI ET SUR LA TABLETTE La synchronisation, c'est aussi profiter des mêmes favoris sur tous vos navigateurs Chrome ! Dans Chrome pour Android, cliquez sur le bouton Menu, puis Favoris. Vous pouvez aussi retrouver cette page en affichant un nouvel onglet, puis en sélectionnant en bas le module Favoris. Les favoris sont classés en dossiers (et même en sous-dossiers, pour une organisation plus rationnelle) : « Favoris sur l'ordinateur » sont ceux qui sont présents dans la barre de favoris de votre Chrome sur PC ou Mac ; « Favoris sur mobile » sont ceux que vous avez saisis depuis votre tablette ou smartphone ; enfin, « Autres favoris » sont ceux que vous avez saisis sur votre PC, mais hors de la barre des favoris. Très logiquement, pressez un dossier pour l'explorer, et sur un signet pour l'ouvrir. Un appui long sur un dossier ou un signet ouvre un menu permettant de le modifier, le renommer ou le supprimer.

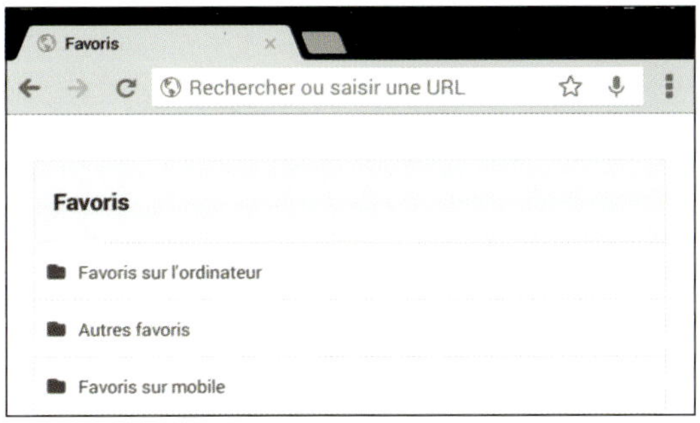

SYNCHRONISER LES ONGLETS Dernier intérêt de la synchronisation, enfin, et non des moindres : retrouver sur la tablette une liste des derniers onglets ouverts sur vos autres Chrome. Ouvrez un nouvel onglet sur la tablette et sélectionnez le module « Autres appareils » en bas à droite. Une liste de vos machines (ordinateurs, smartphones ou tablettes) apparaît, avec les derniers onglets qui y ont été ouverts. Cette fonction pourrait même servir à espionner, quasiment en direct, l'activité Web sur l'un de vos PC, même quand vous n'y êtes pas… Pressez la ligne de l'un d'eux pour l'ouvrir et accéder au site en question.

OUPS, ROUVREZ L'ONGLET Lorsque vous fermez un onglet, un petit message apparaît en bas de l'écran pour vous permettre d'annuler l'action. Une tape et l'onglet se rouvre là où vous en étiez !

VOIR LES SITES FRÉQUEMMENT VISITÉS Pour finir sur cette page « Nouvel onglet », n'hésitez pas à utiliser, en bas, le module « Les plus visités ». Si l'un des sites mentionnés vous gêne, n'hésitez pas à l'effacer, via un appui long sur sa vignette, puis Supprimer.

NAVIGATION PRIVÉE Comme sur Mac et PC, Chrome pour Android propose la navigation privée. Elle ne laisse aucune trace sur la tablette : ni dans l'historique, ni dans les listes des sites visités ou des onglets ouverts, ni dans les cookies et autres fichiers conservés en mémoire. Ce sera comme si vous n'aviez jamais visité ce site ! Pour démarrer une session de cette navigation discrète, touchez le bouton Menu puis « Nouvel onglet nav. privée ». Un onglet s'ouvre, avec un petit détective privé dans le coin en haut à gauche. Le surf s'effectue ensuite strictement comme d'habitude. Pour basculer vers la fenêtre de surf « normal », touchez en haut à droite la petite icône avec les deux rectangles. N'oubliez pas cette fonction lorsque vous empruntez la tablette d'un ami.

REFUSER D'ÊTRE PISTÉ Les régies publicitaires ont la fâcheuse habitude d'espionner vos habitudes de surf pour vous proposer des publicités sur mesure. Heureusement, vous pouvez indiquer aux sites que vous ne souhaitez pas être ainsi tracé. Dans les Paramètres, pressez la ligne Confidentialité, puis Interdire le suivi. Placez l'interrupteur du haut sur Oui, puis quittez les Paramètres.

Formulaires automatiques

La fonction « Saisie auto formulaires » évoquée ci-contre sert à remplir automatiquement les champs comme Nom, Prénom, Adresse ou Numéro de téléphone, qu'on rencontre souvent sur les pages Web, par exemple lors de l'inscription à une boutique. Chrome utilise pour cela des profils pré-remplis par vous et enregistrés dans les Préférences de Chrome pour Android ou pour ordinateur.

DIFFICULTÉ ★★★★★ 5 MN

TOUT FACEBOOK AVEC L'APPLI DÉDIÉE OU DANS UN NAVIGATEUR

1 L'application Facebook est le moyen le plus simple et le plus intuitif de suivre l'activité de vos amis et de publier la vôtre. Pour l'installer, rendez-vous sur le Play Store, faites une recherche sur le terme Facebook et installez le programme correspondant à la ligne « Facebook » qui apparaît normalement en tout premier dans la page des résultats. Notez que le site Web en version mobile, qui apparaîtra donc dans Chrome pour Android, a quasiment la même interface que l'application dédiée. Au premier démarrage de l'application, vous devez bien sûr vous connecter avec votre identifiant Facebook habituel. Vous arrivez ensuite directement sur votre flux, que vous pouvez faire défiler vers le bas d'une glissade du doigt. Vous voulez donner votre avis sur le post d'un de vos amis ? Pressez le bouton Commenter, puis le champ Écrire un commentaire ; saisissez votre texte, puis Envoyer. Ou pressez l'icône « J'aime » pour marquer votre approbation.

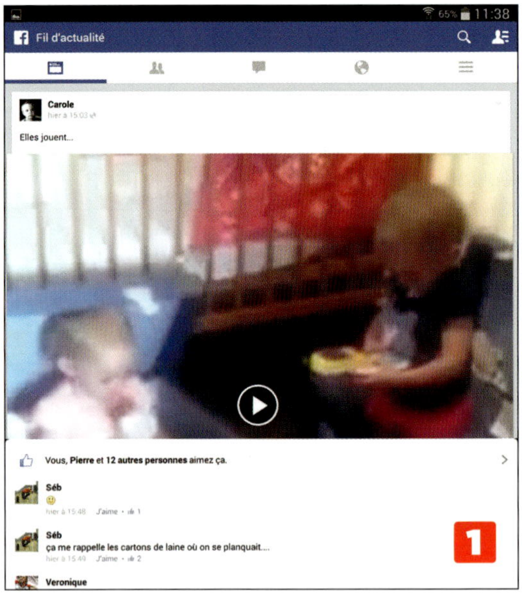

2 **PUBLIER UN STATUT** En bas de votre flux figurent trois boutons : Statut, Photo et Lieux. Tous trois servent à mettre à jour votre statut, en partageant votre humeur du moment ou une photo, tirée de la Galerie de votre tablette ou prise sur le vif. Mais le plus intéressant, en situation de mobilité, reste le

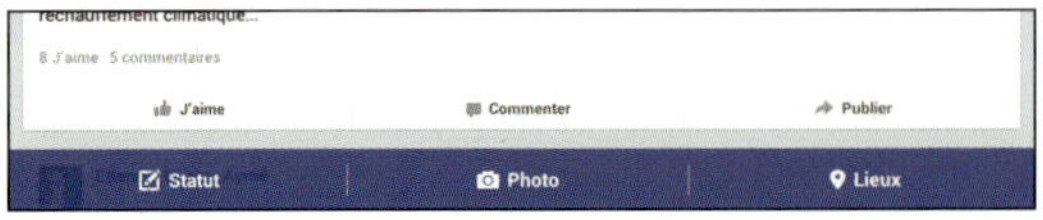

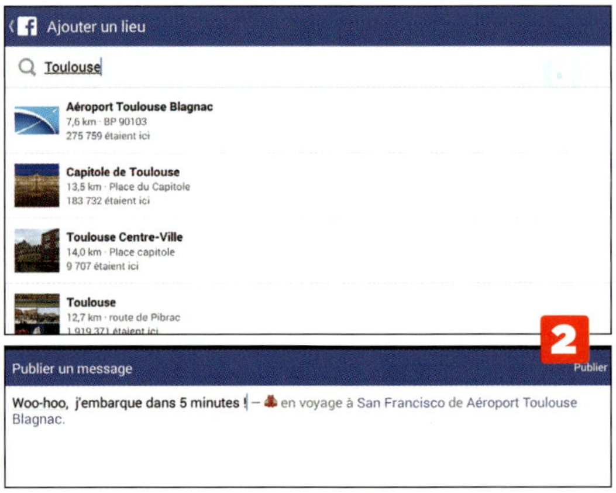

partage de Lieux : l'application utilise vos données de connexion (Wi-Fi, 3G, voire GPS) pour déterminer où vous vous trouvez actuellement et vous propose de sélectionner un lieu parmi ceux environnants, en vous montrant combien de *Facebookiens* les ont déjà recommandés. Cliquez sur un lieu, puis saisissez un commentaire, ou ajoutez une photo.

3 **RÉGLER LE SYSTÈME DE NOTIFICATION** Facebook a une fâcheuse tendance à multiplier les alertes, encombrant votre volet des notifications pour un oui ou pour un non. Pour contrôler ces alertes, appelez les Paramètres via le bouton Menu en haut à droite (les trois traits empilés), puis tapez sur Paramètres des applications. Là, décochez les événements qui vous intéressent le moins : la tablette ne vous avertira plus de leur survenue. En revanche, les notifications seront toujours centralisées sur le bouton représentant la Terre, en haut de l'écran au sein de l'application.

Réduire l'impact sur la batterie

Vous remarquerez certainement une sérieuse baisse de l'autonomie de votre tablette après l'installation de l'appli Facebook. Pas de panique, vous pouvez y remédier facilement. Le problème vient du fait qu'en standard, l'appli est réglée pour se mettre à jour en tâche de fond toutes les heures. L'idée est de pouvoir vous présenter les derniers posts dès que vous lancez l'application, sans attendre. En réalité, c'est parfaitement inutile : l'appli se met aussi à jour à chaque fois que vous la lancez et cela ne prend jamais plus de quelques secondes. Tapez donc sur le bouton Menu (les trois traits empilés en haut à droite), puis rendez-vous dans les « Paramètres des applications ». Tapez sur « Intervalle d'actualisation » et choisissez Jamais, dans la fenêtre qui s'affiche. Vous continuerez à recevoir les notifications.

DIFFICULTÉ ★★★★★ 5 MN

DISCUTER AVEC SES AMIS GRÂCE À FACEBOOK MESSENGER

1 INSTALLER L'APPLI FACEBOOK MESSENGER Facebook a pris la décision de retirer de son application (voir p. précédente), la fonction de « tchat », c'est-à-dire de conversation en direct. L'appli continue à vous notifier de l'arrivée de nouveaux messages privées via l'icône en forme de phylactère dans la barre supérieure, mais ne vous permet plus de les consulter ou d'y répondre. Lorsque vous tapez dessus, une fenêtre vous informe que vous devez désormais installer une autre application, Facebook Messenger, pour engager la conversation avec vos relations Facebook. Rendez-vous donc sur le Play Store pour l'installer. Elle est bien entendu gratuite.

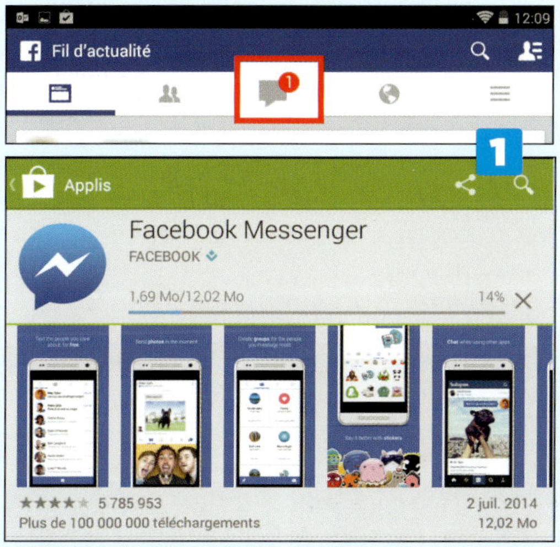

2 CONNECTER MESSENGER À SON COMPTE FACEBOOK La première fois que vous lancez l'appli Messenger, elle vous propose la connexion au compte Facebook déjà paramétré sur la tablette. Acceptez via le bouton Continuer. L'appli vous propose ensuite de synchroniser vos contacts Facebook avec la liste déjà stockée sur la tablette. À vous de décider si vous voulez mélanger les genres. Sachez seulement que cela peut parfois rendre l'utilisation de vos contacts un peu plus confuse. Vous pouvez taper sur le lien gris « Plus tard » en bas de l'écran, assez difficile à voir il faut bien le dire.

3 TCHATTER AVEC MESSENGER Une fois identifié, dans l'interface principale de Messenger, la liste de vos messages s'affiche. Effleurez une conversation existante ou le bouton Nouveau message (le phylactère bleu en haut à droite), pour en commencer une nouvelle. Choisissez un ou plusieurs correspondants dans la liste de vos amis Facebook qui s'affiche. Notez le petit repère de couleur qui vous indique si vos amis utilisent aussi l'appli Messenger ou s'ils se connectent via le Web. Tapez sur la zone de saisie pour faire apparaître le clavier virtuel et commencer à taper. Les icônes en dessous vous permettent d'accéder aux options : insérer une vidéo, une photo, une émoticône ou même un enregistrement vocal.

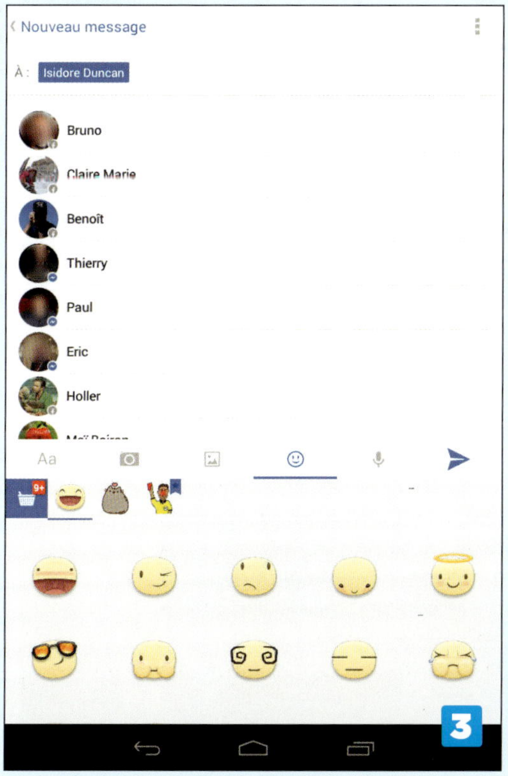

Fichier joint

La messagerie depuis le site Web peut envoyer tout type de fichier joint, y compris vers un ami sur tablette.

Partager ou non sa position

Faites donc un tour dans les paramètres de l'appli Messenger, via l'icône en forme de roue dentée, en haut. Vous vous apercevrez que l'option Lieu, qui partage votre position géographique avec vos messages, est activée par défaut. Désactivez-la si vous ne voulez pas qu'on puisse vous suivre à la trace.

MAÎTRISER LES PRINCIPALES FONCTIONS D'ANDROID AU QUOTIDIEN

Accédez à vos applications et profitez des notifications pour prendre de bonnes habitudes d'utilisation.

Une fois que vous avez démarré votre tablette pour la première fois (**voir p. 22**), vous n'avez pas besoin d'installer des applications pour commencer à l'utiliser : voici comment accéder aux outils intégrés.

LES APPLIS ET WIDGETS DES ÉCRANS D'ACCUEIL Au premier démarrage, les tablettes Nexus simplifient sans surprise l'accès aux applis et services de Google. Ils sont tous regroupés dans un dossier où l'on retrouve les icônes du navigateur Chrome, et des applis pour accéder aux livres, films et musiques liés au Google Play Store. Le Dock (**voir p. 45**) est une zone fixe. Au dessus sont situés les écrans d'accueil, dans lesquels vous pouvez ajouter les icônes des applications que vous utilisez le plus souvent, ainsi que vos widgets préférés (**voir p. 46**). Par défaut, vous avez accès à 5 écrans d'accueil. Celui du milieu est celui affiché par défaut. Faites-les glisser latéralement du bout du doigt. Sur les tablettes Samsung de dernière génération, l'écran d'accueil tout à gauche est remplacé par une page de résumé d'actualité. Notez en bas les repères blancs qui vous indiquent sur quel écran vous vous trouvez. Sur une tablette Nexus, un très discret trait blanc joue le même rôle au dessus du Dock.

MANIER LES BOUTONS Android propose en permanence trois boutons en bas de l'écran. La Maison vous permet en toutes circonstances de revenir à l'écran d'accueil. Si vous y êtes déjà, un nouvel appui vous ramène à l'écran d'accueil principal, celui du milieu. La flèche arrondie pointant vers la gauche est le bouton « Précédent ». Il vous permet de revenir un pas en arrière. Son comportement peut parfois être étonnant car il ne fait pas toujours la même chose (voir ci-contre). Le bouton double-rectangle vous permet de passer rapidement d'une application à l'autre (voir plus loin).

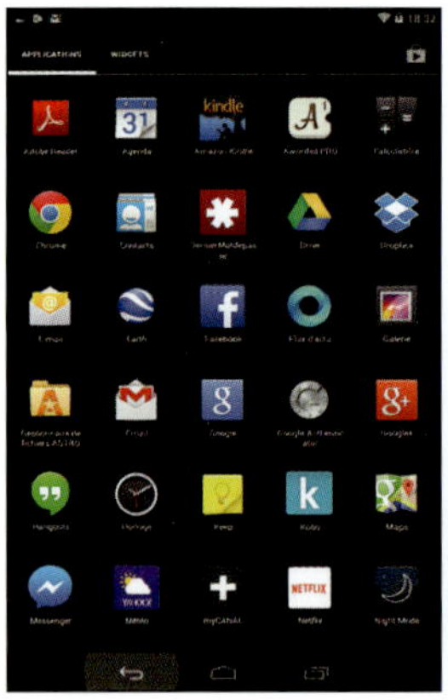

D'UNE APPLI À L'AUTRE Un appui sur le bouton multitâche (le double rectangle) montre une vue miniature de toutes les applis lancées récemment. Tapez sur l'une d'elles pour y retourner. Vous pouvez faire défiler cette liste de haut en bas (ou de droite à gauche si vous utilisez votre tablette en mode paysage) pour consulter la liste complète des applis en cours. Si l'une d'elles pose problème, parce qu'elle est bloquée ou lente, affichez la liste et faites glisser l'appli fautive latéralement

De l'usage du bouton Précédent

La fonction du bouton Précédent varie en fonction du contexte. Le principe général, c'est qu'il vous permet de revenir en arrière, étape par étape. Si vous êtes en train de visiter des pages Web depuis le navigateur, il vous ramènera à la page précédente. Mais si vous êtes déjà en train de visionner la première page Web, un nouvel appui vous ramène alors à l'écran d'accueil de la tablette. De même, si vous avez cliqué sur un lien vous menant vers le Google Play Store, et que vous vous êtes ensuite promené dans le Store, des appuis successifs sur le bouton Précédent vous permettent d'afficher toutes les pages du Store que vous avez visitées, puis de revenir au navigateur, et enfin à l'écran d'accueil.

pour la quitter complètement. Vous pouvez ensuite la relancer.

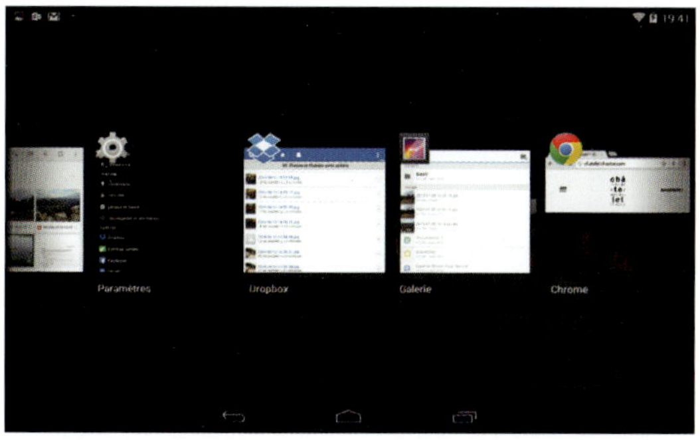

PROFITER DU PANNEAU DE NOTIFICATIONS

Plus vous utiliserez votre tablette tactile et vous installerez d'applications, plus vous serez susceptible de recevoir des notifications diverses et variées. En effet, lorsque vous consultez la fiche détaillée des applications que vous envisagez de télécharger sur le Play Store par exemple, vous remarquez que toutes ou presque prévoient l'affichage de messages d'alertes. Celles-ci sont toutes rassemblées dans un panneau coulissant que vous pouvez déployer à la demande. Ce volet de notifications ne se présente pas tout à fait de la même manière selon le type de tablette que vous possédez. Il est le plus souvent situé en haut de l'écran et on le fait apparaître en glissant le doigt vers le bas depuis le bord supérieur. Un deuxième panneau coulisse, lui, depuis le bord supérieur droit et rassemble des raccourcis pour régler la luminosité ou couper les communications.

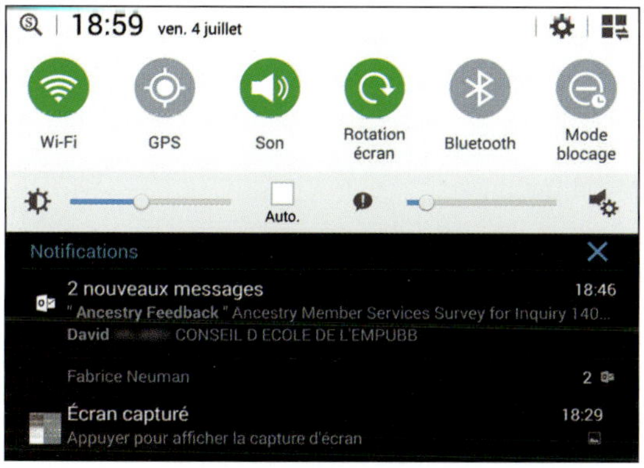

DÉCRYPTER LES NOTIFICATIONS

Lorsqu'une notification est disponible dans le panneau, une icône apparaît en haut de l'écran, près de l'horloge. Faites alors glisser le doigt du bord de l'écran vers le centre. Vous pouvez l'afficher même si aucune icône ne prête à supposer qu'une notification vient d'arriver.

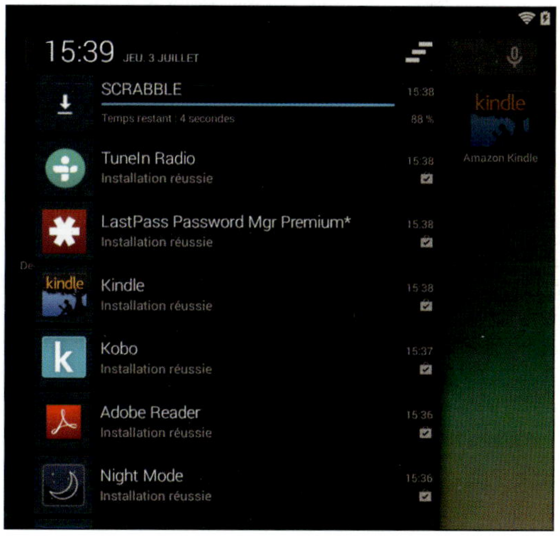

En effet, ce volet affiche différents types d'informations et vous propose des raccourcis vers des options de configuration, qui vous feront gagner un temps précieux. La première information qu'il délivre, c'est l'heure et la date. Et parfois une mention du réseau Wi-Fi auquel vous êtes connecté. Sur une Nexus, ces infos sont rassemblées dans le tiroir des raccourcis, en haut à droite de l'écran. Le panneau de notifications vous avertit également des mises à jour disponibles pour vos applications installées et vous prévient également lorsque la mise à jour est effectuée.

INTERAGIR AVEC UNE NOTIFICATION

La portion inférieure du tiroir concerne directement les notifications. S'il s'agit par exemple d'une alerte de réception d'un nouveau courrier électronique, le nom de l'expéditeur, l'objet du message et les premiers mots de l'e-mail vous sont proposés. Touchez la notification pour afficher le message reçu. L'affichage bascule alors automatiquement vers l'application Email ou Gmail selon le compte concerné. Si la notification qui est affichée dans le tiroir ne vous intéresse pas, il vous suffit alors de la faire glisser latéralement pour la faire disparaître. Pour les faire disparaître

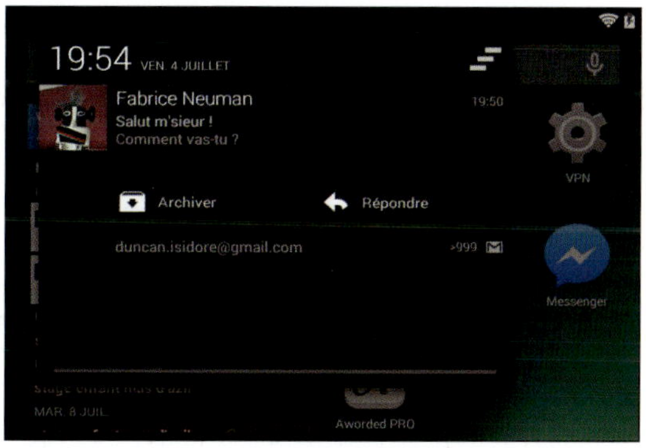

toutes d'un seul coup, effleurez le bouton en haut à droite du panneau des notifications. Pour refermer le tiroir, touchez n'importe où sur l'écran, en dehors du panneau de notifications bien entendu.

Ajuster la luminosité

Parmi les raccourcis bien utiles présents dans le tiroir des notifications des tablettes Samsung, il y a le curseur permettant d'ajuster la luminosité de l'écran. Pour disposer d'une luminosité adaptée aux conditions environnantes, cochez la case Auto. Le réglage automatique est malheureusement souvent trop sombre, comme si les concepteurs de tablettes craignaient pour la durée de fonctionnement de la batterie...

Économiser l'énergie

Grâce au panneau des notifications, vous pouvez activer le mode d'économie d'énergie à l'aide d'une unique manipulation. Encore faut-il avoir défini les caractéristiques de ce mode. Selon les besoins, vous pouvez via le panneau Paramètres toucher l'intitulé « Mode Economie d'énergie » dans la section Périphérique. Dans la partie centrale, activez ce mode, puis cochez le type d'économie à appliquer. Vous pouvez limiter les performances du processeur, ou l'alimentation de l'écran, ou bien associer les deux. Ces manipulations s'appliquent aux tablettes Samsung.

Vous pouvez aussi le faire glisser de nouveau mais cette fois vers le bord de l'écran.

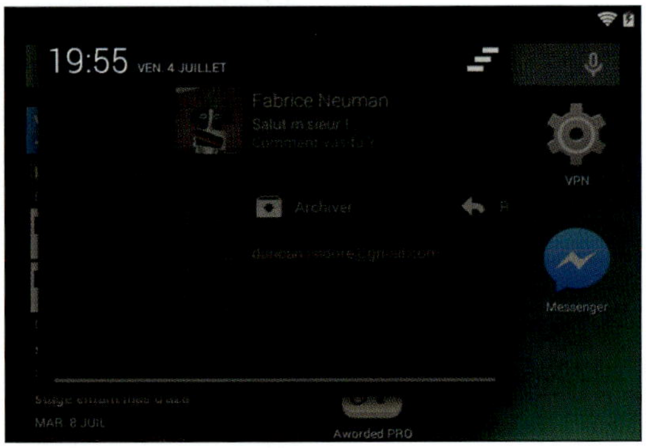

UTILISER LE BANDEAU DES RACCOURCIS Sur les tablettes Samsung, vous trouverez également bandeau des raccourcis au dessus des notifications. Ce dernier se caractérise pas des boutons de couleur verte qui permettent d'activer ou désactiver des fonctions de la tablette sans avoir à passer par l'écran des paramètres. Vous avez ainsi la possibilité de couper la connexion Wi-Fi d'une simple tape sur l'icône du même nom. La mention Pas de connexion Internet s'affiche alors instantanément en bas du tiroir des notifications. Vous pouvez ainsi agir sur le module GPS, la configuration du son (pour passer en mode muet) ou encore désactiver la rotation automatique de l'écran.

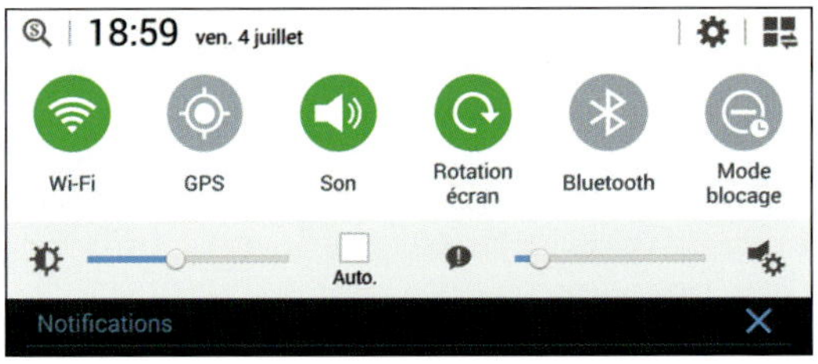

FAIRE DÉFILER LES RACCOURCIS Sur les tablettes Samsung, la largeur du panneau des notifications ne permet pas d'afficher tous les raccourcis. Mais vous pouvez les faire défiler latéralement.

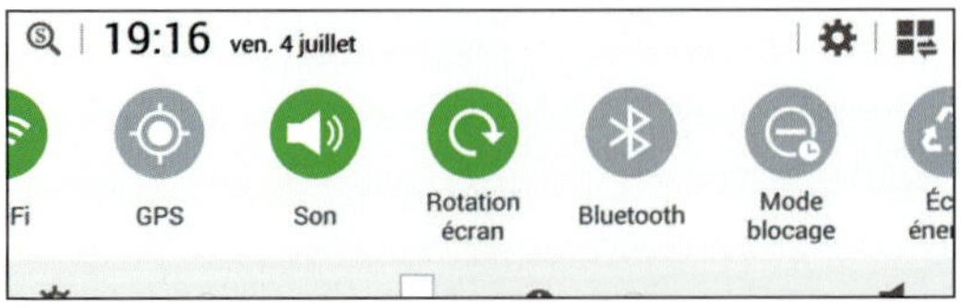

DÉSACTIVER LES NOTIFICATIONS Les notifications sont aussi sonores. Si vous ouvrez le panneau Paramètres, puis Périphérique, il est possible de choisir un son. Cependant, pour ne pas être importuné durant la nuit ou pendant des réunions vous pouvez activer le Mode Blocage. Placez l'interrupteur sur « I », puis cochez la case « Désactiver les notifications » et spécifiez la plage horaire concernée.

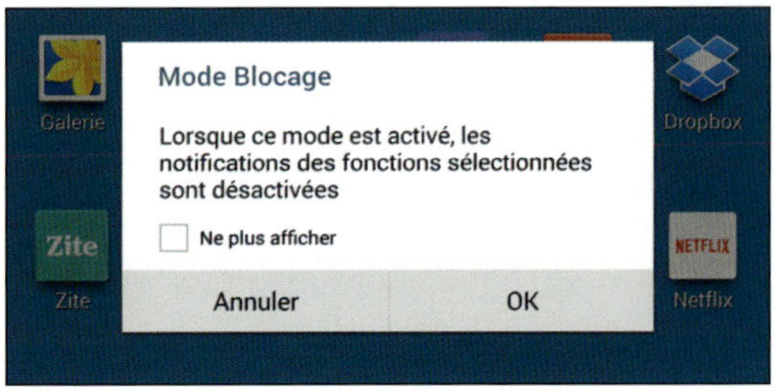

CHOISIR LES APPLIS POUVANT VOUS NOTIFIER Affichez la liste de toutes les applications installées via le bouton en damier de l'écran d'accueil. Attrapez l'icône de l'application pour laquelle vous ne voulez plus recevoir de notifications et faites-la glisser vers le haut de l'écran. Déposez-la sur la mention Information. Dans l'écran qui s'affiche, décochez la case « Afficher les notifications ».

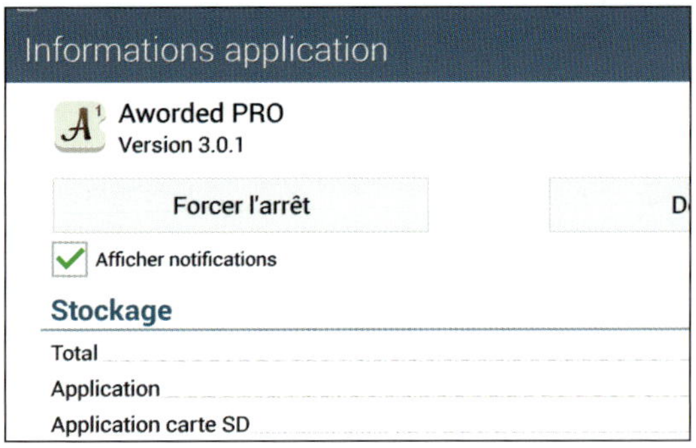

DÉSINSTALLER UNE APPLICATION En réalisant la manipulation précédente, vous avez sûrement remarqué la mention Désinstaller. Une fenêtre vous demande de confirmer la désinstallation. Notez que vous pourrez toujours réinstaller, quand bon vous semble et gratuitement, une application que vous avez achetée sur le Play Store.

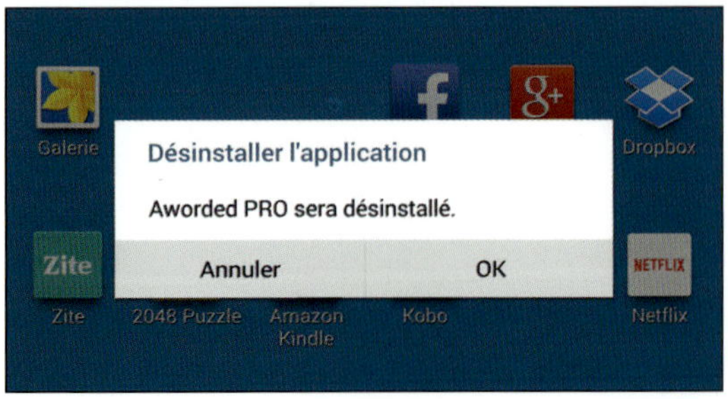

DIFFICULTÉ ★★☆☆☆ 5 MN

TOUT DIFFUSER GRÂCE À L'OUTIL DE PARTAGE UNIVERSEL

1 TROUVER L'OUTIL DE PARTAGE Quelle que soit l'application que vous utilisez, l'outil de partage prend la forme d'un petit bouton à trois points répartis en triangle (voir ci-dessous), symbolisant la diffusion en réseau. Il est en général en haut à droite, près des boutons Loupe ou Menu. Il est souvent doté d'une petite flèche latérale qui ouvre un sous-menu – pressez « Tout afficher » pour découvrir toutes les méthodes de partage. Parfois, comme sur le Play Store, il est d'un seul tenant : une pression dessus ouvre une fenêtre pop-up proposant les différentes méthodes. Notez que les méthodes de partage disponibles dépendent des applications que vous avez installées et de l'élément à partager.

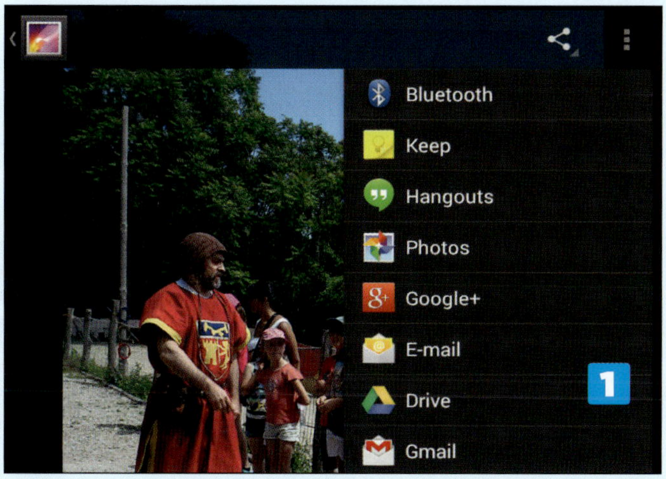

2 CHOISIR LE MODE DE PARTAGE Dans les méthodes de partage qui s'affichent alors, appuyez sur celle que vous voulez utiliser, par exemple la messagerie Gmail, la plus universelle. Une fenêtre de composition de message électronique s'ouvre, avec le lien ou l'image en pièce jointe, ou un autre document selon ce que vous vouliez partager. Remplissez comme d'habitude le champ de destinataire et un texte d'accompagnement, puis tapez sur le bouton Envoyer.

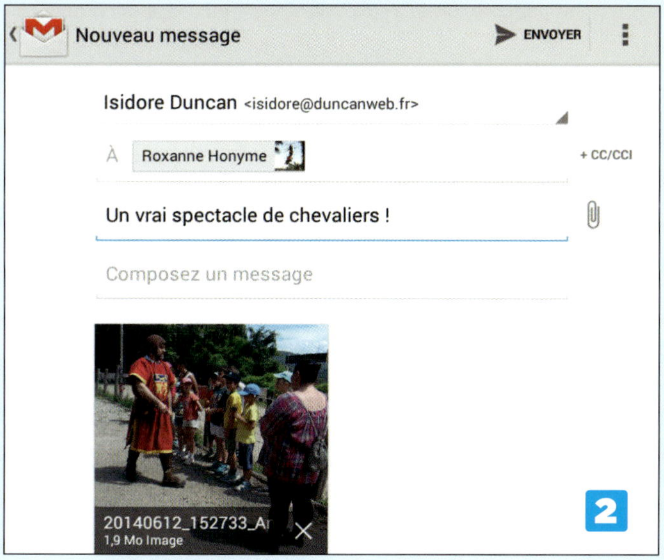

3 DIFFUSER L'INFO SUR LES RÉSEAUX SOCIAUX Vous pouvez aussi partager sur les réseaux sociaux comme Twitter et Facebook, à condition que les applications correspondantes soient installées et que vous y soyez identifié. Sur les smartphones, un partage par SMS et MMS est également présent. Dans tous les cas, procédez comme d'habitude pour poster votre message.

4 LES FAUX PARTAGES Attention, certains partages sont en fait plutôt des fonctions « Ouvrir avec... ». C'est le cas du partage « Google », qui ne partage rien du tout, mais effectue simplement une recherche Google sur l'objet en question. De même, le partage vers Google Drive ou Dropbox vous permet de transférer un fichier vers votre espace de stockage personnel.

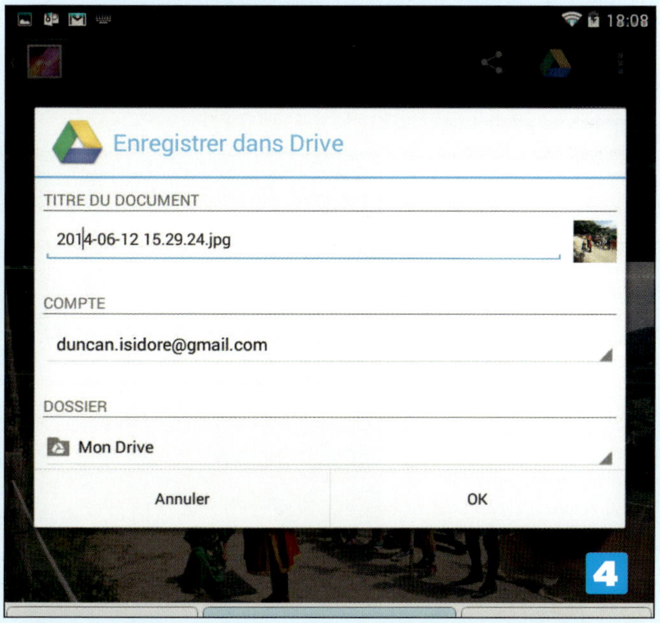

EXPLOITER TOUTES LES FONCTIONS DU CLAVIER VIRTUEL

1 ACCÉDER AUX CARACTÈRES ACCENTUÉS Lorsque le clavier virtuel s'affiche, vous pouvez visualiser les touches classiques d'un clavier de type AZERTY. Contrairement à ce dernier, vous ne visualisez pas les caractères accentués «é, à, ù», etc. Pourtant ces derniers sont bien accessibles. Il suffit en effet d'effectuer un appui long sur un caractère susceptible d'arborer un accent pour qu'un volet soit déployé vers le haut. Sélectionnez alors le type d'accent désiré.

2 SAISIR DES CARACTÈRES SPÉCIAUX Certains caractères peuvent être agrémentés d'un attribut supplémentaire. Si vous souhaitez par exemple saisir un «ç», effectuez un appui long sur la lettre «c». Il en est de même avec la lettre «o», qui propose bien des variantes. Le principal problème, c'est qu'il est nécessaire de mémoriser où se trouve le caractère recherché.

3 EXPLORER LES SYMBOLES Si vous observez attentivement le clavier de votre tablette Galaxy, vous remarquez que dans l'angle inférieur gauche, figure une touche SYM. Elle est remplacée par une touche «?123» sur les tablettes Nexus. Celle-ci vous permet d'afficher une sélection de symboles que vous pouvez utiliser dans vos textes: opérateurs mathématiques, symboles monétaires ou encore signes de ponctuation. Remarquez sur la deuxième ligne en partant du bas que chaque extrémité propose une touche «1/2», ou «~\{».
Les symboles sont en effet si nombreux qu'ils sont répartis sur deux claviers différents.

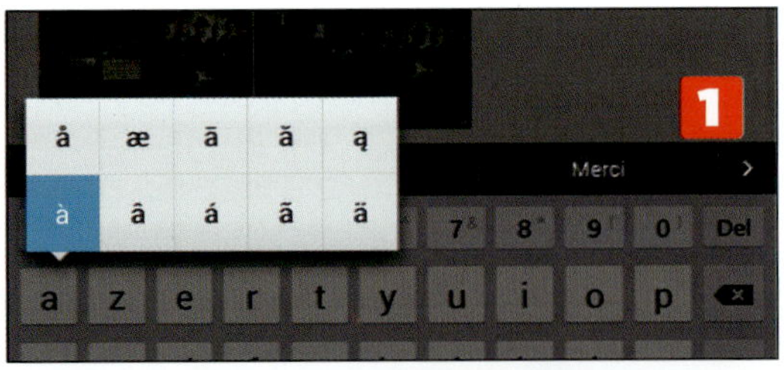

4 INCLURE DE JOLIS SMILEYS Avez-vous remarqué la touche avec un sourire? Tapez dessus pour afficher une collection d'émoticônes pour agrémenter vos textes de petits dessins en tous genres.

5 TAPER DES CHIFFRES DANS UN MAIL OU UN DOCUMENT En ce qui concerne la saisie de chiffres, toutes les tablettes tactiles ne fonctionnent pas nécessairement de la même façon. Certaines vous obligent à activer l'affichage du clavier numérique en appuyant sur la touche «?123». D'autres, en revanche proposent, surplombant le clavier Alphabétique, un bandeau numérique. En ce cas, il vous suffit d'appuyer sur les chiffres de votre choix.

6 UTILISER LES SUGGESTIONS DE SAISIE La saisie sur clavier tactile n'est pas toujours très aisée. Aussi apprécierez-vous la possibilité de disposer de suggestions de saisie. Lorsque vous tapez les premières lettres d'un mot, un bandeau affiche au dessus du clavier des termes susceptibles de correspondre à la fin du mot. Lorsque celui-ci est présent dans les suggestions, touchez-le pour l'insérer dans votre document! Sur les tablettes Samsung, vous pouvez afficher plus de suggestions via la flèche située à droite de la ligne des suggestions.

Faire disparaître le clavier

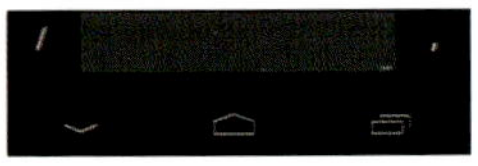

Dès que le système détecte une zone susceptible d'accueillir du texte, le clavier virtuel surgit du bas de l'écran. Il arrive pourtant que l'on ne souhaite pas taper à cet instant précis, tout simplement parce que l'on n'a pas eu le temps de lire tout le contenu de la page par exemple. Vous pouvez alors masquer le clavier tout simplement en effleurant le bouton Précédent, qui se transforme en flèche pointant vers le bas sur les tablettes Nexus par exemple.

DIFFICULTÉ ★★★★★ 5 MN

7 ACCÉDER AU PRESSE-PAPIERS

Lorsque vous utilisez une application de traitement de texte, vous pouvez avoir besoin de déplacer des paragraphes, de copier des citations ou même des images afin de les insérer dans le document. Les tablettes Samsung proposent un presse-papiers multiple bien pratique, puisqu'on peut y stocker provisoirement plusieurs contenus texte ou image, avant de les coller à l'emplacement désiré. Pour y accéder, utilisez la touche d'options à gauche de la barre d'espace, puis l'icône en forme de bloc-note. Voir **p. 40** pour maîtriser toutes les fonctions de copier / coller.

8 D'UN MODE DE SAISIE À L'AUTRE

Il existe plusieurs façons de saisir du texte sur une tablette Android. Le clavier classique avec ses touches, la dictée (via le bouton micro, **voir p. 38**) et les saisies gestuelles (voir plus loin). Pour passer d'un mode de saisie à l'autre effectuez un appui long sur la touche d'options à gauche de la barre d'espace.

9 ÉCRIRE À MAIN LEVÉE

Sur certaines tablettes, comme ici une Galaxy Tab, un mode d'écriture à main levée est disponible. Une fois activé, le clavier est remplacé par un fond jaune avec des lignes comme sur un cahier. Écrivez en cursive du bout du doigt ou à l'aide d'un stylet. Le mot est automatiquement reconnu quand vous levez le doigt ou le stylet pendant plus d'une demi-seconde. Il vous suffit donc d'écrire les mots les uns après les autres, l'espace étant ajouté à chaque nouveau mot.

10 GLISSER LE DOIGT DE TOUCHE EN TOUCHE

Le mode de saisie gestuelle est en général activé par défaut. Plus besoin de taper une lettre après l'autre. Posez le doigt sur la première touche et faites-le glisser sur les autres lettres qui composent le mot souhaité. Le clavier « devine » ce que vous voulez écrire et insère un espace dès que vous levez le doigt. Vous verrez le chemin du tracé s'afficher par dessus les lettres. Cela demande un peu d'entraînement, mais certains parviennent de cette façon à taper plus vite qu'en sélectionnant les lettres les unes après les autres.

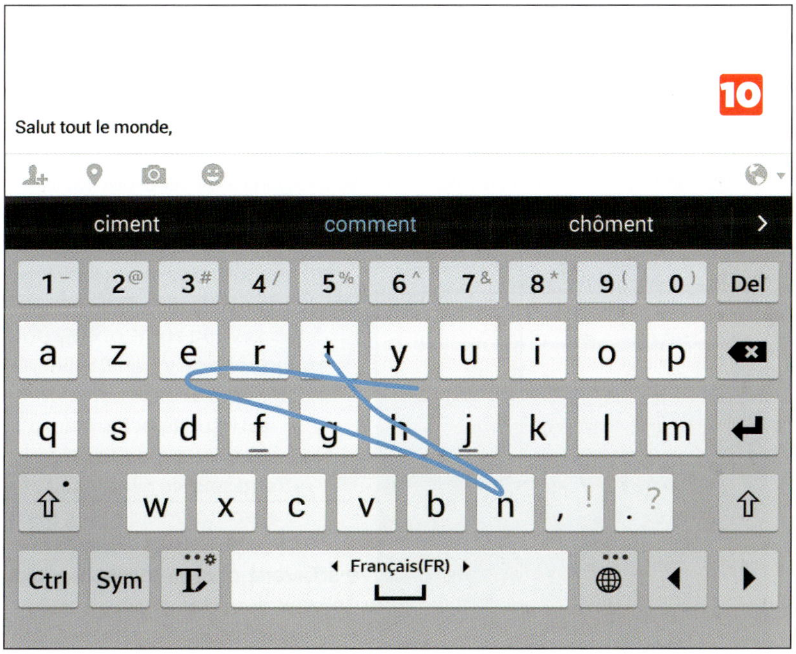

DIFFICULTÉ ★★★★★ 10 MN

CORRIGER ET COPIER DU TEXTE DU BOUT DU DOIGT

Si les coquilles sont difficilement évitables sur un clavier physique, on se doute que lorsque le clavier est virtuel, les dérapages peuvent se révéler encore plus fréquents. Il faut donc être attentif au texte que vous tapez, et utiliser tous les outils pour traquer les fautes d'orthographe ou rationaliser la saisie de texte.

1 SAISIR LE TEXTE Avant de pouvoir interagir avec le texte que vous saisissez, il convient de le taper. Les options de traitement de texte (corrections, suggestions, copier/coller), sont disponibles quelle que soit l'application active. C'est la présence du clavier qui conditionne l'accès à ces fonctions.

2 REVENIR SUR UN MOT À mesure que vous saisissez les mots qui composent votre texte ou votre message, des suggestions de mots sont affichées dans une barre noire qui surplombe les touches du clavier. Lorsqu'une suggestion correspond au mot souhaité, touchez-la pour que ce dernier prenne place à l'écran. Lorsque vous relisez votre texte et que vous avez finalement un doute sur l'orthographe d'un mot qui peut par exemple avoir des homonymes, touchez-le du doigt. Une simple tape affiche la barre des suggestions. Optez pour une autre orthographe si nécessaire.

3 PLACER UN MOT OU UNE PHRASE DANS LE PRESSE-PAPIERS Vous pouvez aussi utiliser la traditionnelle commande du copier/coller pour procéder à des déplacement de mots ou de paragraphes au sein d'un texte. Pour ce faire, il faut tout d'abord sélectionner l'élément à copier. Pour cela, effectuez une pression longue sur un mot à l'écran. Pour étendre la sélection à plusieurs mots adjacents ou à tout un paragraphe, utilisez les poignées de sélection. Dans le menu qui s'affiche en haut de l'écran, tapez sur Copier ou Couper.

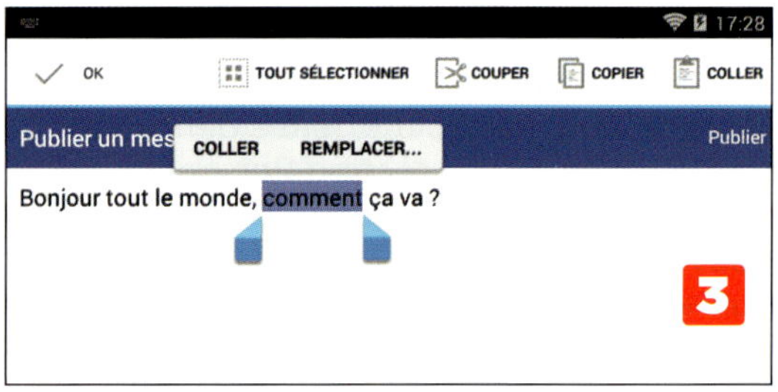

4 COLLER À L'ENDROIT VOULU D'une tape, positionnez ensuite le curseur de saisie à l'emplacement désiré. En effectuant un appui long, vous affichez le menu contextuel. Touchez alors la commande Coller. Le texte précédemment copié est inséré. Notez que lorsque vous effectuez une tape brève sur l'écran, un curseur apparaît. Il vous suffit de le saisir pour placer le point d'insertion où vous le souhaitez.

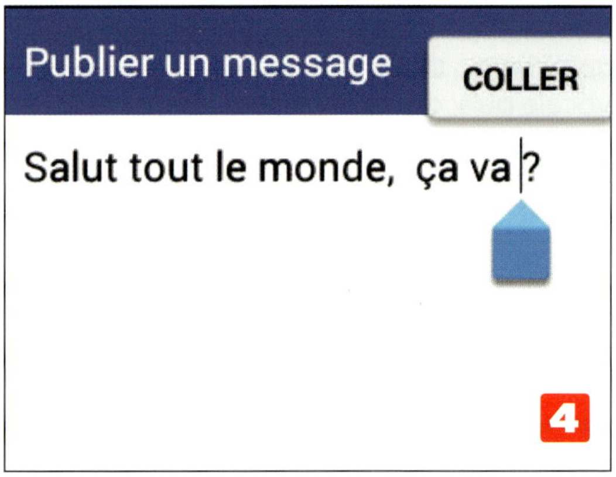

Principes de sélection

Sur certaines tablettes, comme celles de Sony par exemple, la sélection d'un premier mot s'effectue à l'aide d'une double-tape plutôt que d'un appui long comme décrit ci-contre. Et l'appui long sert à placer le point d'insertion. On le voit, le fait que toutes les tablettes utilisent le même système Android n'implique pas forcément un usage identique.

DIFFICULTÉ ★★★★★ 5 MN

LANCER UNE RECHERCHE SUR INTERNET ET SUR LA TABLETTE

1 SAISIR UNE RECHERCHE L'outil de recherche de base d'Android, le plus intuitif et le plus rapide, c'est le champ de recherche gris en haut des écrans d'accueil. Ce champ de recherche est parfois placé en bas à gauche comme sur certaines tablettes Samsung. Tapez dessus, puis saisissez les mots de votre recherche. Une première liste de résultats apparaît, proposant d'abord quelques suggestions provenant de recherches Internet, puis selon les cas des contacts de votre carnet d'adresses et aussi quelques titres de votre bibliothèque musicale. Tapez sur Rechercher sur la tablette pour afficher quelques options supplémentaires en bas de l'écran. Faites glisser les boutons spéciaux en bas de la page de résultats pour étendre votre recherche à Google Images, Google Local ou Google Actus.

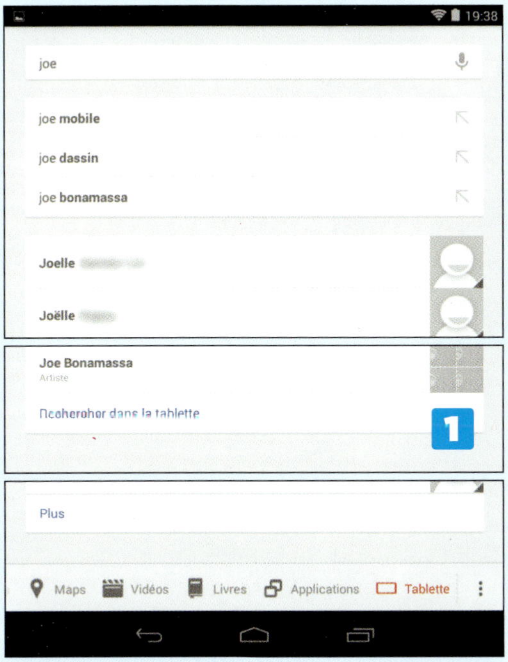

2 CHOISIR LES APPLICATIONS CONCERNÉES PAR LA RECHERCHE Vous pouvez choisir quels sont les éléments qui seront pris en compte lors des recherches. Depuis une page de résultats de recherche, pressez en bas à droite le bouton Menu (avec les trois points), puis Paramètres et « Recherche sur la tablette ». Là, cochez les cases des applications dont vous voulez que le contenu soit indexé. Par défaut, les applications de Google sont toutes cochées, pas les autres. Cochez les cases de celles qui vous intéressent.

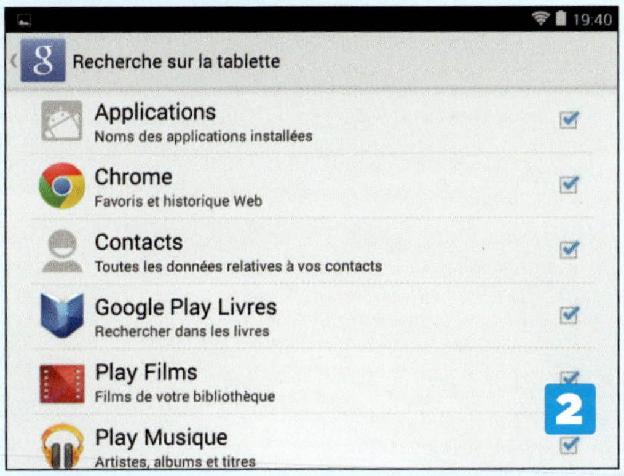

3 EFFECTUER UNE RECHERCHE VOCALE La plupart des champs de recherche proposés par Google sont équipés de l'icône d'un petit microphone. À chaque fois, la procédure est la même : appuyez sur l'icône au microphone et parlez normalement quand vous y êtes invité, en énonçant vos termes de recherche. Et appréciez combien l'analyse de la prononciation par Google est troublante de précision et de rapidité… Rappelez-vous que vous pouvez aussi déclencher l'écoute en énonçant d'abord « OK Google ».

4 UNE RECHERCHE DEPUIS UNE PHOTO Goggles est une application gratuite de Google qui peut faire des recherches à partir d'une photo. Installez-la depuis le Play Store et lancez-la. Un petit guide d'introduction vous est proposé au premier lancement. Cochez-y la case « Rechercher avec l'app. Photo ». Dans l'interface principale de l'application, cliquez sur le petit appareil photo, puis photographiez des objets, monuments ou marques et laissez Google vous proposer des résultats – ces résultats varient en fonction de la qualité de la photo, bien entendu. Vous y apprendrez le nom de certains endroits sans avoir à demander autour de vous !

Recherches par appli

Notez que certaines applications disposent de leur propre champ de recherche, ce qui vous permet de restreindre votre requête à leur contenu uniquement. C'est le cas de Gmail, Maps ou YouTube.

11:30
Google
LUN.
7 juil.
stage enfant
DEMAIN, 8 JUIL.
stage enfant
Pam
16:00 – 17:00
MER. 9 JUIL.
stage enfant
Réception chantier
08:00 – 09:00
JEU. 10 JUIL.
Anniversaire
Night Mode
Météo
VPN
Messenger
Scrabble
Speedtest
Aworded PRO
Facebook
Google+
Réseaux Sociaux
myCANAL
Kobo
Français
?123

À DÉCOUVRIR DANS CES PAGES

UNE TABLETTE ANDROID BIEN À SOI

C'est l'un des points forts d'Android face à iOS, le système des iPad : vous personnalisez l'aspect et l'usage de votre tablette comme bon vous semble. Ici, vous réorganisez non seulement les icônes, mais vous revoyez aussi entièrement l'aspect graphique, si le cœur vous en dit. Vous choisissez également comment protéger l'accès à votre tablette, et vous la partagez même entre plusieurs utilisateurs, chacun conservant ses propres réglages.

ORGANISER LES ICÔNES ET LES ÉCRANS D'ACCUEIL

Ajoutez à vos écrans d'accueil les icônes des applications que vous utilisez le plus souvent, plutôt que d'afficher à chaque fois la liste complète.

AJOUTER UNE ICÔNE À UN ÉCRAN D'ACCUEIL Ouvrez la liste des applications en touchant le bouton en damier, puis identifiez celle que vous souhaitez ajouter à un écran d'accueil. Effectuez une pression longue, jusqu'à ce que vous puissiez la faire glisser du bout du doigt. Les écrans d'accueil apparaissent dessous : vous pouvez maintenant la déposer là vous vous le souhaitez.

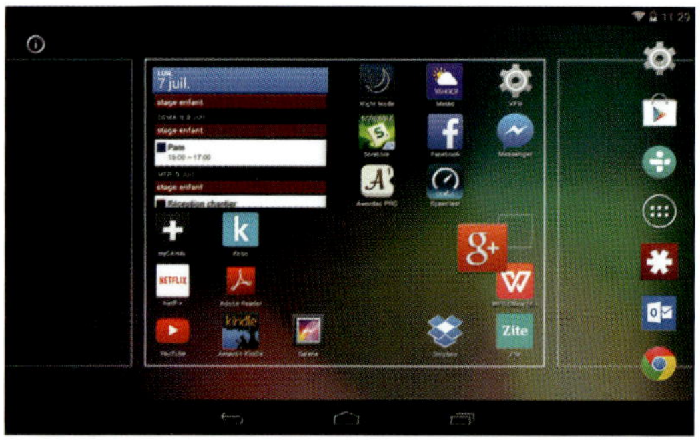

MANIPULATION DIFFÉRENTE D'UNE TABLETTE À L'AUTRE La manipulation peut varier dans certains cas, selon les choix effectués par les constructeurs de tablette. Sony, par exemple, commence par afficher la mention « Ajouter à l'écran d'accueil » en haut de l'écran. Placez l'icône choisie dessus pour voir apparaître les écrans d'accueil.

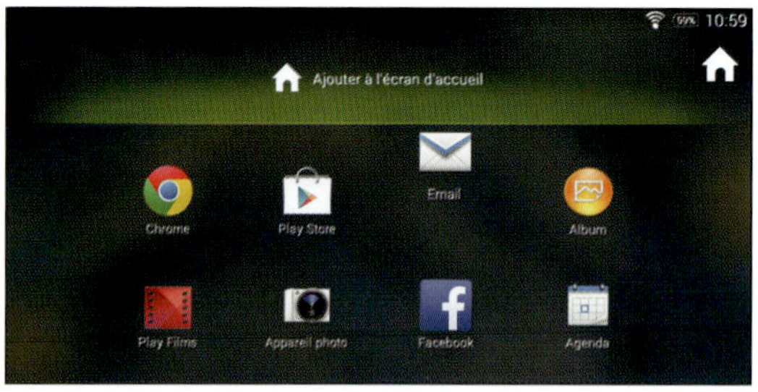

SUPPRIMER OU DÉPLACER UNE ICÔNE D'APPLICATION Appuyez quelques secondes sur l'icône d'une application pour qu'elle « colle » à votre doigt : vous pouvez maintenant la déplacer où bon vous semble. Pour changer de bureau, approchez-la du bord droit de l'écran pour passer au bureau suivant ou gauche pour le précédent. Un petit encadré indique précisément la case qu'occupera l'application lorsque vous retirerez votre doigt de l'écran. Lorsque vous saisissez ainsi une application, une zone de suppression, marquée d'un X, apparaît en haut de l'écran : déposez dessus les applications que vous souhaitez enlever de vos bureaux. Ces applications ne sont pas pour autant désinstallées de votre tablette : elles ne font que disparaître de votre écran d'accueil et vous les retrouverez toujours dans la liste des applications. Là encore, certaines tablettes, dont les Sony, diffèrent quelque peu. La mention « Retirer de l'écran d'accueil » apparaît en bas de l'écran.

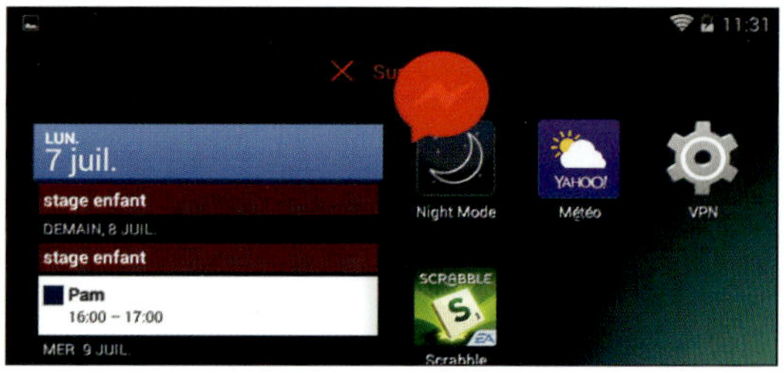

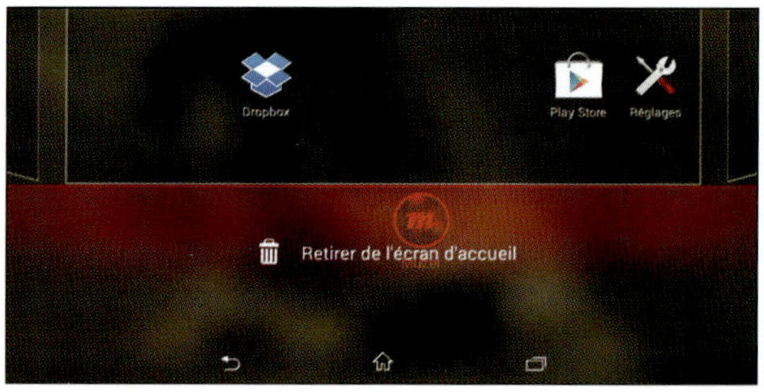

CRÉER UN DOSSIER Vous pouvez aussi regrouper des applications dans un dossier. Lorsque vous déplacez une application, au lieu de la déposer à un emplacement

Plus beau au quotidien

Le Play Store regorge d'applications pour compléter votre collection de fonds d'écran. Certains, en plus d'être animés, sont en 3D et peuvent même être interactifs. Essayez donc Muzei Live Wallpaper, qui change votre fond d'écran tous les jours avec une peinture célèbre. Le tableau est flouté pour vous permettre de continuer à voir vos icônes, mais il vous suffit de double-taper sur l'écran pour le visualiser dans toute sa splendeur.

libre, déposez-la sur une de celles que vous souhaitez regrouper. Le dossier est créé automatiquement avec les deux applications et vous pourrez continuer à l'alimenter de la même façon. Pour ouvrir une application du dossier, touchez celui-ci, puis l'application en question. Terminez en lui donnant un nom : touchez la mention Dossier sans nom, puis saisissez l'intitulé. À l'inverse, le dossier disparaît automatiquement si vous le videz de toutes ses icônes en les déplaçant à l'extérieur.

PROFITER DU DOCK Le Dock, en bas de l'écran, reste identique, quel que soit le bureau affiché. C'est donc l'endroit idéal pour placer les applications que vous souhaitez toujours avoir sous la main. Comme avec le bureau, il est possible d'y créer des dossiers comprenant plusieurs applications. Le bouton d'accès à la liste des applis, au centre du Dock sur les tablettes Nexus, ne peut être ni déplacé ni supprimé.

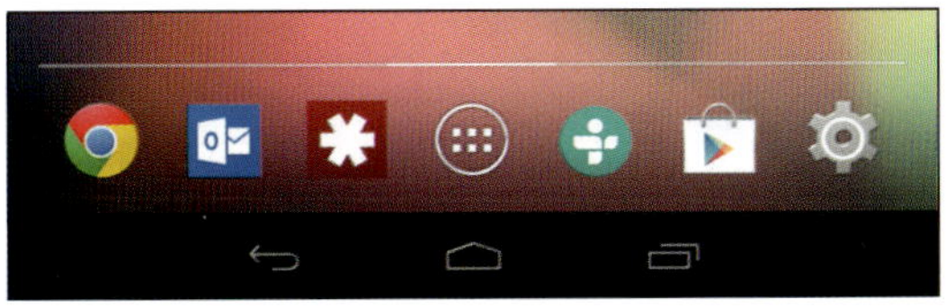

OÙ EST LE DOCK ? Samsung et Sony ont préféré se débarrasser du Dock. Sur leurs tablettes, vous n'aurez donc pas accès à cette zone fixe des écrans d'accueil. Si cela vous manque, vous pouvez profiter de la souplesse d'Android pour personnaliser le lanceur d'applications et ajouter un Dock (**voir p. 52**).

DÉSINSTALLER UNE APPLICATION On l'a vu, lorsque vous retirez une application de vos écrans d'accueil, elle ne disparaît pas complètement de votre tablette et reste accessible depuis la liste complète des applis. Pour désinstaller complètement une appli et, donc, libérer la mémoire qu'elle occupe, les manipulations dépendent de la tablette dont vous disposez. Sur une Nexus, affichez la liste de toutes les applis et faites glisser celle à désinstaller vers le haut de l'écran pour la déposer sur la mention « Désinstaller ». Vous aurez la même mention sur une tablette Samsung. En revanche, sur une tablette Sony, vous devez au préalable afficher le volet d'options en faisant glisser le doigt depuis le bord gauche de l'écran pour y choisir Désinstaller. Dès lors, une croix blanche sur fond rouge est ajoutée

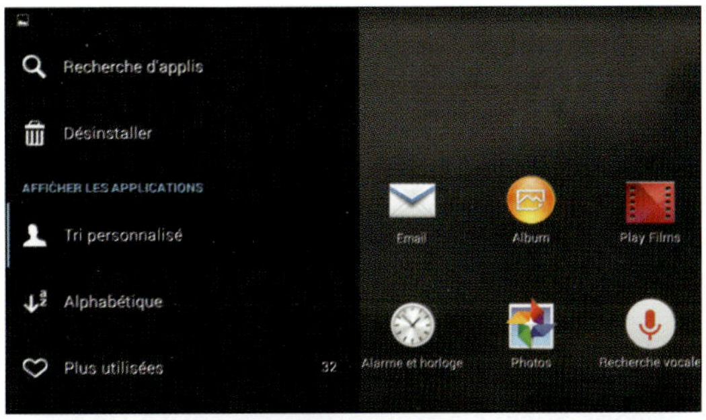

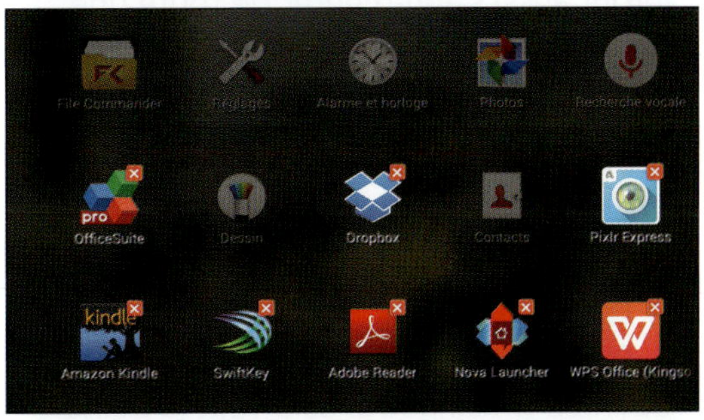

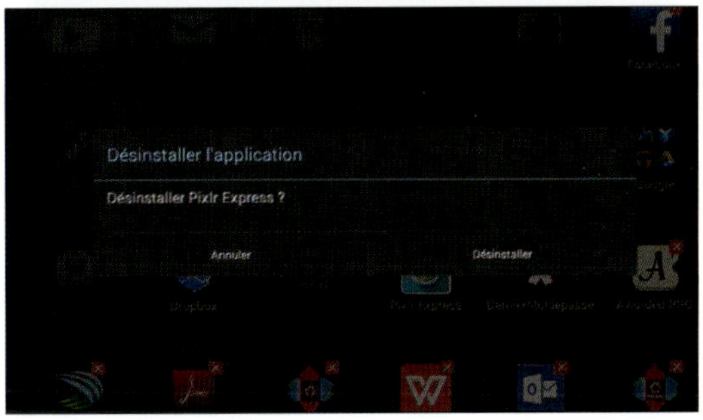

aux icônes des applications désinstallables. Dans tous les cas, une fenêtre vous demande de confirmer la désinstallation.

DÉSINSTALLER DEPUIS LE PLAY STORE Notez que vous pouvez également vous rendre dans le Play Store pour désinstaller une application. Rendez-vous dans la section « Mes applications » et sélectionnez l'application concernée. Cliquez ensuite sur le bouton Désinstaller.

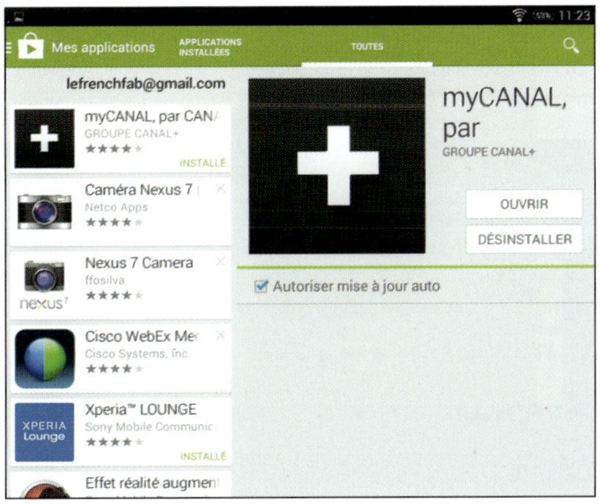

FAQ

Q : J'ai désinstallé une application par erreur, puis-je la récupérer ?

R : Oui, sans problème. Vous pouvez toujours réinstaller une application du Play Store. Cela va sans dire pour les applis gratuites, naturellement, mais cela concerne aussi les applis payantes. Une fois que vous l'avez achetée, vous pouvez installer l'application autant de fois que vous voulez, sur autant de tablettes que vous le souhaitez à condition qu'elles soient connectées au même compte Google. Et vous n'allez pas confier votre identifiant et votre mot de passe Google à tous vos amis, n'est-ce pas ?

DIFFICULTÉ ★★★★★ 5 MN

PERSONNALISER L'INTERFACE GRAPHIQUE DE SA TABLETTE

Accéder aux paramètres

Accédez rapidement aux Paramètres simplement et depuis n'importe quel écran d'Android sans passer par l'écran d'accueil ou la liste des applications. Pour cela, glissez votre doigt du coin supérieur droit vers le bas pour faire apparaître le volet des raccourcis, puis touchez le bouton Paramètres, parfois réduit à une simple roue dentée.

1 GÉRER LA LUMINOSITÉ

Vous réglerez la luminosité depuis les Paramètres en touchant Affichage, puis Luminosité. Si vous décochez la case « Auto », vous pouvez glisser le curseur selon le niveau de luminosité qui vous correspond. Lorsque la case est cochée, Android adapte la luminosité de l'écran à celle de l'environnement : plus brillant au soleil et plus sombre à l'intérieur. Vous pouvez aussi accéder à ce réglage à tout moment en faisant glisser votre doigt du coin supérieur droit de votre écran vers le bas puis en touchant Luminosité.

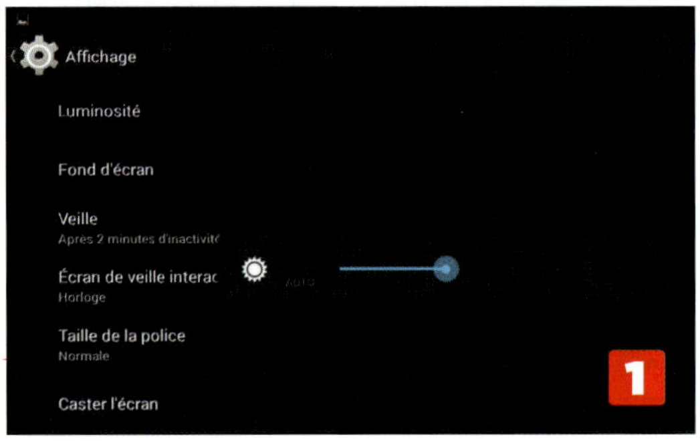

2 CHOISIR UNE IMAGE DE FOND

Dans la section Affichage des Paramètres vous disposez de trois options de personnalisation en touchant Fond d'écran. L'option « Fond d'écran » propose une petite collection d'images sobres livrée avec votre appareil. « Fond d'écran animé » ajoutera un peu de vie à vos écrans d'accueil avec un arrière-plan évoluant au fil du temps.

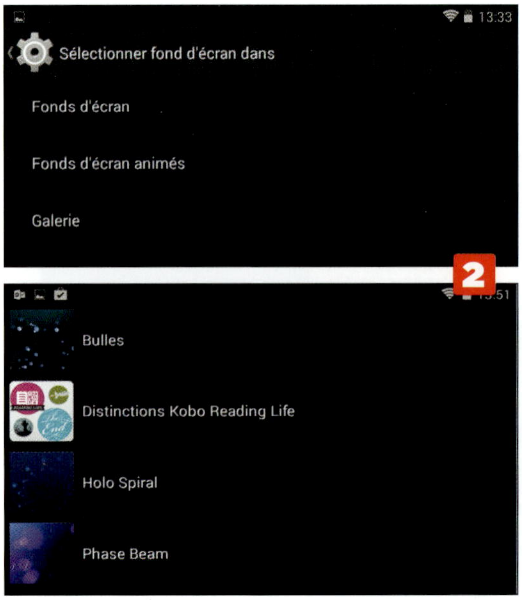

3 OPTER POUR UNE PHOTO PERSO

Si vous préférez sélectionner une de vos propres photos, choisissez Galerie pour parcourir votre collection. Dès que vous sélectionnerez l'image de votre choix, vous pourrez ensuite zoomer sur une partie pour l'afficher en plus grand sous vos icônes.

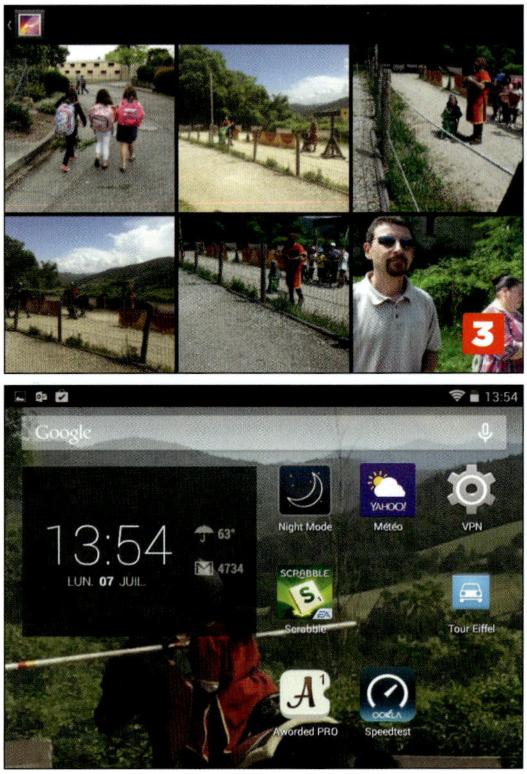

4 ADAPTER LA TAILLE DU TEXTE

Vous pouvez aussi adapter la taille du texte des menus depuis les Paramètres : choisissez d'abord Affichage, puis « Taille de la police » qui offre quatre options de Petite à Très Grande. Cette dernière possibilité est identique à l'option « Grands caractères » disponible dans la rubrique Accessibilité.

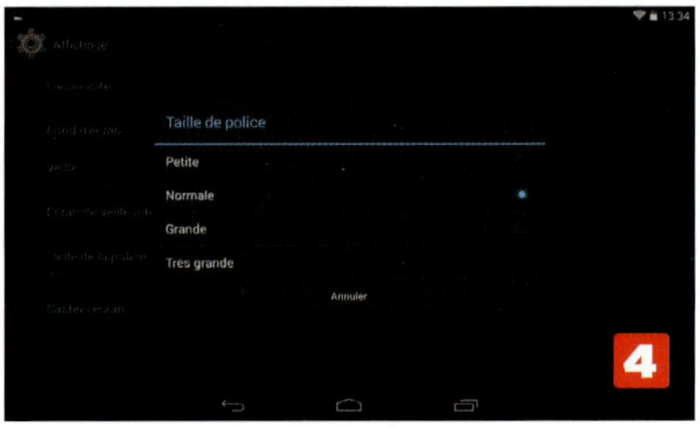

DIFFICULTÉ ★★★★★ 5 MN

PERSONNALISER L'ÉCRAN DE VERROUILLAGE

1 LE PRINCIPE DU WIDGET Les widgets sont des modules qui mettent en avant des informations sans qu'il soit nécessaire d'ouvrir une application associée au contenu demandé. Ils sont fréquemment utilisés pour suivre les cours de la bourse, la météo ou ses réseaux sociaux favoris. Les widgets d'Android ont d'abord été conçus pour les écrans d'accueil (**voir p. 46**). Cela dit, lorsque vous allumez votre tablette, avant de la déverrouiller, l'écran affiche l'heure en grand format. Il s'agit aussi d'un widget.

2 ORGANISER LES WIDGETS Vous pouvez ajouter d'autres widgets et en définir l'ordre tel que vous le souhaitez. Commencez par chasser l'heure en la faisant glisser sur le côté et touchez le bouton « + » qui apparaît alors. Une nouvelle fenêtre vous invite à choisir le widget à ajouter à l'écran de verrouillage. La liste des widgets disponibles dépend directement des applis installées sur votre tablette. Certaines ajoutent ainsi de nouvelles possibilités.

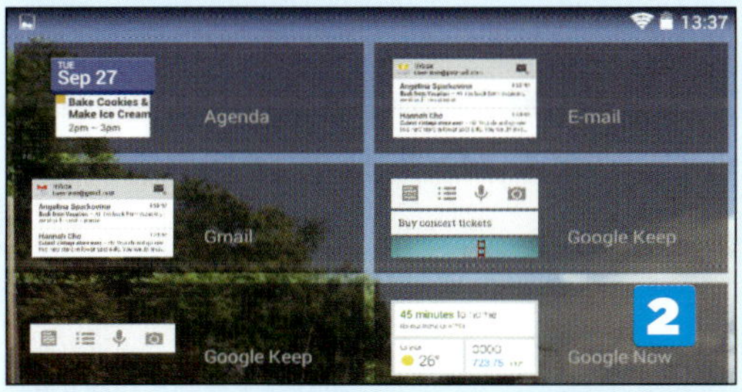

3 FAIRE DÉFILER LES WIDGETS L'écran de verrouillage n'affiche qu'un seul widget à la fois, mais vous pouvez en ajouter plusieurs. Vous les ferez alors défiler, sans qu'il soit nécessaire de déverrouiller votre tablette, pour accéder à l'information de votre choix. Attention tout de même à ceux que vous ajoutez : si vous recevez des messages confidentiels et que vous avez ajouté le widget Email ou Gmail, n'importe qui pourrait en lire les premières lignes. Touchez les widgets et maintenez la pression pour les déplacer et choisir leur ordre d'affichage. Pour en supprimer un, procédez de même, puis glissez-le sur la zone Supprimer qui apparaît en haut d'écran.

4 ÉCRAN DE VEILLE INTERACTIF Android vous permet également de personnaliser l'écran de veille interactif. Cet affichage peut apparaître lorsque votre tablette est posée sur une station d'accueil ou quand elle est en charge. Pour l'activer, rendez-vous dans les Paramètres, puis choisissez Affichage. Touchez « Écran de veille interactif » et sélectionnez votre affichage. Touchez ensuite le bouton « Quand activer » et sélectionnez au choix « sur la station d'accueil » ou « pendant la charge ». Votre tablette affichera maintenant du contenu au lieu de rester totalement passive. Si l'écran de veille interactif n'apparaît pas lorsque vous connectez votre tablette au secteur, appuyez sur le bouton de veille, puis patientez sans la déverrouiller. À vous de choisir ce que vous souhaitez que l'écran affiche.

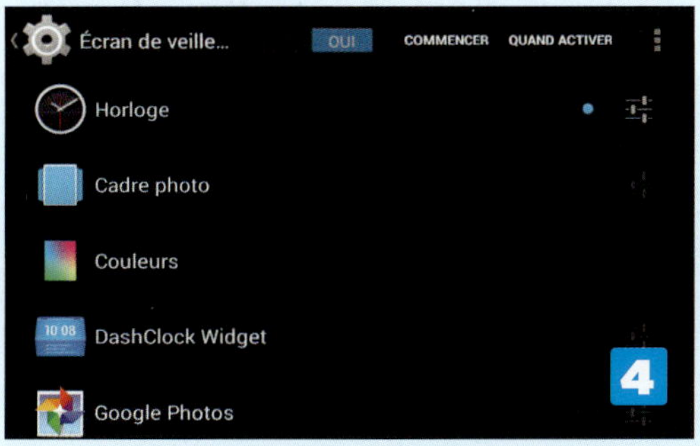

Activer les widgets de verrouillage

Il peut arriver que les widgets de l'écran de verrouillage ne soient pas activés par défaut. Rendez-vous dans les Paramètres, puis dans Sécurité, et cochez la case « Activer les widgets ».

Un widget indispensable

DashClock, disponible gratuitement sur le Google Play Store est un widget modulaire pour votre écran verrouillé. Il s'adapte à vos besoins avec une collection d'extensions apportant chacune un nouveau contenu au widget. Selon celles que vous sélectionnez, DashClock affiche l'heure, l'état de la batterie, les dernières actualités de Facebook ou votre prochain rendez-vous. C'est le widget à installer d'urgence si vous souhaitez tout retrouver au même endroit.

SÉCURISER L'ACCÈS ET LES DONNÉES DE SA TABLETTE

Pour éviter que vos données personnelles ne tombent entre de mauvaises mains, il faut sécuriser l'accès à votre tablette.

Lorsque vous recevez votre tablette, l'accès n'est pas sécurisé : quiconque peut la faire sortir de veille et accéder à vos applications et données personnelles. Du « Faire glisser » qui ne protège rien au « mot de passe » traditionnel, plus long à saisir mais plus solide, il existe de nombreuses façons de protéger l'accès à la tablette. Rendez-vous dans les Paramètres, puis dans la section Sécurité pour mettre en place la protection de votre choix dans le menu « Verrouillage de l'écran ».

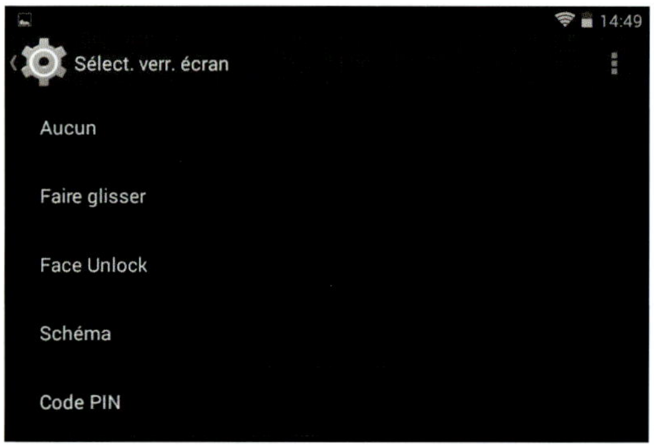

ÉVITER QUE LA TABLETTE NE S'ALLUME TOUTE SEULE La fonction « Faire glisser », qui est activée par défaut lors de la mise en service de votre tablette, n'est pas une vraie sécurité. Son rôle est uniquement d'empêcher Android de sortir de veille tout seul, lors du transport, si vous appuyez par mégarde sur le bouton. Avec cette fonction, si rien ne fait glisser le petit cadenas de l'écran, l'appareil se remet en veille au bout de quelques secondes. Cela évite que la tablette soit constamment allumée, mais il est primordial de la remplacer par une vraie protection contre les indiscrets. C'est la seule façon d'éviter que quiconque puisse accéder à votre environnement. N'oubliez pas que si quelqu'un vous dérobe

un appareil qui n'est pas protégé, il peut accéder à presque toutes vos infos privées.

CODE PIN Si vous souhaitez quelque chose de simple et qui permette de déverrouiller rapidement votre tablette, vous pouvez opter pour le Code PIN. Hérité du monde de la téléphonie mobile, il consiste à choisir un code constitué d'une suite de chiffres. Comme il ne fait appel qu'au clavier numérique, il est plus facile à saisir. Pour qu'il soit vraiment efficace, ne vous limitez pas à quatre chiffres, mais plutôt à huit.

CHOISIR UN « VRAI » MOT DE PASSE Pour un niveau de sécurité un peu plus élevé, mais toujours saisi au clavier, choisissez plutôt un mot de passe. Tout comme pour un ordinateur, il vous permet de choisir une combinaison plus complexe et plus difficile à percer. Pour un mot de passe vraiment difficile à deviner, n'hésitez pas à mélanger lettres, chiffres et caractères spéciaux comme de la ponctuation ou des symboles mathématiques. Vous le saisirez deux fois de suite pour l'activer.

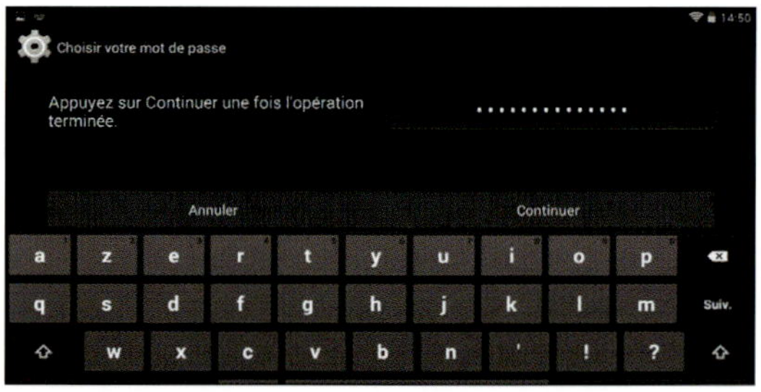

DESSINER POUR DÉVERROUILLER Le déverrouillage par Schéma est une fonction très ergonomique et très agréable à utiliser avec Android. Lorsque vous choisissez ce niveau de sécurité, vous êtes invité à tracer un dessin personnalisé dans une grille composée de neuf points. Posez votre doigt sur l'un d'eux et tracez votre formule secrète. Vous n'êtes pas obligé de passer par tous les points, mais vous devez en choisir au moins quatre. Il est tout à fait possible de tracer des diagonales. Si vous avez une mémoire visuelle, cette méthode devrait parfaitement vous convenir.

Niveaux de sécurité

Les options de sécurité pour déverrouiller votre tablette sont nombreuses, mais pas toutes aussi efficaces. Pour qu'un mot de passe résiste aux intrus, il doit bénéficier d'une complexité suffisante. Par conséquent, la meilleure protection est celle d'un mot de passe mélangeant chiffres, lettres et signes de ponctuation. La reconnaissance faciale peut se tromper, et un schéma peut aussi être facilement vu par dessus votre épaule.

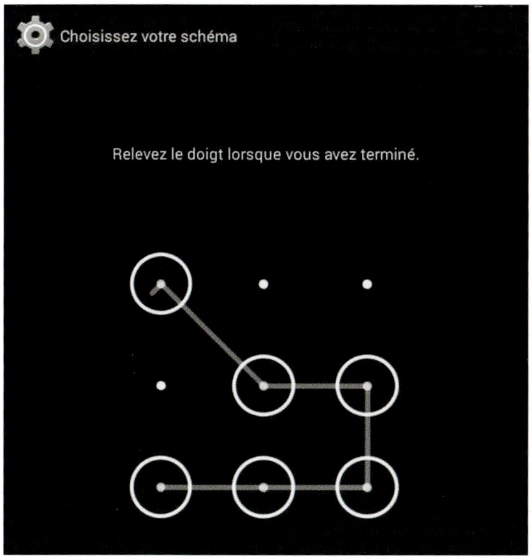

SOURIEZ, VOUS DÉVERROUILLEZ Android propose aussi un système de déverrouillage digne des romans d'espionnage : la reconnaissance faciale. Sous le nom de « Face Unlock » se cache une méthode permettant à votre tablette de reconnaître son propriétaire. En l'activant, vous serez invité à vous prendre en photo : placez votre visage au centre de la forme ovale, comme dans un photomaton. Dès que l'ensemble des points autour de votre visage est vert, votre image est mémorisée. La caméra de votre tablette n'étant pas infaillible, en particulier lorsque vous la sortez dans l'obscurité, vous serez invité à choisir un code alternatif : PIN ou Schéma. Si vous adoptez la méthode Face Unlock, vous la rendrez plus performante en améliorant la reconnaissance de votre visage. Dans les Paramètres, touchez Sécurité, puis « Améliorer la correspondance faciale ». Entrez votre code alternatif et prenez un nouveau cliché. Recommencez autant de fois que vous le souhaitez dans différentes situations d'éclairage, avec ou sans lunettes, avec ou sans casquette, etc.

PROUVEZ QUE VOUS N'ÊTES PAS UNE PHOTO Tout comme au cinéma, il est possible de tromper Face Unlock en lui présentant une photo de vous-même. Pour contrer cette faille, Android intègre une petite option très astucieuse. Dans les Paramètres, touchez Sécurité, puis activez « Détection des mouvements ». Cela fait, lorsque vous essaierez de déverrouiller votre tablette, l'outil commencera par reconnaître votre visage puis, pour contrôler qu'il ne fait pas face à une photo, Android vous demandera de cligner de l'œil.

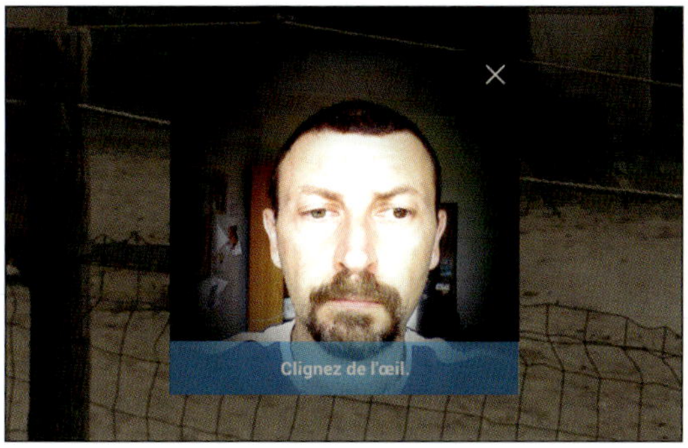

EN CAS D'OUBLI Si vous oubliez votre schéma, mais que vous avez connecté votre tablette à un compte Google, la situation n'est pas désespérée. Après plusieurs essais infructueux, la tablette se verrouille définitivement pour 30 secondes, mais un bouton « j'ai oublié mon schéma » s'affiche. Touchez-le, puis entrez les identifiants de votre compte Google : vous serez guidé pour choisir une nouvelle méthode de déverrouillage. Attention, cette fonction n'est pas disponible pour les mots de passe et les codes PIN, et nécessite bien sûr que votre tablette soit connectée à Internet.

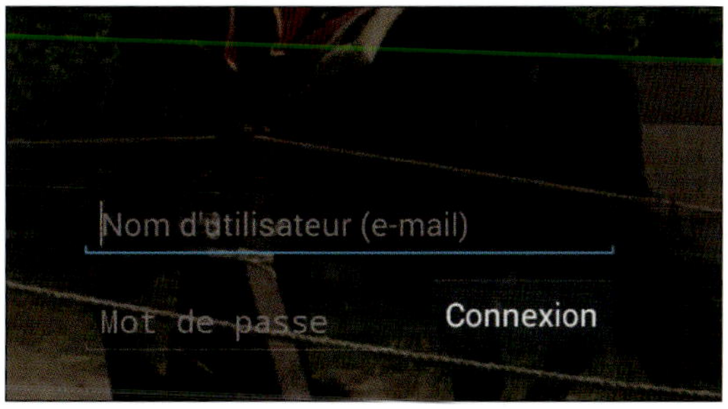

AFFICHER LES INFOS DU PROPRIÉTAIRE Cette option, disponible dans la section Sécurité des Paramètres, permet de définir un petit texte qui s'affichera au-dessus de la boîte de saisie de votre code confidentiel au moment du déverrouillage. Vous laisserez ainsi un petit message tel que « si vous retrouvez cette tablette merci de me contacter au ... ». Si une personne bien intentionnée retrouve votre appareil égaré, elle saura qui contacter.

Verrouillage décalé

Un mot de passe ou un schéma sont indispensables pour assurer la sécurité de votre tablette. Mais il faut bien avouer qu'il est bien contraignant d'avoir à déverrouiller l'appareil chaque fois que l'on veut l'utiliser. Dans la section Sécurité des Paramètres, tapez sur « Verrouiller automatiquement » et choisissez un délai avant lequel la méthode de déverrouillage ne vous sera pas demandée. Choisissez par exemple 1 ou 2 minutes, ce qui vous permet de rallumer rapidement votre tablette si vous venez juste de la poser.

MODIFIER COMPLÈTEMENT L'INTERFACE GRÂCE À UN LANCEUR

Changez d'interface principale et personnalisez profondément l'apparence et l'ergonomie de votre tablette.

Le lanceur, on utilise aussi le mot anglais *launcher*, est l'interface principale de votre tablette. C'est lui qui présente les icônes d'applications sur les écrans d'accueil par exemple. Bref, c'est ce que vous voyez si votre tablette est allumée et que vous n'avez ouvert aucune application. Le lanceur est aussi la signature graphique d'un système et ce qui différencie par exemple une tablette Samsung d'un modèle Nexus ou Archos. En changeant de lanceur, vous modifierez le comportement des écrans d'accueil, de la liste d'application, du Dock, etc. Différents lanceurs sont disponibles sur le Play Store (voir ci-contre).

INSTALLER NOVA Pour vous faire la main, installez donc la version gratuite de Nova Launcher, un lanceur parmi les plus populaires. Ouvrez le Google Play Store, cherchez Nova et installez-le comme toute autre application Android. Après l'avoir installé, vous serez invité à le mettre en service dès que vous toucherez le bouton d'accueil. Sélectionnez Nova Launcher, à la place du lanceur d'application standard, puis touchez le bouton Toujours. Bienvenue sur le Launcher Nova qui remplace désormais celui d'Android.

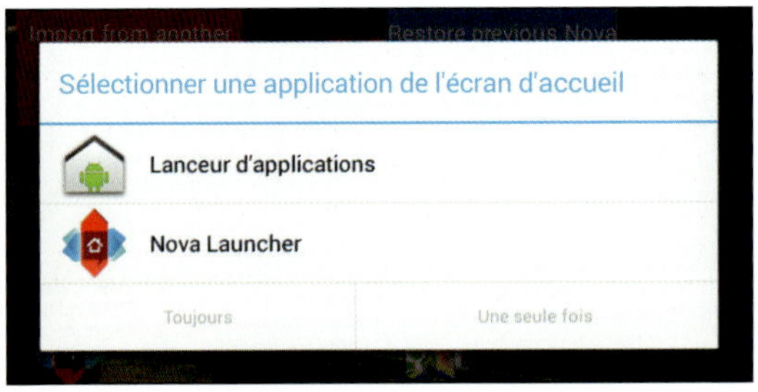

RÉCUPÉRER SES RACCOURCIS Lorsque vous installez un nouveau lanceur, vous devez remettre en place les icônes de vos écrans d'accueil. Nova vous propose directement d'importer la configuration de votre ancien lanceur d'application. Touchez le bouton rouge « Import from another Launcher » pour récupérer l'organisation des applications sur vos écrans d'accueil. Les widgets ne peuvent pas être importés, mais leur emplacement est réservé, vous toucherez alors ces zones grisées pour sélectionner les widgets à y replacer.

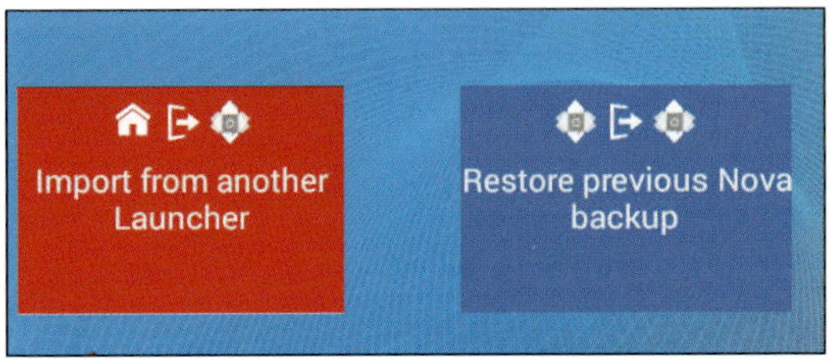

DÉCOUVRIR NOVA Ce lanceur dispose, en version gratuite, de toute une gamme de petits ajustements graphiques. Par exemple, le passage d'un bureau à l'autre ne s'anime plus comme un glissement latéral, mais comme une rotation des différentes faces d'un cube. Le Dock est plus généreux que sur le système d'origine puisque vous pouvez le faire glisser sur les côtés pour ajouter des raccourcis. Vous pouvez maintenant supprimer plus facilement une application du bureau ou afficher ses informations : faites un appui long dessus pour afficher un menu contextuel avec différentes options. Enfin, vous pouvez faire disparaître la barre de recherche pour laisser plus de place aux applications.

Quel lanceur choisir

Il existe un certain nombre de lanceurs (*launchers*) pour Android. Certaines fonctions se retrouvent sur tous les lanceurs. D'autres proposent des outils vraiment innovants. Il est d'autant plus difficile d'en choisir un que cela dépend des goûts et des habitudes de chacun. Parmi les plus connus, Go Launcher, Nova, Apex ou Holo ont actuellement la cote. Essayez-les pour faire votre choix !

DIFFICULTÉ ★★★★★ 20 MN

PARAMÉTRER FINEMENT LE LANCEUR NOVA

1 ACCÉDER AUX NOUVEAUX PARAMÈTRES En installant Nova, vous avez ajouté « Paramètres Nova » à votre liste d'applications. Lancez-la pour accéder aux options qui manquent au lanceur standard. La première partie concerne la disposition des écrans d'accueil. Touchez « Bureau » pour modifier la densité d'affichage : il est possible d'ajouter jusqu'à 144 positions pour les raccourcis sur un seul bureau. Vous choisissez aussi la taille des marges, l'affichage des ombres et le nombre d'écrans d'accueil. Vous aurez la possibilité, de la même façon, d'adapter le comportement du Dock ou de la liste des applications, aussi appelée Tiroir.

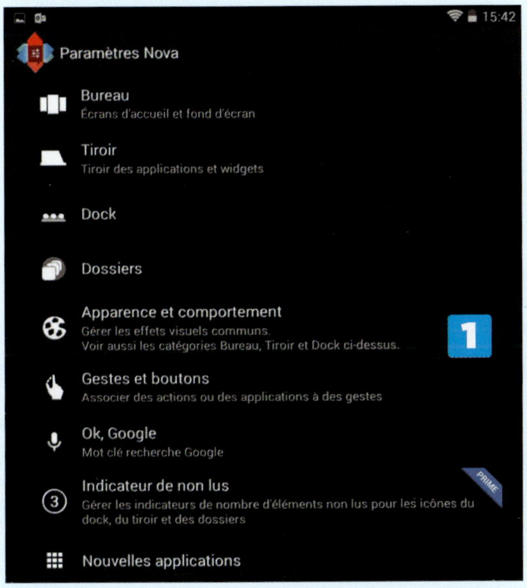

2 MODIFIER LES DOSSIERS Nova permet aussi de modifier l'apparence des dossiers. Choisissez vous-même la façon dont sont représentés les applications et le fond lorsque le dossier est replié. Pour l'affichage en grand, vous adapterez la transparence pour éviter les grands à-plats noirs. Un menu déroulant dans les dossiers permet d'ajouter facilement un élément, et d'en trier le contenu par ordre alphabétique.

3 COMPRENDRE LES WIDGETS DE NOVA Avec ce lanceur, vous disposez par ailleurs de deux nouveaux widgets : Activités et Nova Launcher. Le premier est un widget intelligent qui permet de pointer directement dans le contenu d'une application. Glissez-le sur un bureau, puis choisissez une application pour découvrir les différents points d'entrée possibles. Un peu difficile à prendre en main, il s'avère très pratique à l'usage : vous pouvez, par exemple, ajouter un raccourci à votre bureau pour accéder directement au réglage des alarmes de l'application Horloge. Nova Launcher est probablement le plus intéressant des deux. Glissez-le sur votre bureau pour voir apparaître le sélecteur d'options. Selon votre choix, vous ajouterez un bouton pour masquer la barre de notification en haut de l'écran, pour afficher la liste des applications, etc. Il est même possible de rajouter un bouton d'accès aux applis récentes directement sur le bureau.

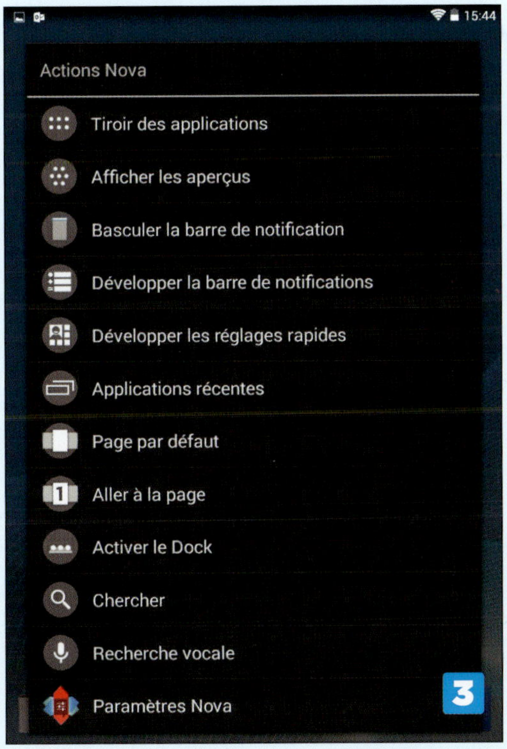

Revenir au lanceur standard

Trois solutions sont possibles. Vous pouvez désinstaller votre nouveau lanceur comme une quelconque application. Ce qui effacera ses réglages personnalisés. Il est aussi possible de le désactiver, vous trouverez cette solution dans l'interface de paramétrage du lanceur que vous avez installé. Vous pouvez aussi vous rendre dans les Paramètres, puis dans Accueil, pour choisir le lanceur qui vous convient.

PARTAGER UNE TABLETTE ENTRE TOUS LES MEMBRES DE LA FAMILLE

Faites en sorte de partager votre tablette entre plusieurs personnes sans pour autant mélanger les réglages et fichiers de chacun.

Attention au système

Pour créer plusieurs comptes d'utilisateur sur votre tablette, vous devez tout d'abord disposer d'Android 4.2.2 minimum. La vraie limitation viendra surtout de la taille de la mémoire de votre tablette. Avec des bibliothèques différentes pour chaque utilisateur et des applications en pagaille, ne comptez pas mutualiser une tablette de 16 Go entre plus de deux personnes. Pour partager une tablette en famille, optez pour 32 Go au minimum.

Sur une tablette récente (voir ci-contre), la fonction de création de plusieurs utilisateurs indépendants vous permet de partager un même appareil entre plusieurs personnes, sans risque de mélanger les données de chacun. Pratique, donc pour partager votre tablette avec les membres de la famille ou la prêter en toute discrétion. Chaque personne aura alors son propre environnement avec son image de fond préférée, son organisation des bureaux et des applications, sa ou ses boîtes e-mail, etc. Le premier utilisateur à mettre la tablette en service reste le « chef », c'est lui seul qui peut créer ou supprimer de nouveaux comptes. Avec une tablette bien réglée, vous allez enfin pouvoir la prêter à votre petit dernier pour qu'il joue à Angry Birds sans risque qu'il efface vos courriels par mégarde ou qu'il mette le bazar dans vos icônes.

CRÉER UN NOUVEAU COMPTE UTILISATEUR Pour créer un nouveau compte d'utilisateur, rendez-vous dans les Paramètres, puis touchez l'entrée Utilisateurs. Vous retrouverez dans cette liste le premier compte d'utilisateur créé, le vôtre, identifié comme Propriétaire de la tablette. Touchez l'option « Ajouter un utilisateur », en haut à droite de l'écran. Vous êtes alors invité à configurer l'utilisateur, ce qui, idéalement, doit être fait en sa présence. Android retourne alors sur l'écran de déverrouillage avec une fonction de « Glisser pour déverrouiller » pour accéder au nouveau compte d'utilisateur. La procédure de mise en route de ce nouvel utilisateur reprend exactement celle de la mise en service de la tablette : connexion au compte Google du second utilisateur et accès à ses préférences. Votre nouvel utilisateur peut dès à présent choisir sa sécurité de déverrouillage et commencer à organiser ses bureaux comme vous l'avez fait pour votre compte.

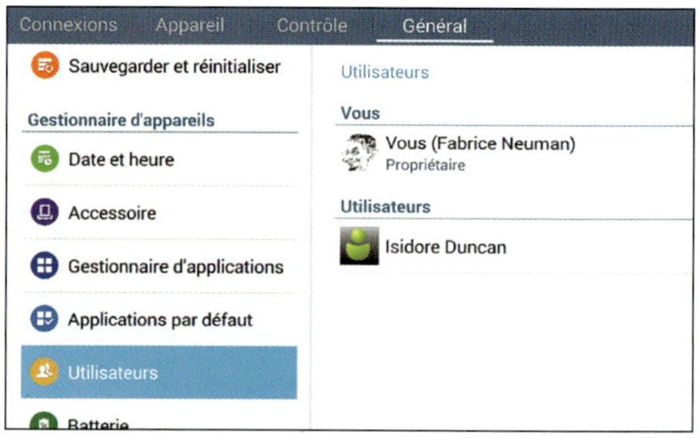

INDÉPENDANCE ET SÉPARATION Chaque utilisateur dispose d'un environnement totalement distinct avec ses propres applications. Pour que plusieurs utilisateurs partagent les mêmes applications, en dehors de celles d'origine, il faudra les installer pour chacun d'eux et, le cas échéant, les payer à nouveau. Au contraire, les applications

Lorsque l'on a ajouté plusieurs comptes d'utilisateur à sa tablette, on passe facilement de l'un à l'autre grâce à leur icône sur l'écran de verrouillage. Ici, en haut à droite sur une Galaxy Tab Pro.

étant liées au compte Google, il est possible d'installer une même application sur plusieurs tablettes, à condition que chaque compte d'utilisateur soit relié au même compte Google.

PASSER RAPIDEMENT D'UN COMPTE À L'AUTRE Rien de plus simple. Sur une tablette Nexus, faites glisser votre doigt vers le bas depuis le bord supérieur droit de l'écran pour faire apparaître le panneau des raccourcis. Touchez ensuite l'image associée à votre compte : vous arrivez directement sur l'écran de verrouillage. Lorsque la tablette est verrouillée, elle affiche le fond d'écran ainsi que les widgets du dernier utilisateur à s'être connecté. Pour se connecter avec un autre compte, sélectionnez-le dans la liste en bas de l'écran. Ce dernier peut alors accéder à son compte à l'aide de son propre moyen de déverrouillage.

SUPPRIMER UN COMPTE D'UTILISATEUR
Seul le propriétaire de la tablette peut supprimer un compte d'utilisateur. Pour le système Android, le propriétaire, c'est celui qui a mis la tablette en service et qui a configuré le premier compte. Il est impossible de supprimer ce compte, à moins de réinitialiser totalement la tablette et d'en effacer tout le contenu. Pour supprimer un autre compte, connectez-vous avec le compte propriétaire. Rendez-vous ensuite dans les Paramètres, puis dans la section Utilisateurs. Vous arrivez dans l'interface de gestion qui vous a permis de mettre en service les différents comptes. Pour en supprimer un, touchez la poubelle en regard du compte à effacer. Dès que vous validez, toutes les informations et les données du compte en question sont définitivement détruites.

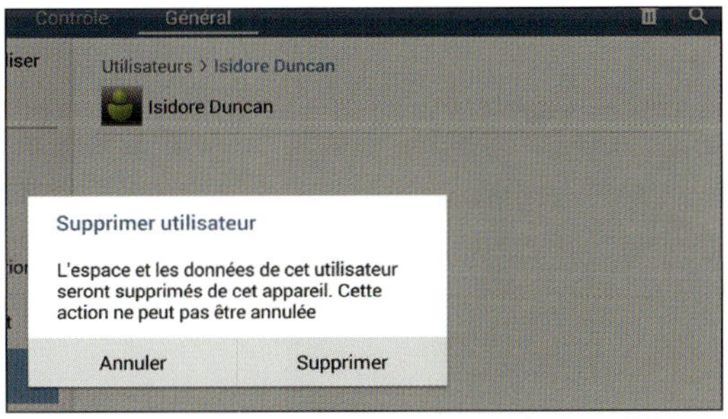

LES LIMITES DES COMPTES SECONDAIRES
Les comptes secondaires permettent de tirer pleinement profit de votre tablette. Toutes les fonctionnalités sont présentes, exactement comme si vous disposiez d'une seconde tablette. Il n'existe que deux limites. Tout d'abord, comme expliqué précédemment, seul le compte propriétaire peut supprimer un compte secondaire. De même, il est impossible, avec un compte secondaire, de créer de nouveau compte d'utilisateur. En bref, le propriétaire jouit d'un statut d'administrateur. Enfin, le compte secondaire se voit privé de l'accès à la rubrique « Sauvegarder et réinitialiser » permettant de remettre la tablette en état « sortie d'usine ».

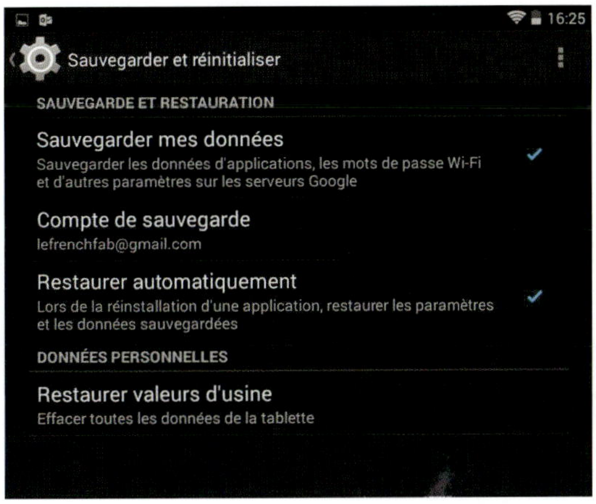

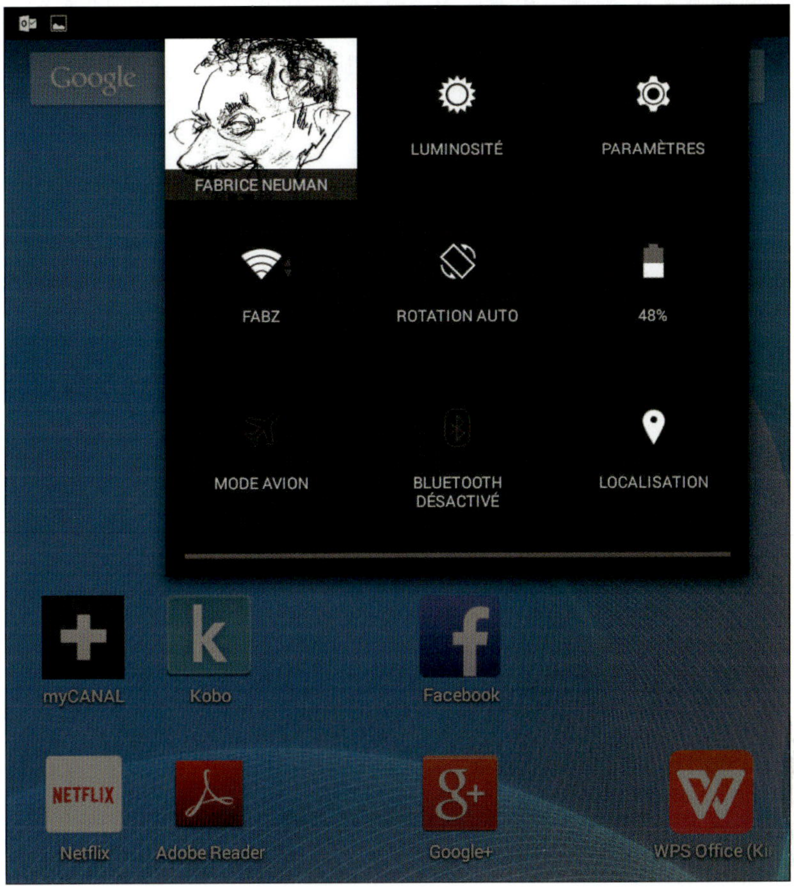

Grâce au panneau de raccourcis des tablettes Nexus, vous pouvez facilement fermer la session en cours et passer à un autre compte d'utilisateur.

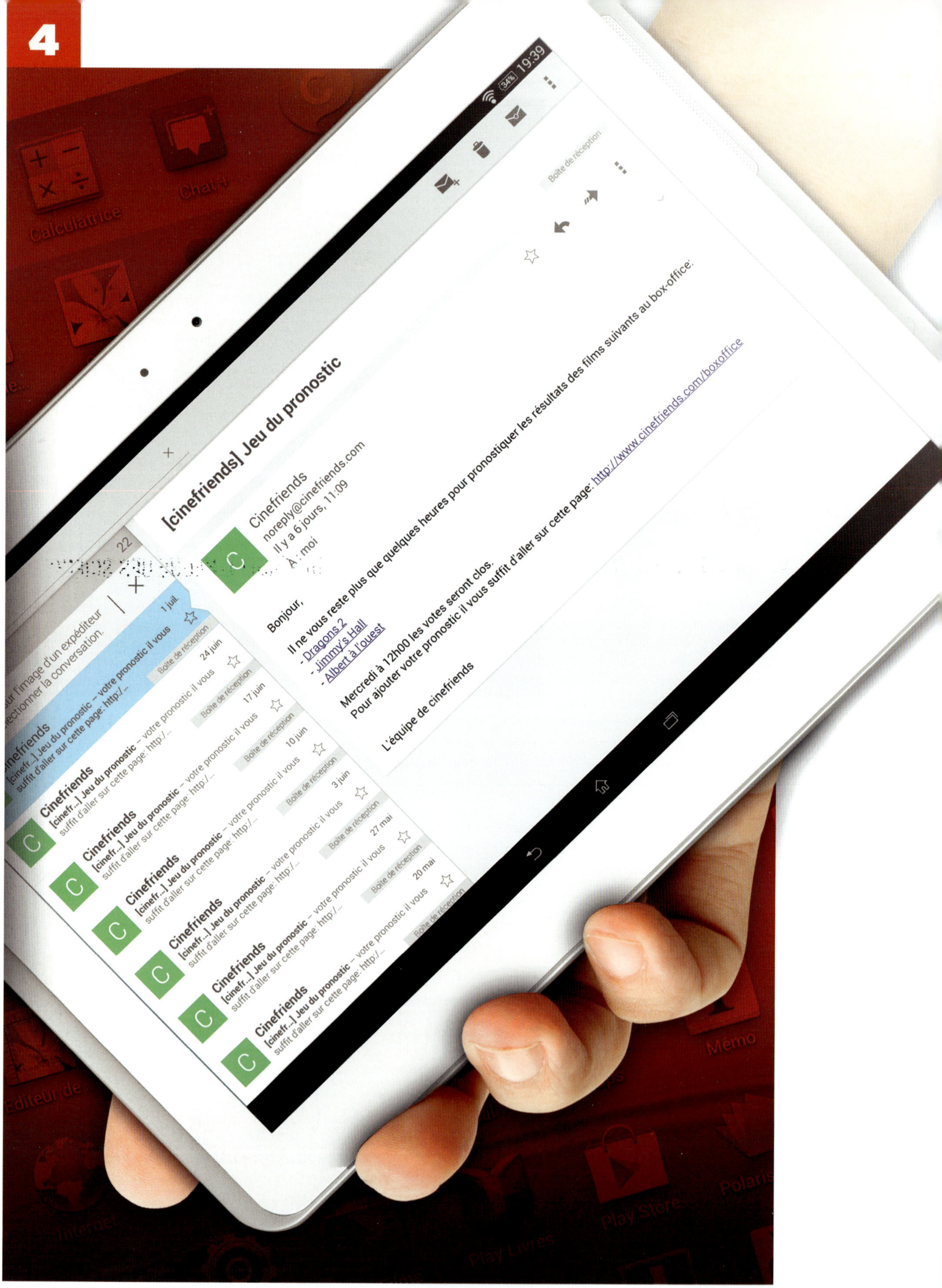
19:39
Boîte de réception
[cinefriends] Jeu du pronostic
Cinefriends
noreply@cinefriends.com
Il y a 6 jours, 11:09
À : moi
Bonjour,
Il ne vous reste plus que quelques heures pour pronostiquer les résultats des films suivants au box-office:
- Dragons 2
- Jimmy's Hall
- Albert à l'ouest
Mercredi à 12h00 les votes seront clos.
Pour ajouter votre pronostic il vous suffit d'aller sur cette page: http://www.cinefriends.com/boxoffice
L'équipe de cinefriends
Cinefriends
[cinefr...] Jeu du pronostic – votre pronostic il vous suffit d'aller sur cette page: http:/...
1 juil.
24 juin
17 juin
10 juin
3 juin
27 mai
20 mai
Calculatrice
Chat+
Mémo
Play Store
Play Livres
Internet

À DÉCOUVRIR DANS CES PAGES

CENTRALISER TOUS SES ÉCHANGES

Votre tablette Android va devenir le centre névralgique de vos communications. Regroupez tous vos comptes de messageries et de réseaux sociaux, exploitez les applis de courrier déjà installées, complétez avec le module dédié à Gmail, et lancez-vous dans le dialogue tous azimuts, en texte, audio et vidéo, grâce à Hangouts de Google, ou Skype de Microsoft. Et pour finir, devenez le roi du *tweet*, via les différentes solutions proposées par Twitter pour suivre votre fil et partager vos infos.

GÉRER TOUS SES MESSAGES GMAIL AVEC L'APPLI DÉDIÉE D'ANDROID

Vous utilisez votre compte Google comme messagerie électronique ? Android vous propose une application Gmail spécialement conçue.

Pour profiter de toutes les possibilités de votre tablette Android, et notamment de ses capacités à envoyer et recevoir des e-mails, vous devez ouvrir un compte Gmail, le webmail de Google. Les paramètres de ce compte vous sont demandés lors du premier démarrage de la tablette (**voir p. 22**) mais, pour utiliser immédiatement celle-ci, vous avez peut-être sauté cette étape. Grâce à l'appli Gmail, vous allez rapidement combler cette lacune, puis profiter de toutes ses fonctions.

CRÉER UN COMPTE GMAIL Dans le menu des applications, appuyez sur l'icône de Gmail. Sélectionnez le bouton « Nouveau » si vous ne possédez pas de compte ou bien « Compte existant ». Dans ce dernier cas, la procédure se résume à saisir l'adresse et le mot de passe. L'opération de création débute par la saisie de vos nom et prénom. Appuyez sur « Suivant ». Choisissez votre adresse e-mail qui se termine par « @gmail.com ». Déterminez un mot de passe. Spécifiez une adresse de secours et une question secrète. Passez l'invitation à rejoindre Google+ pour le moment.

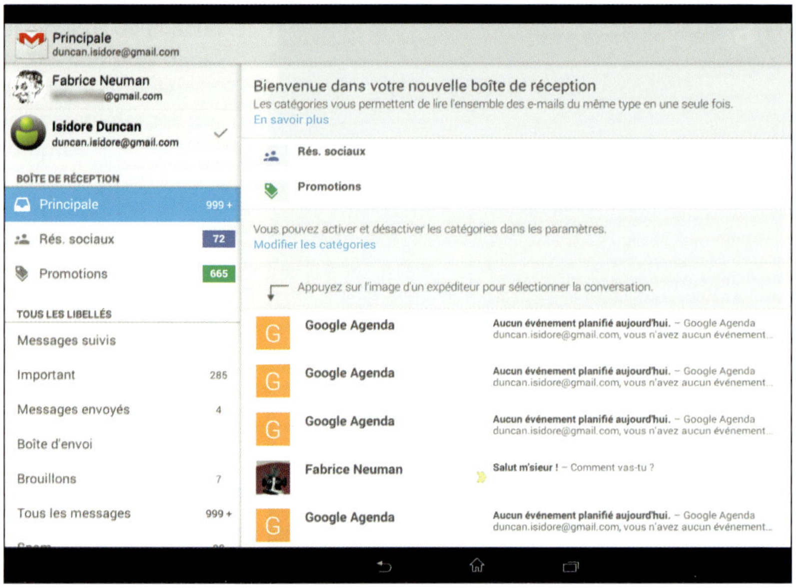

Acceptez les conditions d'utilisation. Terminez la procédure, et cochez la case relative à la sauvegarde de votre tablette sur le compte Google et appuyez sur « Suivant ». Le compte Gmail est créé.

LIRE UN NOUVEAU MESSAGE Vous commencez à recevoir vos courriels sans tarder. Pour les consulter lorsque Gmail est ouvert, il vous suffit d'appuyer sur le message (en gras quand il vient d'arriver) dans la boîte de réception. Si Gmail n'est pas ouvert, une alerte s'affiche en bas ou en haut de l'écran selon le modèle de votre tablette, à l'arrivée de nouveaux messages.

CONSULTER LES NOTIFICATIONS Si vous n'avez reçu qu'un seul message, le panneau de notifications vous propose quelques options pour le traiter avant même d'ouvrir l'application.

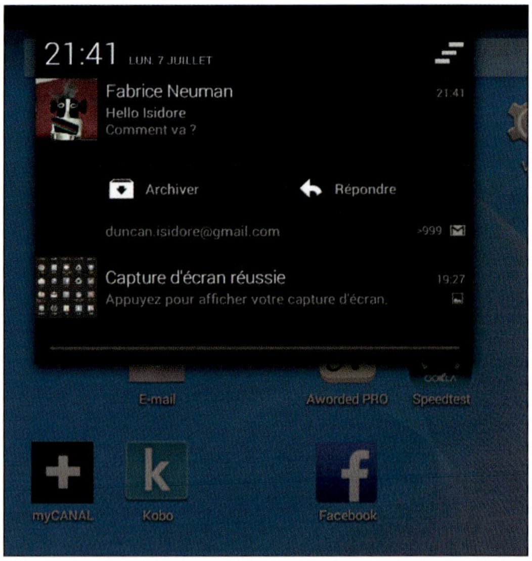

ENVOYER UN MESSAGE Pour envoyer un e-mail depuis votre tablette, appuyez sur l'icône de l'enveloppe avec un petit « + » en haut de l'écran. Saisissez l'adresse électronique d'un contact. Indiquez l'objet du mail. Composez votre message. Appuyez enfin sur « Envoyer » dans la barre de menu en haut. Une fois parti, le courrier est archivé dans « Messages envoyés ».

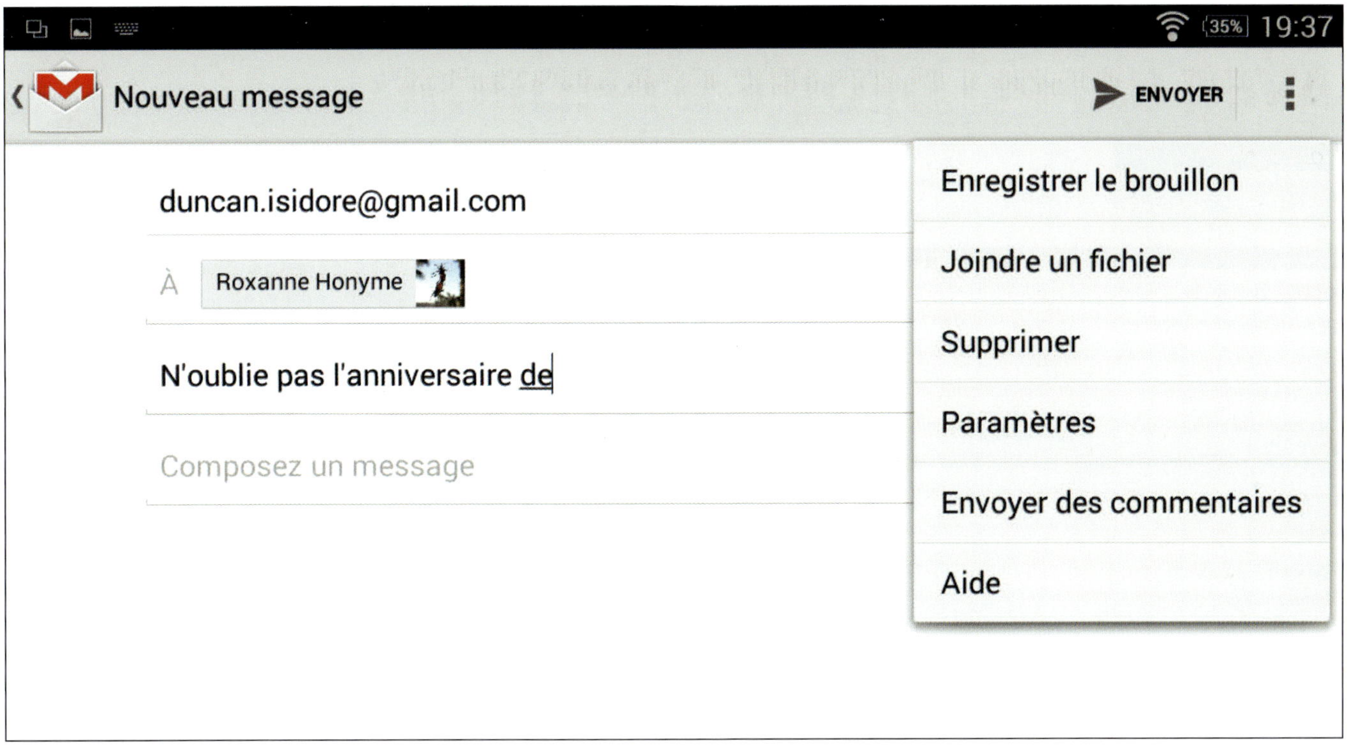

JOINDRE UN FICHIER Pour joindre un fichier à votre message, déroulez le menu d'options (les trois petits points verticaux), et choisissez « Joindre un fichier ». La fenêtre qui s'affiche présente un grand nombre de possibilités, et cette liste dépend des outils et comptes que vous avez installés sur votre tablette. Ici, par exemple, deux comptes Google vous donnent accès au contenu de deux espaces de stockage en ligne GDrive. Vous pouvez également choisir une photo. Et n'oubliez pas que vous pouvez aussi envoyer n'importe quel élément de votre tablette via le menu de partage (**voir p. 35**).

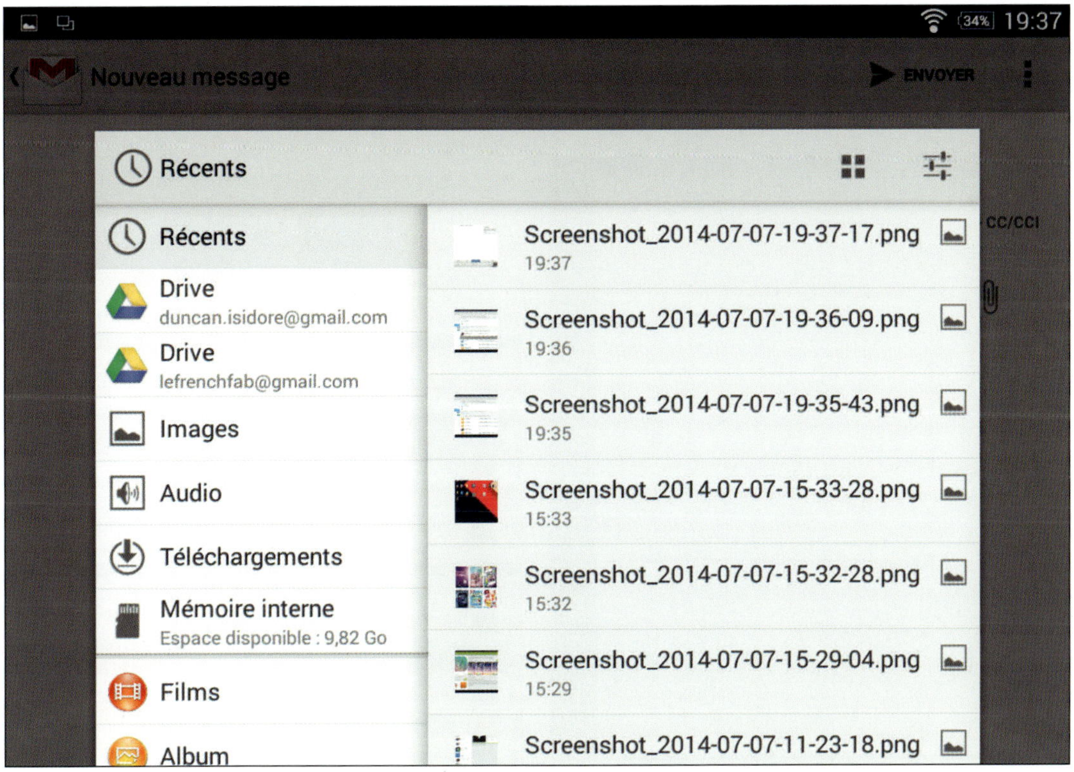

RECHERCHER UN MESSAGE Pour retrouver un message rapidement, utilisez la fonction recherche. Appuyez sur l'icône loupe. Un champ apparaît sur la gauche. Saisissez un mot ou une adresse électronique, puis effleurez la touche loupe du clavier. La liste des emails s'affiche.

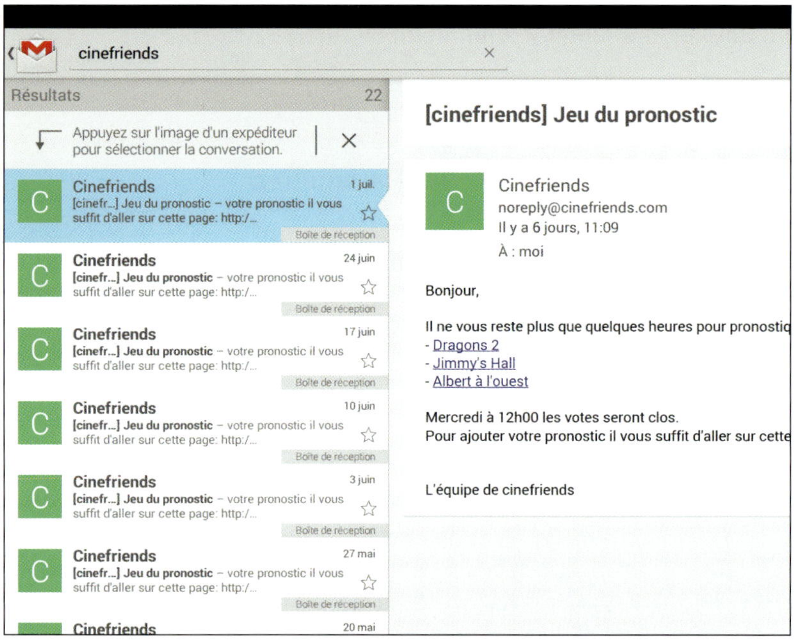

UTILISER LES LIBELLÉS Les messages Gmail peuvent être repérés par un ou plusieurs libellés. Cela permet de les classer dans les dossiers de la colonne de gauche. Pour attribuer un ou plusieurs libellés, cochez la case devant le ou les messages concernés et appuyez sur l'icône représentant une étiquette. La liste des libellés attribuables apparaît. Sélectionnez ceux désirés et validez. Vous ne pouvez pas créer de libellé depuis votre tablette. En revanche, vous pouvez le faire sur votre compte Gmail en ligne, depuis le navigateur de votre ordinateur.

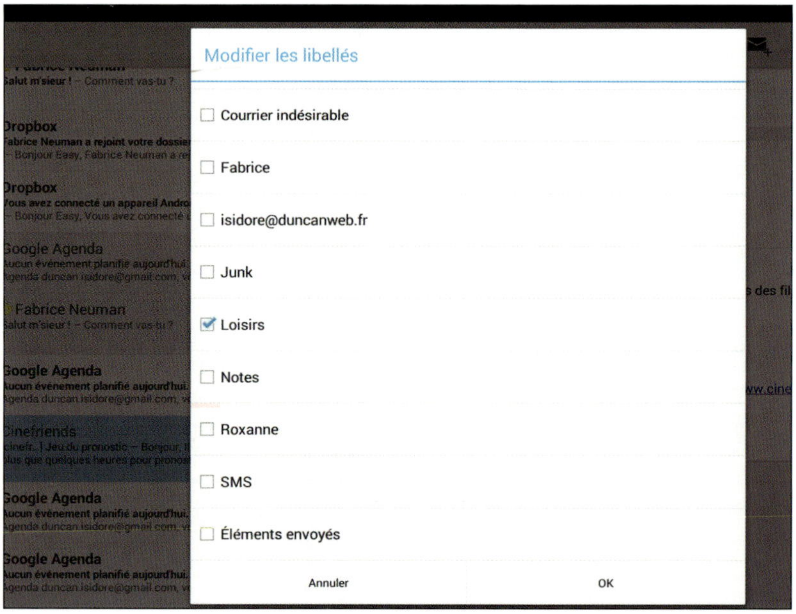

ACCÉDER À PLUSIEURS COMPTES L'appli est capable de gérer tous les comptes de messagerie Gmail de la famille. Pour en ajouter un, effleurez l'icône en haut à droite, puis Paramètres. Tapez sur « Ajouter un compte » et suivez à nouveau les étapes de création. Pour passer d'un compte de messagerie à l'autre, il vous suffit d'effleurer le compte dans la liste en haut à gauche.

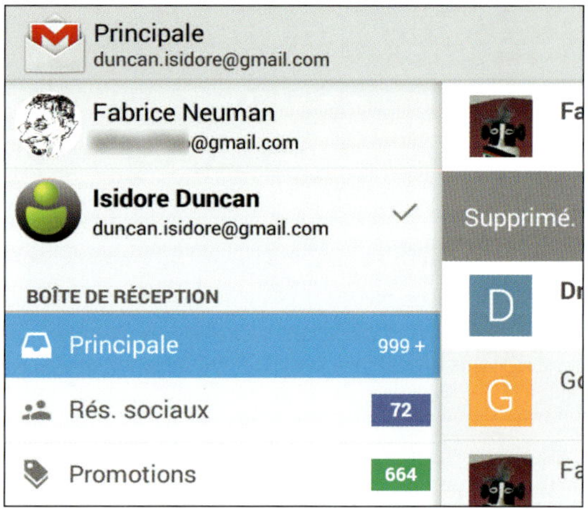

SUPPRIMER UN MESSAGE Pour supprimer un message dans l'appli, sélectionnez-le, puis effleurez l'icône de la corbeille en haut. Une autre méthode consiste à faire apparaître cette même barre de menu en cochant la case du message. Ou à faire glisser votre doigt le long du message. Un bouton vous permettra d'annuler l'opération si vous vous êtes trompé.

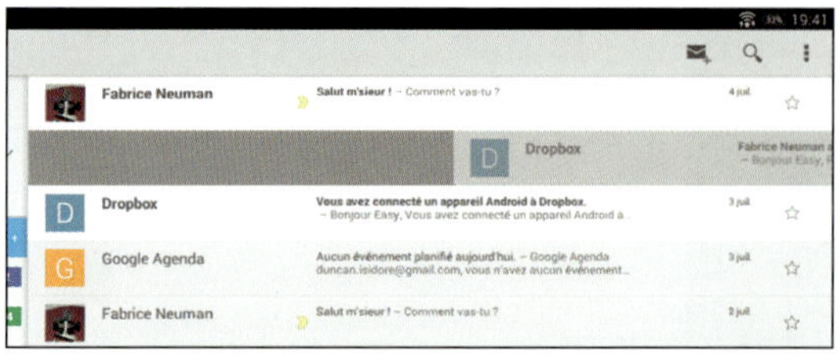

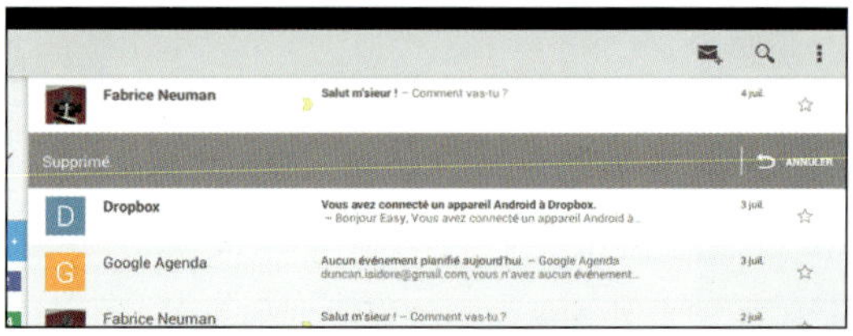

SÉLECTIONNER PLUSIEURS MESSAGES À LA FOIS Pour effacer plusieurs messages à la fois, il faut d'abord les sélectionner. Pour cela, vous pouvez tout simplement toucher l'icône carrée située à gauche de l'objet. Elle arbore sous forme d'une majuscule la première lettre du nom de l'expéditeur. Ou, mieux, la photo du contact si vous l'avez ajouté à votre carnet d'adresses. Il ne vous reste plus qu'à effleurer l'icône en forme de corbeille, en haut à droite.

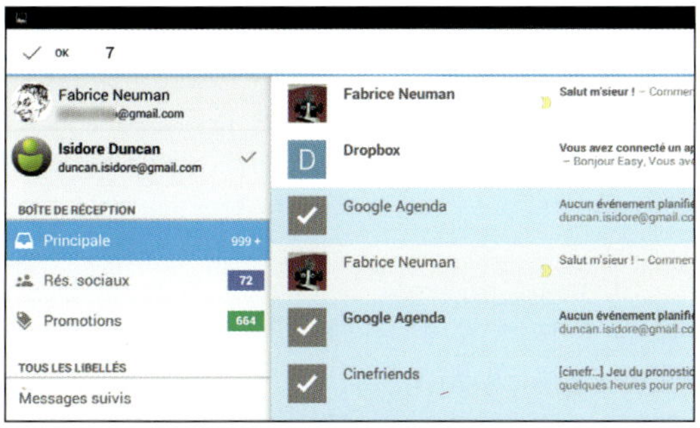

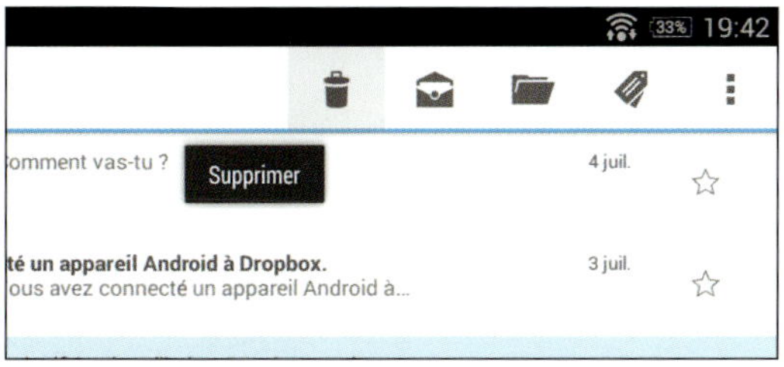

CRÉER UNE SIGNATURE Pour signer automatiquement vos messages, ouvrez le menu d'options (les trois petits points), et choisissez Paramètres. Dans la colonne de gauche, choisissez l'adresse email, puis appuyez dans la colonne de droite sur « Signature ». Créez la signature et validez. Si vous utilisez plusieurs comptes, vous pouvez créer une signature pour chacun d'eux, via les Paramètres.

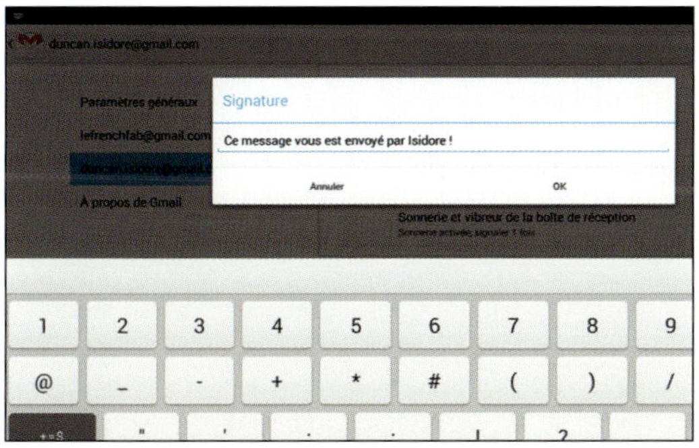

PARCOURIR LES PARAMÈTRES Les paramètres recèlent d'ailleurs de nombreuses options qu'il convient de connaître. Commencez par les paramètres généraux, qui s'appliquent à l'ensemble

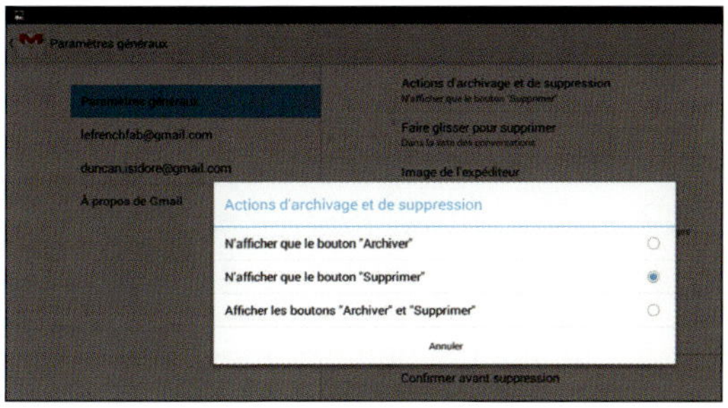

de l'application. Vous pouvez par exemple choisir si le glissement du doigt sur un message provoque son effacement ou son placement dans le répertoire Archive. Ou encore de ne pas afficher l'image du correspondant. Viennent ensuite les options liées à chaque compte. Vous pouvez ainsi décider de recevoir des notifications de l'arrivée de nouveaux messages pour l'un et pas pour l'autre, définir une signature automatique (voir plus haut), ou le nombre de jours à synchroniser pour ne pas encombrer la mémoire de votre tablette.

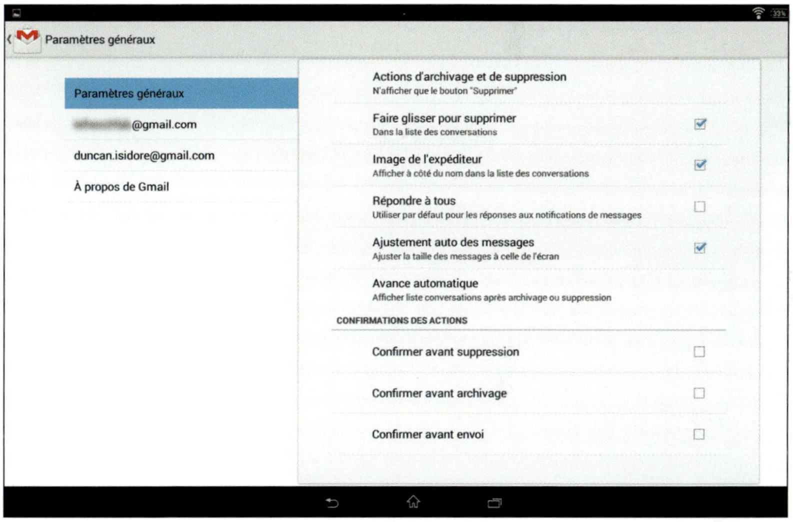

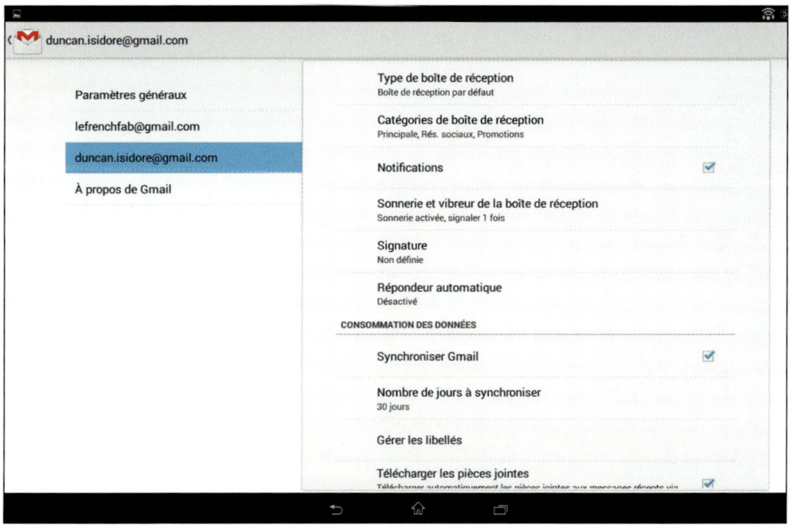

AJOUTER UN COMPTE DE COURRIER ÉLECTRONIQUE À L'APPLI EMAIL

Même si vous avez dû créer un compte Gmail, ce n'est pas forcément votre adresse de courriel principale. Utilisez alors l'appli Email.

Comme il n'y a pas que Gmail dans la vie, votre tablette Android vous permet bien sûr de consulter n'importe quel type de messagerie. Elle est même livrée en standard avec l'appli Email. Il ne vous reste plus qu'à ajouter votre compte de courriel habituel.

INDIQUER SON ADRESSE La première fois que l'on lance l'application, elle vous propose d'ajouter un compte de messagerie. Commencez donc par taper l'adresse complète (avec le signe @) et le mot de passe. Puis tapez sur le bouton Suivant.

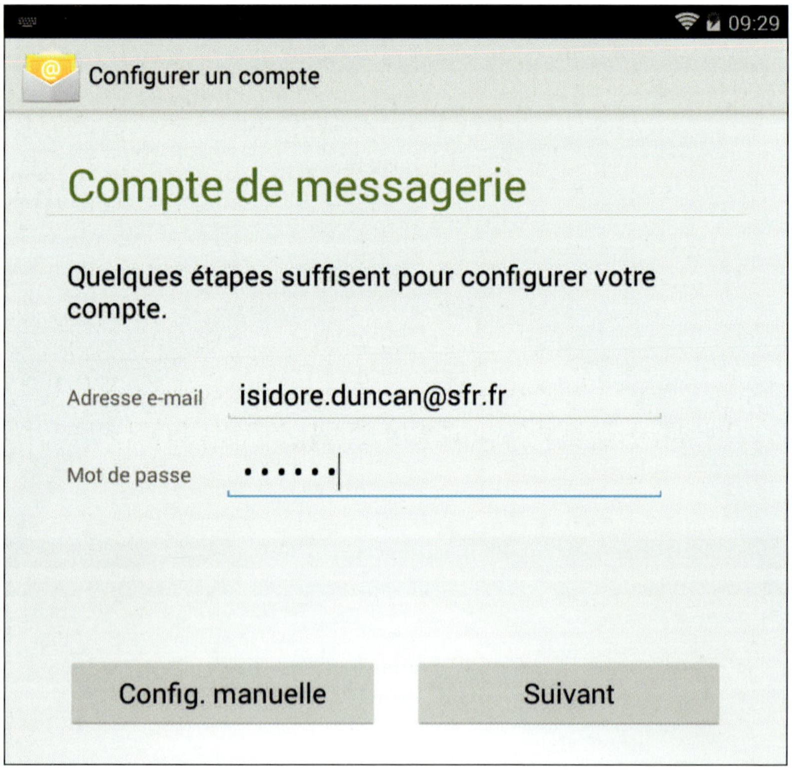

IMAP OU POP ? L'écran suivant vous demande de choisir le type de serveur de réception. À moins qu'il ne s'agisse d'une adresse d'entreprise demandant une connexion de type Exchange, n'hésitez pas et choisissez IMAP et laissez tomber POP. Grâce au protocole IMAP, vous vous assurez que vous pourrez consulter vos messages depuis plusieurs appareils : votre tablette, votre PC et votre smartphone par exemple. Votre boîte de réception et vos différents dossiers de classement (**voir p. 67**) s'afficheront à l'identique sur tous vos écrans. Cette synchronisation est indispensable pour ne perdre aucun message. De même, lorsque vous lisez un message sur un des appareils, il est également marqué comme lu sur tous les autres. Le protocole POP, plus ancien, ne permet pas ce genre de synchronisation.

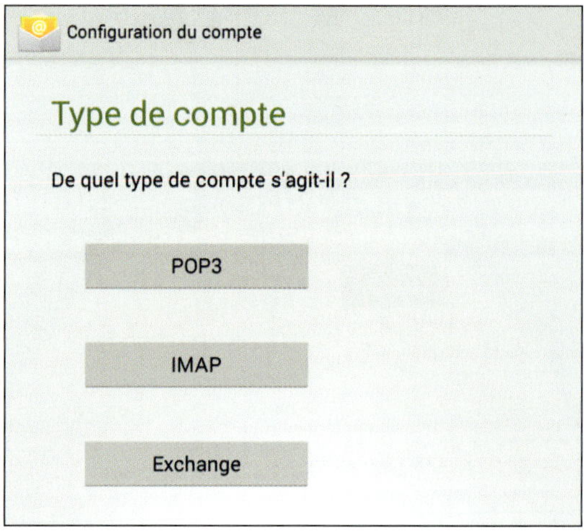

VALIDER LA CONFIGURATION L'étape suivante consiste à valider la configuration des serveurs. Ne vous laissez pas impressionner par le terme, d'autant plus que, dans la très grande majorité des cas, la tablette trouvera toute seule les éléments de configuration nécessaires. Si vous utilisez, par exemple, l'adresse liée à votre fournisseur

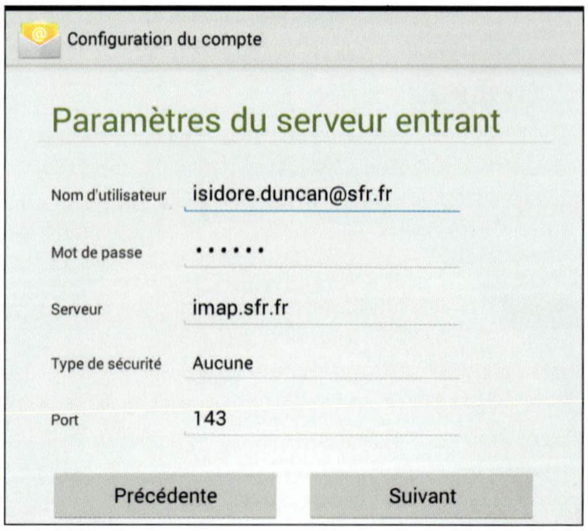

d'accès à Internet (Orange, SFR, Free, Bouygues, Numéricable, etc.), vous verrez sur les deux écrans suivants que la tablette affiche les bons noms des serveurs de réception (IMAP, on dit aussi serveur entrant) et d'envoi (SMTP). Conservez les options par défaut et votre courriel vous parviendra sans souci. Validez à chaque fois d'une tape sur le bouton Suivant.

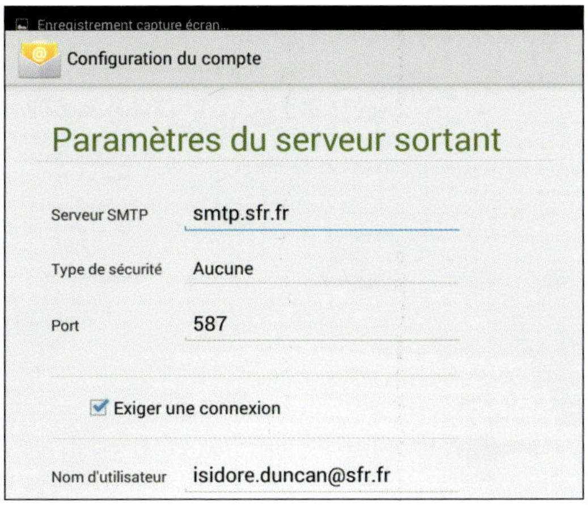

GÉRER SA MESSAGERIE Le dernier écran vous propose quelques options. Vous pouvez ainsi choisir si vous souhaitez que l'application vérifie automatiquement l'arrivée de nouveaux messages ou non. Attention, plus la périodicité est courte, plus l'impact sur la batterie sera important. Vous pouvez également choisir de recevoir une notification à chaque fois, et laisser la tablette télécharger automatiquement les pièces jointes si vous êtes connecté en Wi-Fi.

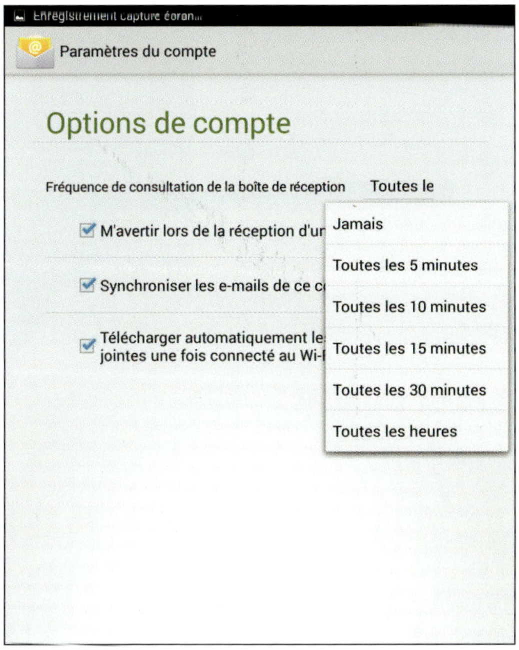

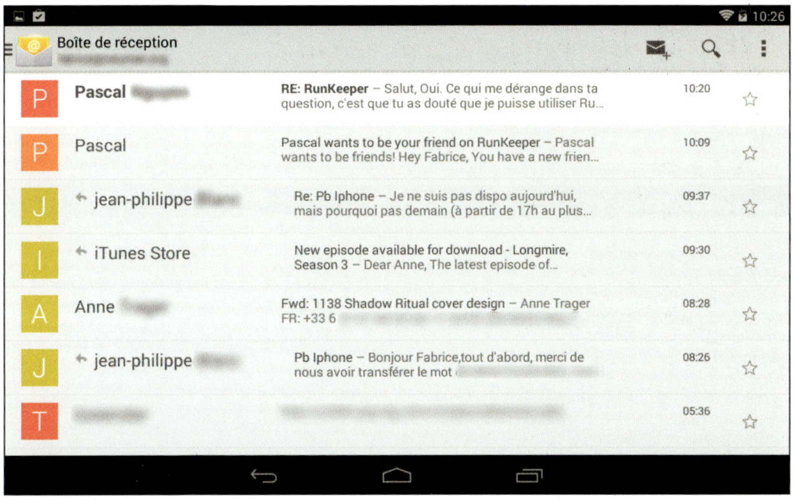

CONSULTER SA BOÎTE DE RÉCEPTION

Votre boîte de réception apparaît. Dès que vous tapez sur l'objet d'un des messages, la liste se décale vers la gauche pour afficher le contenu à droite. Faites défiler pour lire le texte complet.

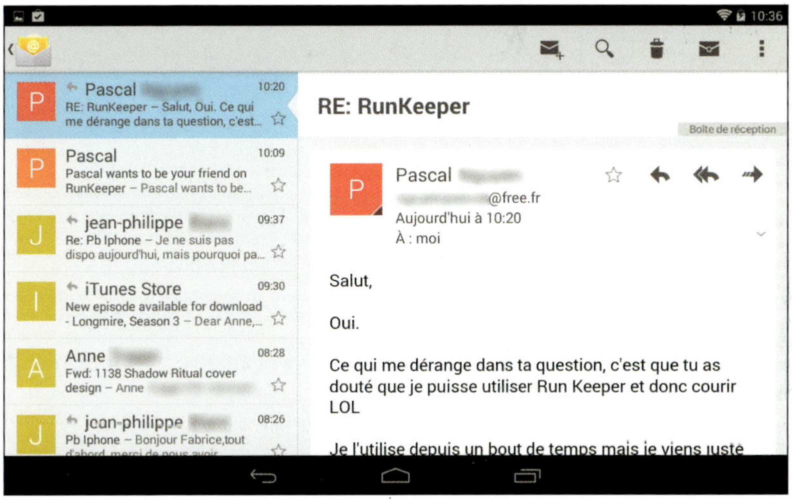

ENVOYER OU RÉPONDRE À UN MESSAGE

Pour envoyer un nouveau message, il vous suffit d'effleurer l'icône en forme d'enveloppe arborant un petit signe « + ». On le voit, l'interface est très proche de celle de l'appli Gmail (**voir p. 60**). Pour répondre à un message, il suffit d'utiliser la flèche pointant vers la gauche. Dans ce dernier cas, l'adresse du destinataire sera automatiquement remplie. Dans le cas d'un nouveau message, vous devrez l'ajouter. Vous verrez que l'appli vous proposera des noms tirés de votre carnet d'adresses, mais aussi des messages déjà reçus au fur et à mesure que vous tapez le nom au clavier. Notez que vous aurez probablement intérêt à passer la tablette en mode portrait : en mode paysage, le clavier occupe souvent une trop grande surface à l'écran. Lorsque vous avez terminé la rédaction du message, tapez simplement le bouton Envoyer en haut à droite.

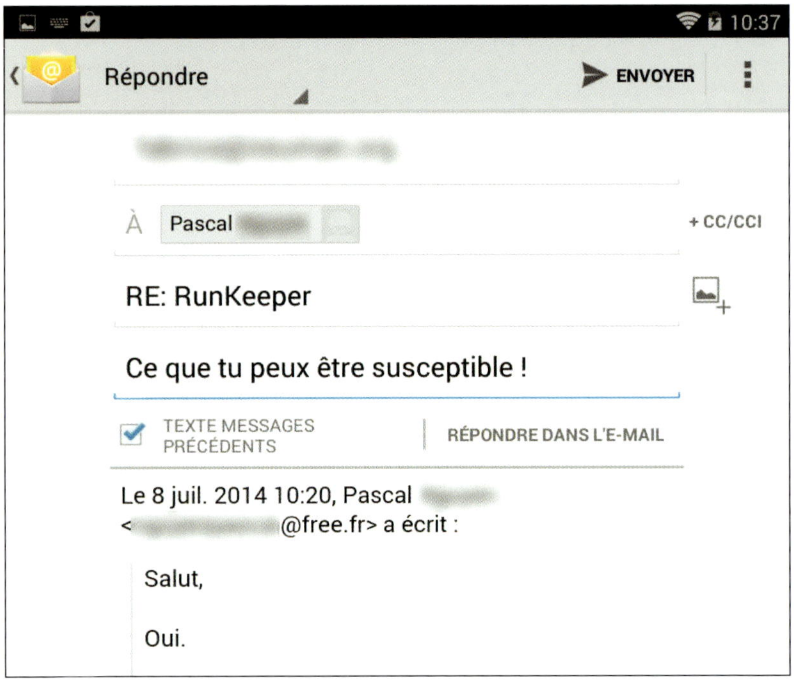

RECHERCHER UN MESSAGE Entre les messages publicitaires, ceux des services en ligne que vous utilisez et ceux de vos « vrais » correspondants, il n'est pas toujours facile de retrouver un e-mail en faisant défiler la liste des messages. Mieux vaut utiliser la fonction recherche, via l'icône Loupe, en haut à droite. Tapez alors le titre d'un courriel ou le nom d'un expéditeur, dans la zone en haut à gauche. La liste des messages se réduit pour répondre à vos critères, et vous pouvez consulter les messages correspondants comme à votre habitude. Tapez sur l'enveloppe en haut à gauche pour revenir à la liste de tous vos messages.

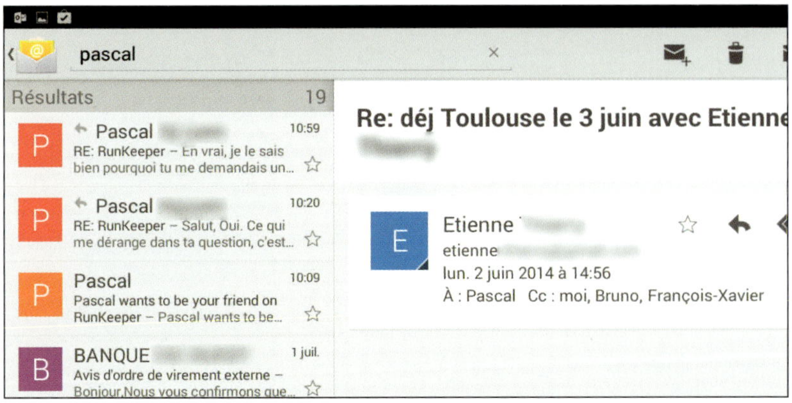

GÉRER PLUSIEURS COMPTES L'appli Email vous permet de gérer plusieurs comptes de messagerie, y compris des comptes Gmail d'ailleurs. Pour ces derniers toutefois, vous devrez avoir, au préalable, activé l'option IMAP dans les paramètres du compte en ligne. Pour compléter votre collection de comptes, rendez-vous dans les Paramètres de l'application, via le bouton d'options (les trois points alignés à la verticale). Tapez sur le bouton « Ajouter un compte » et suivez les mêmes étapes que celles décrites plus haut. Une fois tous les comptes créés, vous avez la possibilité de visualiser le contenu de chacun séparément ou bien de rassembler tous les messages dans une seule « Vue combinée ». Quand vous rédigez un nouveau message, il vous suffit de taper sur la zone « De : » pour choisir le compte expéditeur. Notez que lorsque vous répondez à un message, Email choisit par défaut le compte qui l'a reçu. Pour passer d'un compte à l'autre, faites apparaître le panneau latéral en glissant le doigt depuis le bord gauche de l'écran, ou bien en tapant sur l'enveloppe dans le coin supérieur gauche.

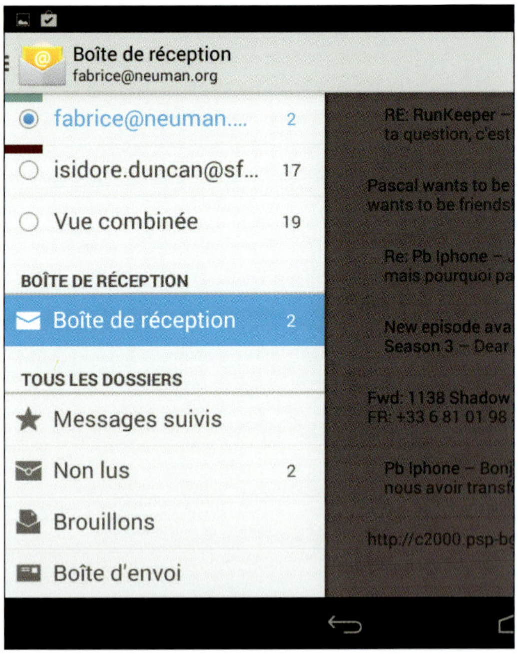

ACCÉDER À TOUS LES DOSSIERS Notez que ce panneau vous permet aussi d'afficher la liste de tous vos dossiers de classement (**voir p. suivante**). Le panneau affiche aussi la Corbeille pour récupérer les messages effacés par erreur et les éléments envoyés. Notez aussi la boîte « Non lus » qui regroupe tous les messages que vous n'avez pas encore consultés.

DIFFICULTÉ ★★★★★ 5 MN

GÉRER SES DOSSIERS DE MESSAGES DANS L'APPLI EMAIL DE SAMSUNG

Si vous disposez d'une tablette Samsung, l'application Email pré-installée dispose de quelques fonctions supplémentaires bien utiles, notamment en ce qui concerne la gestion des dossiers de classement. Dommage que celle livrée avec les tablettes Nexus n'en fasse pas autant.

1 RENOMMER UN DOSSIER Lorsque vous créez un compte de messagerie dans Email, l'application importe sur la tablette la structure des dossiers existants en ligne. Et leur nom. Or, ceux-ci ne sont pas toujours en français. Autant les renommer. Pour cela, appuyez sur le dossier le temps qu'un menu apparaisse. Sélectionnez « Renommer dossier », puis saisissez le nouveau nom. Validez. À noter que certains dossiers, comme Boîte de réception ou Corbeille, ne peuvent pas être renommés.

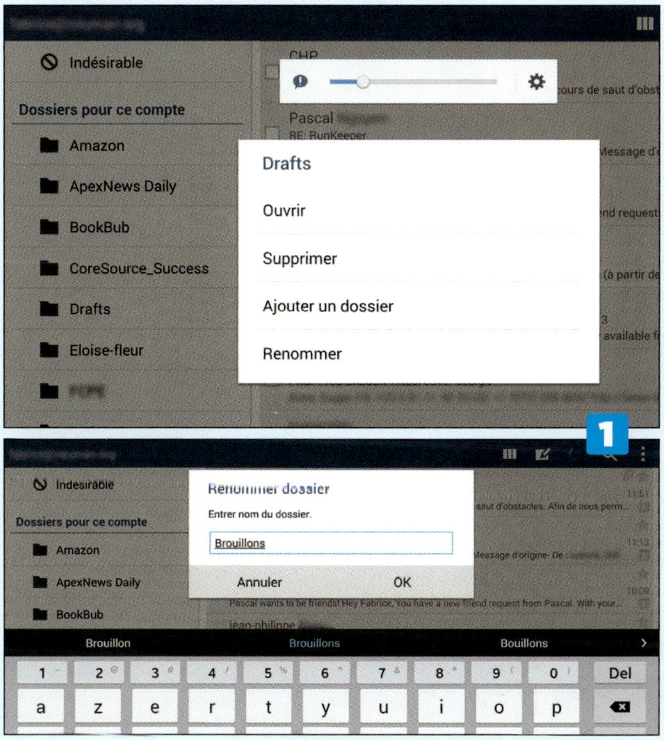

2 CRÉER UN DOSSIER Dans une application de messagerie comme Email, les dossiers permettent de classer les courriels par thème ou par correspondant. Ceux d'origine ne sont pas forcément suffisants. Vous avez la possibilité d'en ajouter autant que vous le désirez. Ils viennent s'ajouter dans le volet gauche de Email. Appuyez sur l'icône des paramètres, en haut à droite. Choisissez « Créer dossier ». Sélectionnez ensuite le dossier dans lequel celui que vous voulez créer sera imbriqué. Si vous choisissez Racine, il sera au premier niveau, c'est-à-dire le même que celui dans lequel se trouvent la Boîte de réception ou la Corbeille, par exemple. Mais rien de vous empêche de taper sur le nom d'un dossier existant pour créer un sous-dossier. Saisissez le nom du nouveau dossier et validez pour le voir apparaître dans la liste. Et il apparaîtra aussi sur tous les autres appareils que vous utilisez pour consulter vos messages (**voir p. 63**).

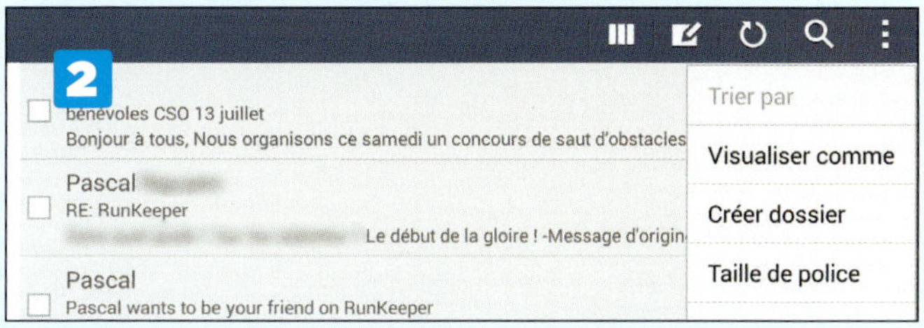

3 DÉPLACER DES MESSAGES DANS UN DOSSIER Si vous avez créé un nouveau dossier, c'est pour y classer des messages. Commencez par les sélectionner en cochant la case devant chacun des messages concernés. Puis, effleurez l'icône en forme de dossier ouvert muni d'une flèche pointant vers son intérieur, dans la barre en haut de l'écran. Dans la fenêtre qui s'affiche, choisissez le dossier vers lequel transférer les messages.

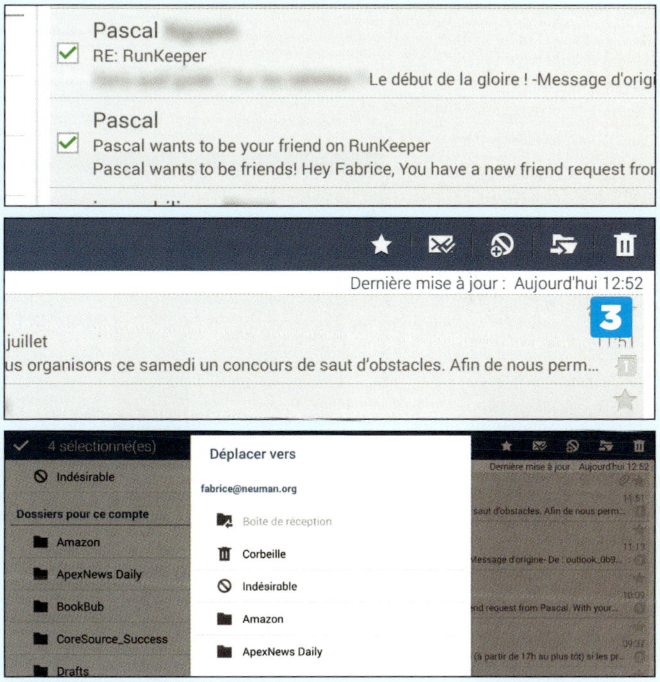

4 SUPPRIMER UN DOSSIER Vous n'avez plus besoin d'un dossier ? Supprimez-le. Pour cela, maintenez appuyé votre doigt sur le nom du dossier à éliminer. Un menu contextuel s'affiche dans lequel la commande « Supprimer » apparaît. Effleurez la commande, puis confirmez. Attention : tous les messages contenus dans le dossier sont également effacés. Certains dossiers, comme Boîte de réception, Brouillons, etc., ne peuvent pas être supprimés.

COMMUNIQUER AVEC HANGOUTS, L'OUTIL À TOUT FAIRE DE GOOGLE

Texte, audio et vidéo, tous les modes de conversations sont disponibles via l'application Hangouts de Google. Y compris en groupe.

Hangouts est le service de discussion instantanée de Google, aussi bien pour échanger des messages textes que pour converser en audio ou en vidéo. L'appli Hangouts est désormais installée en standard sur toutes les tablettes Android.

CRÉER UNE LISTE DE CONTACTS Si vous avez déjà créé un compte Gmail sur votre tablette, ce qui est fort probable, l'application Hangouts l'utilisera par défaut. Sinon, vous serez invité à le faire. Il ne vous restera plus qu'à vous créer une liste de contacts afin de pouvoir converser avec eux. Si vous utilisez déjà Google+, le réseau social de Google, vous verrez que certains de vos contacts en ligne apparaîtront dans votre liste de contacts Hangouts. Sinon, déroulez le menu d'options, via les trois points verticaux, et choisissez Invitations. Commencez à taper le nom ou l'adresse e-mail d'une personne que vous souhaitez contacter par Hangouts. Et ajoutez-la à votre liste de contacts.

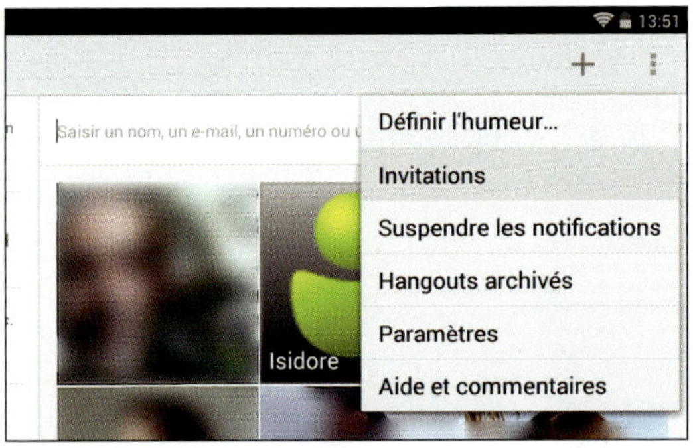

CRÉER UN HANGOUT Pour créer une conversation, tapez sur le signe « + » en haut à droite. Choisissez un de vos contacts dans la liste en dessous. Des vignettes d'images vous montrent les personnes avec lesquelles vous avez déjà conversé. En-dessous s'affiche la liste de vos contacts Hangouts.

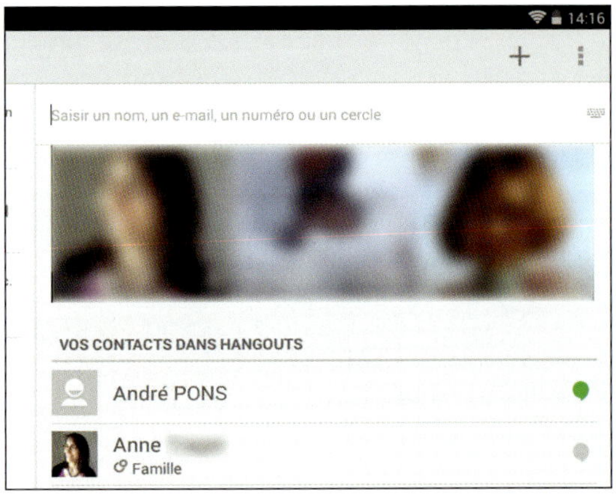

COMMENCER L'ÉCHANGE PAR QUELQUES MOTS AU CLAVIER Immédiatement, l'écran affiche le clavier virtuel et vous pouvez commencer la discussion en mode texte. Tapez quelques mots et envoyez via la touche en forme d'avion en papier. Votre correspondant reçoit une invitation à converser (**voir encadré p. suivante**).

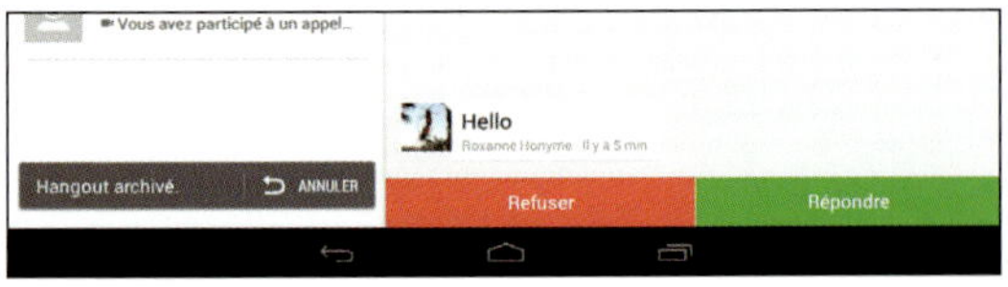

INVITER D'AUTRES PARTICIPANTS On pourrait appeler les Hangouts les derniers salons où l'on cause. Les conversations n'y sont effectivement pas limitées à deux personnes. Déroulez le menu d'options, les trois points verticaux en haut à droite, et choisissez « Participants et options ».

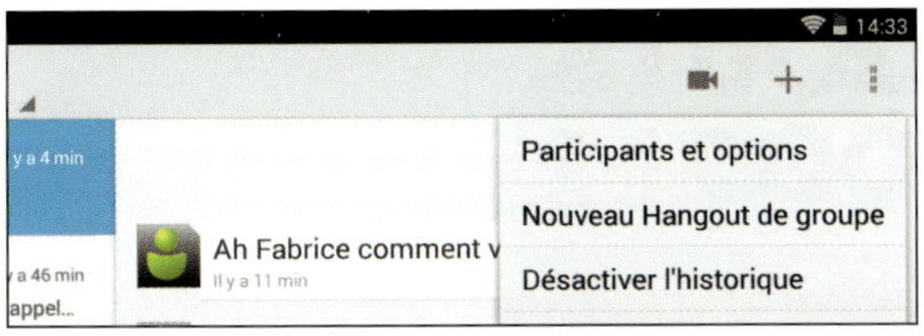

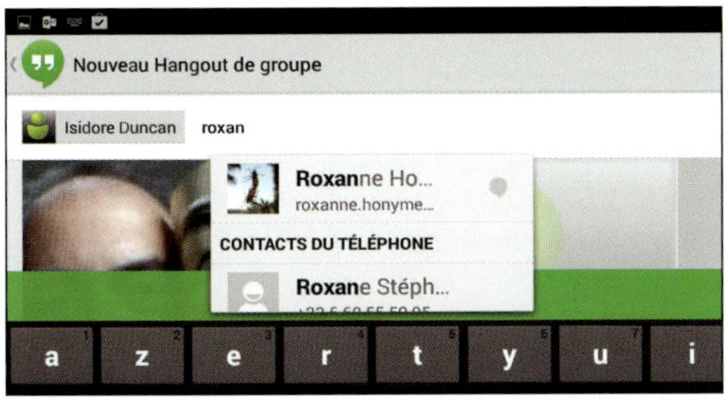

Dans l'écran suivant, tapez sur l'icône « silhouette » arborant un petit signe « + » et choisissez un nouveau participant dans la liste de vos contacts. Validez par le bouton OK. Le nouveau participant recevra une notification. Notez que ce faisant, vous créez en réalité une nouvelle conversation de groupe. C'est logique, car vous ne voulez pas forcément que les échanges que vous aviez préalablement eu à deux soient visibles par les autres participants invités après. En mode texte, le nombre de participants peut aller jusqu'à plusieurs dizaines. Dès lors, tous les messages envoyés parviennent en même temps à tous les participants.

MENER DES CONVERSATIONS DE GROUPE Attention donc à la cacophonie textuelle. Assurez-vous que personne d'autre n'est en train de taper un message avant de commencer le vôtre. C'est simple : trois points de suspension animés s'affichent à côté du nom de la personne en train de taper. Attendez donc qu'elle ait fini.

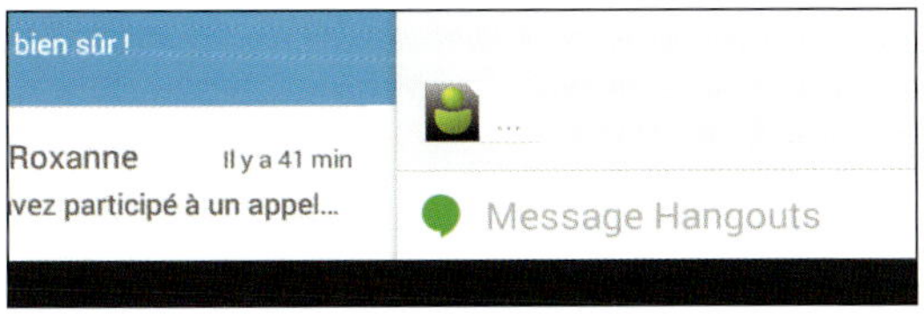

PASSER À LA VIDÉO Il suffit que l'un des participants touche l'icône caméra en haut de l'écran pour lancer un appel vidéo à tout le monde. Une fois que tous ont répondu, vous pouvez commencer à parler. Sur chaque appareil apparaît en plein écran la personne qui est en train de parler.

CHANGER DE CAMÉRA OU COUPER L'IMAGE Si la connexion n'est pas bonne ou si, tout simplement, vous n'avez pas envie de vous montrer, tapez une fois sur l'écran pour faire apparaître les options. Tapez sur la caméra pour changer de point de vue et montrer l'image produite par la caméra arrière si votre tablette en dispose. Ou bien coupez tout simplement la vidéo. Vous pouvez aussi couper le son d'une tape sur le micro, et choisir la manière dont sera diffusé le son que vous recevez d'une tape sur l'icône haut-parleur. Une tape sur le téléphone de couleur rouge vous permet de quitter la conversation. Mais les autres participants peuvent, eux, continuer sans vous.

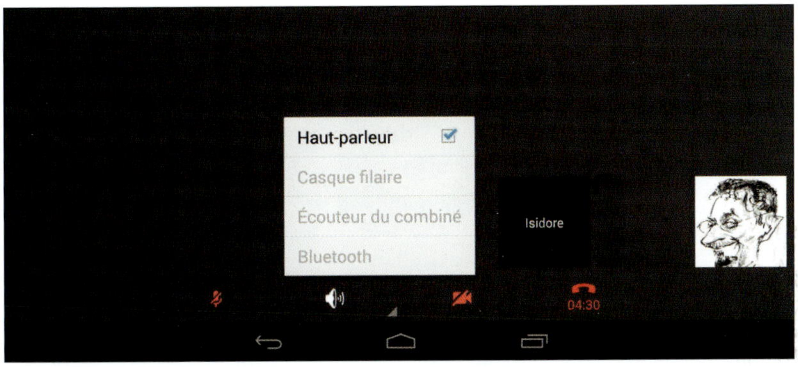

Accepter les Hangouts ou pas

Par défaut, toute personne avec qui vous souhaitez converser via Hangouts recevra une notification lorsque vous créerez une nouvelle conversation. Il en va donc de même pour vous. Cela dit, Hangouts et Google+ fonctionnant main dans la main, vous pouvez effectuer quelques petits réglages pour automatiquement accepter les demandes de Hangouts de certaines personnes. Pour cela, rendez-vous sur le site http://plus.google.com et connectez-vous avec votre compte Google. Rendez-vous dans les paramètres du réseau social (en survolant l'option Accueil pour faire apparaître le panneau latéral), et cliquez ensuite sur Personnaliser dans la section « Qui peut participer à un Hangout avec vous ? ». La liste de tous vos cercles Google+ apparaît et vous pouvez, pour chacun d'eux, déterminer si leurs membres peuvent participer directement à une conversation ou vous envoyer une demande. Vous pouvez par exemple créer un cercle spécifique à vos proches pour qu'ils puissent vous joindre facilement via Hangouts.

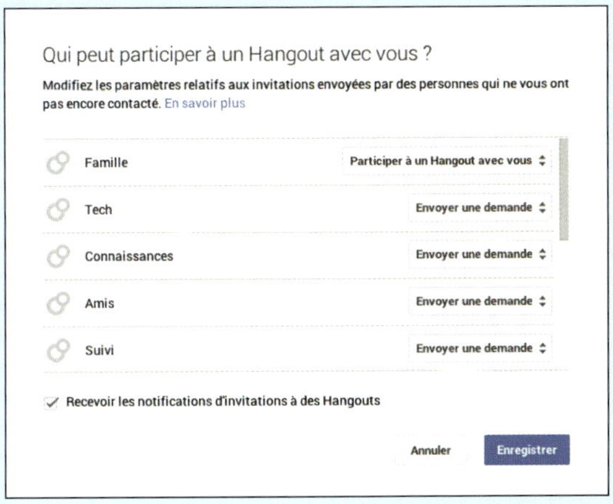

COMMUNIQUER AVEC SKYPE PAR ÉCRIT, EN AUDIO OU VIDÉO

1 INSTALLER L'APPLI SKYPE

Rendez-vous dans le Play Store et lancez une recherche sur le mot-clé Skype. Vous trouverez la célèbre icône bleue de l'application en un rien de temps. Une fois l'appli trouvée, appuyez sur « Installer ». Effleurez ensuite « Accepter et télécharger » pour autoriser l'application à accéder à certaines fonctions et à certaines de vos informations. À la fin du processus, appuyez sur « Ouvrir ». Skype se lance.

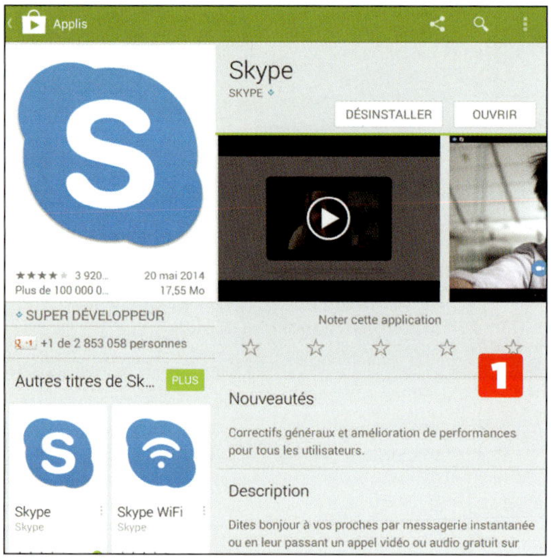

2 CRÉER UN COMPTE SKYPE

Pour utiliser ce service, vous devez disposer d'un compte. Créez-le si vous n'en possédez pas encore. Appuyez sur « Créer un compte » en bas de l'écran, puis indiquez vos nom, prénom, pseudo et mot de passe pour Skype, ainsi qu'une adresse e-mail. Appuyez sur « S'inscrire » en haut à droite. Après vérification de la disponibilité de votre pseudo et de la validité de votre mot de passe, l'interface de Skype apparaît.

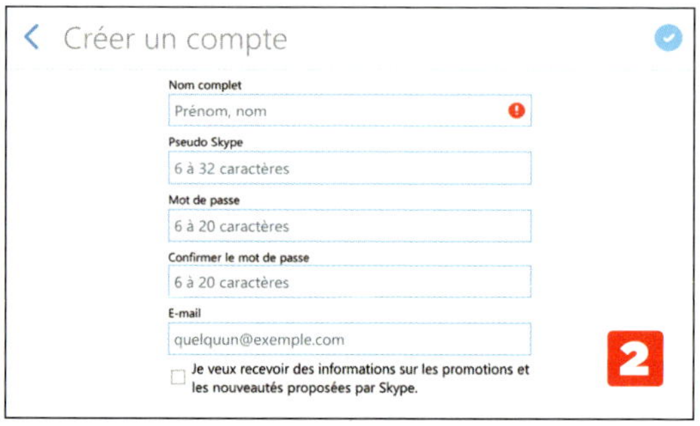

3 UTILISER UN COMPTE MICROSOFT

Skype étant la propriété de Microsoft, vous pouvez également utiliser votre compte Microsoft pour vous connecter à Skype. Un simple compte Hotmail, Live ou Outlook.com suffit.

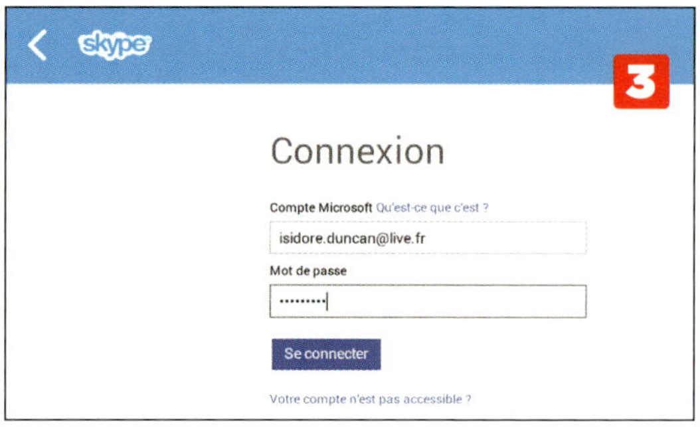

4 AJOUTER DES CONTACTS

Pour converser avec vos amis, il faut tout d'abord les enregistrer dans le carnet de contacts de Skype. Effleurez l'icône représentant une silhouette dotée d'un « + » puis sélectionnez « Ajouter des personnes » pour ajouter un correspondant. Le clavier virtuel apparaît et vous pouvez commencer à taper le nom de la personne que vous recherchez. Dans la liste qui apparaît en dessous, sélectionnez votre correspondant, puis appuyez sur « Ajouter aux contacts ». Une demande d'autorisation prête-à-envoyer s'affiche. Personnalisez éventuellement le message, puis appuyez sur « Envoyer ». Patientez. Lorsque votre contact accepte, sa photo ainsi que ses informations personnelles deviennent accessibles. Vous êtes désormais en relation.

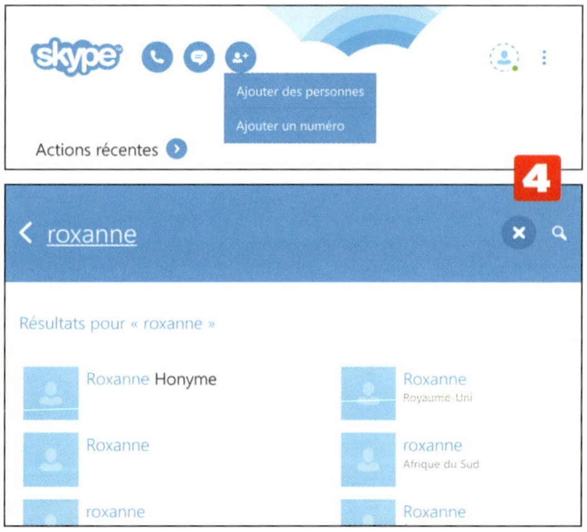

Protéger sa vie privée

Pour ne pas être dérangé par tous les quidams qui vous ont repéré sur Skype, ouvrez les paramètres. Puis, dans « Politique de confidentialité », assurez-vous que les options « Autoriser les messages de » et « Recevoir des appels de » affichent bien « Mes contacts uniquement ». Et si vous n'aimez pas l'idée que Microsoft, propriétaire de Skype, puisse vous envoyer des publicités ciblées, décochez donc la case portant cette mention.

DIFFICULTÉ ★★★★★ 5 MN

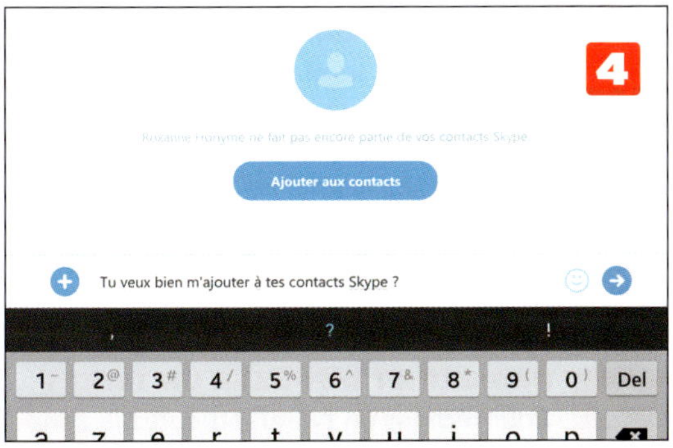

5 LANCER UN « TCHAT » Pour converser avec la messagerie instantanée de Skype, sélectionnez l'interlocuteur connecté. Vous savez qu'il est en ligne si un point vert s'affiche sur son icône. Si le point est jaune, c'est qu'il est absent. S'il est rouge, cela indique qu'il ne souhaite pas être dérangé (dans ce cas, les appels sont notifiés mais la sonnerie reste silencieuse de son côté). Dans la nouvelle fenêtre qui apparaît, saisissez votre message dans le champ en bas. Les réponses vous parviennent avec le nom de votre interlocuteur en titre.

6 ACTIVER LES APPELS AUDIO ET VIDÉO Skype permet de faire des vidéoconférences. Votre tablette vous permet de régler quelques paramètres, liés par exemple à la qualité de la vidéo. Accédez aux paramètres via le bouton aux trois points verticaux, puis rendez-vous dans « Appels voix et vidéos ».

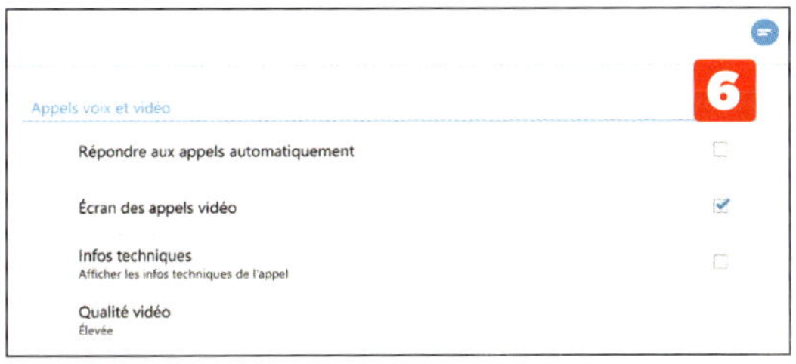

7 CONVERSER EN VIDÉO Sélectionnez un interlocuteur, puis effleurez la caméra en haut de l'écran. Ceci déclenche l'appel de votre interlocuteur en lui spécifiant qu'il s'agit d'un appel vidéo. Il peut accepter la conversation tout en refusant la vidéo, et donc ne continuer qu'en audio. Il en va de même pour vous lorsque vous recevez un appel. En sus d'une sonnerie qui indique qu'une personne essaie de vous joindre, trois icônes apparaissent à l'écran sous la photo de votre correspondant : le téléphone blanc sur fond rouge vous permet de refuser l'appel, le téléphone blanc sur fond vert pour n'accepter que la conversation audio et la caméra blanche sur fond vert pour accepter un échange audio et vidéo.

8 EN COURS D'APPEL En cours d'appel, effleurez l'écran pour faire apparaître quelques boutons en bas de l'écran. La caméra vous permet de changer le point de vue si votre tablette est munie d'un objectif à l'arrière. Le micro vous permet de passer en mode muet. Le phylactère vous permet d'envoyer un message texte. Et le bouton rouge sert bien sûr à raccrocher.

Ne pas rester connecté en permanence

Skype sur sa tablette, c'est pratique, mais ce n'est pas forcément bon pour l'autonomie. Or, l'application reste connectée tant que vous ne lui indiquez pas le contraire, y compris donc quand vous l'oubliez et que vous lancez d'autres applications. Lorsque vous avez fini un appel, tapez donc sur l'icône de votre profil, en haut à droite de l'écran, juste à côté du bouton d'options. Et choisissez ensuite Déconnexion, tout en bas du panneau latéral qui s'affiche à droite. Ne vous inquiétez pas, l'application saura se reconnecter toute seule dès que vous la lancerez de nouveau.

Play Store
APPLIS
JEUX
FILMS
MUSIQUE
LIVRES
KIOSQUE
PLUS
Jeux populaires
Candy Crush Saga
Candy Crush Saga, par les créateurs de Pet Rescue Saga et de Farm Heroes Saga !
Jessy Beaujean : 5 étoiles
Asphalt 8: Airborne
Order & Chaos Duels
Iron Man 3 - Le jeu officiel
60 jours gratuits de music
Streaming en illimité
Jeux : nouveautés
Et mises à jour
Calculatrice
Chat +
ChatON
Contacts
Editeur de...
Lecteur MP3
Internet

À DÉCOUVRIR DANS CES PAGES

INSTALLER ET GÉRER SES APPLICATIONS

Découvrir de nouvelles applis, les essayer, les adopter ou les désinstaller… Sur votre tablette Android, le téléchargement d'applications va devenir l'une de vos activités favorites. La boutique en ligne Play Store de Google regorge d'applis gratuites et payantes : il y en a des centaines de milliers ! Mais toutes ne valent pas forcément le détour. Voici nos conseils pour faire votre marché et tirer le meilleur parti de celles que vous conserverez dans vos tablettes.

INSTALLER DES APPLICATIONS DEPUIS LE GOOGLE PLAY STORE

Des dizaines de milliers d'applications vous attendent sur le Play Store. Elles sont très souvent gratuites et s'installent en moins d'une minute.

PLUS

✔ L'accueil du Play Store distingue les jeux des autres applis. Il s'agit juste d'une facilité. Les jeux s'installent et se gèrent comme les autres applis, ils figurent d'ailleurs aussi dans la section Applications.

✔ Pour faire profiter la communauté de votre expérience, notez les applis que vous avez essayées et laissez un avis sur leur fiche. À savoir : vos commentaires risquent d'être visibles sur votre compte du réseau social Google+.

✔ Via le panneau latéral d'options, vous pouvez passer d'un compte à l'autre si vous avez paramétré plusieurs comptes Google sur votre tablette. C'est parfois le cas lorsque vous avez un compte perso et un compte d'entreprise. Il vous suffit de taper sur la flèche à droite du nom du compte pour dérouler le menu affichant tous les comptes disponibles.

L'immense majorité des tablettes équipées d'Android vous donnent accès au magasin d'applications concocté par Google. Voyons d'abord ses atouts face aux principales autres boutiques Android.

- **Le Google Play Store**, reconnaissable à son icône en forme de cabas, rassemble des centaines de milliers d'applis conçues par des milliers d'éditeurs. Ce sera votre référence !
- **Le magasin Samsung Apps** complète la boutique Google sur les tablettes Samsung. Ses inconvénients : il est nettement moins fourni que Google Play, et vous devrez racheter l'appli si votre prochain appareil n'est pas une tablette de la marque.
- **L'App-Shop d'Amazon** remplace le Google Play Store sur les tablettes Amazon Kindle. On y retrouve les applis populaires, avec en prime une appli gratuite par jour (**voir p. 86**). Sur une Kindle, l'accès au Play Store de Google vous est, hélas, interdit, bien qu'il soit possible d'y remédier grâce à des manipulations un peu complexes.

ASSOCIER UN COMPTE GOOGLE Pour télécharger des applis sur le Play Store, un compte Google doit être associé à la tablette (**voir p. 22**). Si ce n'est pas le cas, affichez le panneau latéral d'options en faisant glisser le doigt depuis le bord gauche de l'écran, puis Comptes, et « Ajouter un compte ». Ici, vous pourrez en créer un ou déclarer un compte existant, par exemple votre adresse Gmail. Vous n'aurez pas à indiquer de numéro de carte bancaire (**voir p. 81**) si vous ne piochez que des applis gratuites. Et il y en a beaucoup ! Sur une tablette 3G/4G, privilégiez autant que possible la connexion Wi-Fi afin de préserver votre quota mensuel de données.

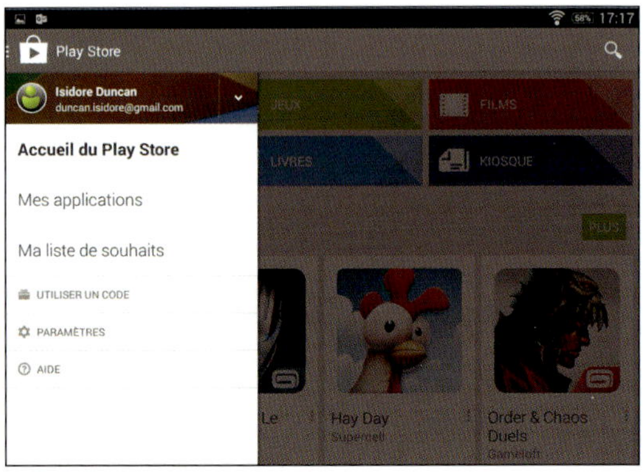

DÉCOUVRIR GOOGLE PLAY Google affine régulièrement la présentation de sa boutique numérique. Il se peut donc que son design diffère quelque peu de celui visible sur nos illustrations. Il s'agit surtout de changements cosmétiques, vous retrouverez bien sûr toutes les options que nous vous présentons ici. Y compris l'achat et la location de films, livres, musiques et séries TV, abordés au chapitre 9.

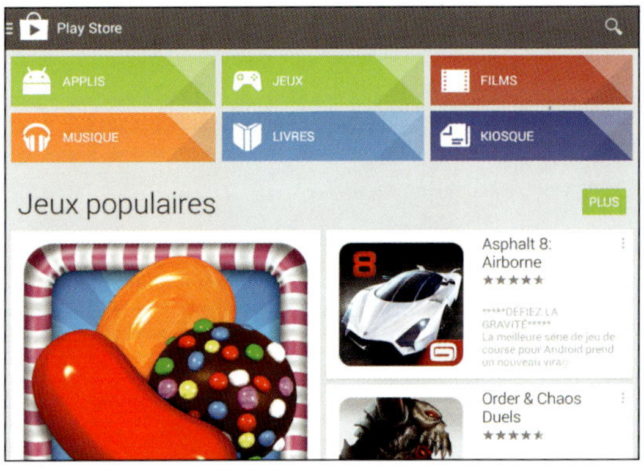

PARCOURIR LES APPLIS Rendez-vous dans la section Applications ou dans la section Jeux pour parcourir les sélections mises en avant par Google. Certaines sont immuables : Top payant, Top gratuit, Les plus rentables (pour leurs auteurs), Top des nouveautés, etc. Vous y accédez d'une glissade du doigt vers la gauche ou la droite.

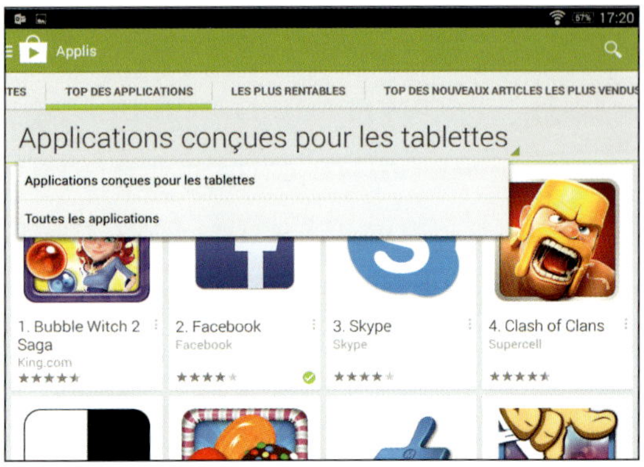

Il y a aussi la liste des Catégories : jeux, actualités, divertissement, productivité… Dans l'onglet Accueil, vous dénicherez également une sélection d'applis conçues pour les tablettes.

TROUVER UNE APPLI POUR TABLETTE Si vous connaissez le nom approximatif d'une application, profitez du champ de recherche (icône Loupe) en haut à droite et tapez son nom, sans vous embarrasser des voyelles accentuées. Google vous fait des suggestions sitôt les premières lettres tapées, mais vous n'avez pas intérêt à toucher la première icône d'appli qui vous est suggérée, même si elle semble

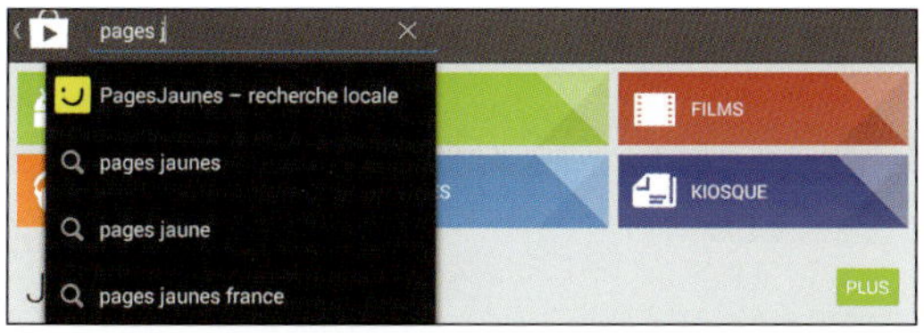

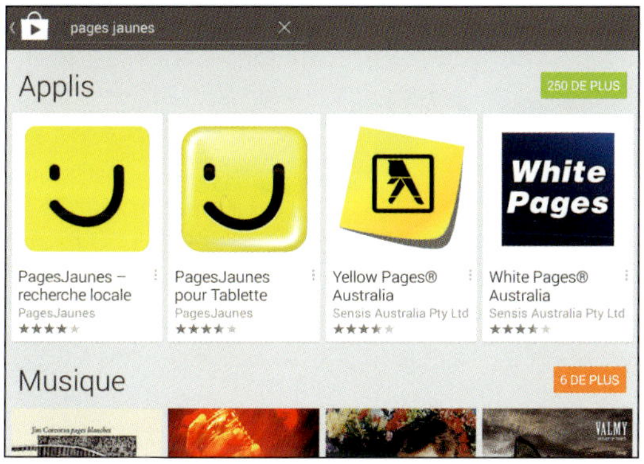

vous convenir : cela vous permettra de voir plus clairement si l'appli est proposée en deux versions, l'une pour téléphone mobile, l'autre pour tablette que vous choisirez évidemment. D'ailleurs, en faisant une recherche sur le mot tablette, vous trouverez de nombreuses applis mieux adaptées à votre affichage. La liste s'étoffe régulièrement. Notez également que les catégories vous proposent un menu déroulant en haut, vous permettant de restreindre l'affichage aux seules applications conçues pour les tablettes. Vous y choisirez l'option « Toutes les applications » pour installer sur la tablette une appli pour smartphone.

CONSULTER UNE FICHE Sélectionnez la fiche d'une appli gratuite qui vous intéresse. Parfois, un message vous indique qu'elle ne peut pas s'installer sur votre appareil. Cela peut s'expliquer de plusieurs manières : soit

votre version d'Android est trop ancienne, votre tablette ne comporte pas de capteur photo, ou encore il s'agit d'une application spécifique à un constructeur différent de celui qui a conçu votre tablette. Dans ce cas, le bouton Installer est masqué. Sinon, jetez un coup d'œil à sa description. Le nombre de téléchargements ainsi que le nombre d'étoiles, qui correspond au jugement des utilisateurs, sont d'excellents indicateurs. Lisez quelques-uns de ces avis d'utilisateurs (bouton « Tous les avis »), ils vous feront gagner du temps pour savoir si l'appli vaut le détour. Les avis peuvent être classés selon différents critères, par exemple les plus récents en premier, ou ceux ne concernant que la dernière mise à jour de l'application. L'appli vous plaît ? Si vous ne souhaitez pas la télécharger tout de suite parce que vous êtes connecté en 3G/4G, touchez en haut l'icône « Ajouter à la liste de souhaits » ; de retour à la maison, vous la téléchargerez en Wi-Fi via le panneau latéral d'options, puis « Ma liste de souhaits ».

INSTALLER UNE APPLI GRATUITE Touchez le bouton Installer. Google vous indique toutes les autorisations que vous devez accorder à l'appli : accéder au réseau, au stockage, etc. Il n'est pas possible de rejeter

Désinstaller une appli

Vous pouvez procéder de différentes manières :

- Dans le Play Store, consultez la fiche puis pressez le bouton Désinstaller.
- Dans la liste de toutes vos applis installées, accessibles depuis le bouton à damier de votre écran d'accueil, pressez longuement l'icône de l'appli et glissez-la vers le haut de l'écran vers la croix ou la mention « Désinstaller ».
- Dans les Paramètres de la tablette, section Applications, touchez l'icône de l'appli puis le bouton « Désinstaller » afin de la supprimer pour l'utilisateur actif. Déroulez le menu d'options (les trois points verticaux) pour la « Désinstaller pour tous les utilisateurs ».

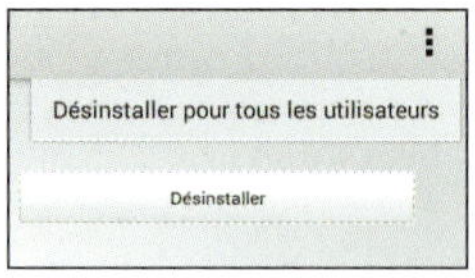

- Sur le site play.google.com, onglet « Mes applis Android », désinstallez aussi les applis de vos appareils (**voir p. 79**).

certaines de ces permissions, c'est tout ou rien. Touchez le bouton Accepter... L'appli commence à se charger. En attendant, vous pouvez consulter d'autres fiches ou même sortir de Google Play. Si votre tablette fonctionne avec une version récente d'Android, le volet des notifications (**voir p. 32**) vous indique son statut : En cours de téléchargement, puis Installation, puis Installation réussie. Dans la fiche de l'appli du Play Store, à tout moment, vous pouvez indiquer si vous préférez qu'elle se mette à jour automatiquement ou manuellement (**voir p. 82**). Lorsqu'une appli est installée, sa fiche vous présente aussi des boutons pour l'ouvrir, la mettre à jour (si nécessaire) ou la désinstaller.

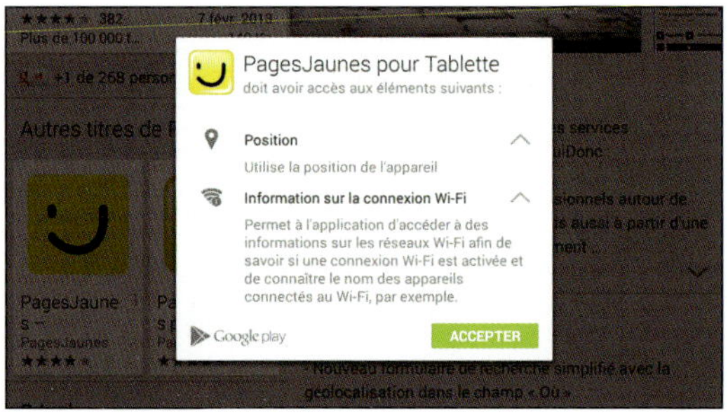

CHOISIR COMMENT L'APPLI DOIT FIGURER SUR L'ÉCRAN D'ACCUEIL Quand vous installez une appli, son icône s'ajoute d'office à l'un de vos écrans d'accueil. Si ce comportement vous déplaît, appelez le panneau latéral d'options (glissement du doigt depuis le bord gauche ou d'une tape sur le coin supérieur gauche) et choisissez l'option Paramètres. Dans le nouvel écran, décochez la case « Ajoutez l'icône à l'écran d'accueil ». Bien sûr, rien ne vous empêchera par la suite d'ajouter vous-même l'icône de l'application sur l'un de vos écrans d'accueil (**voir p. 44**). Dans la liste de vos applications installées, vérifiez aussi si la nouvelle appli n'aurait pas apporté avec elle un widget que vous pourrez aussi installer sur un de vos écrans d'accueil (**voir p. 46**).

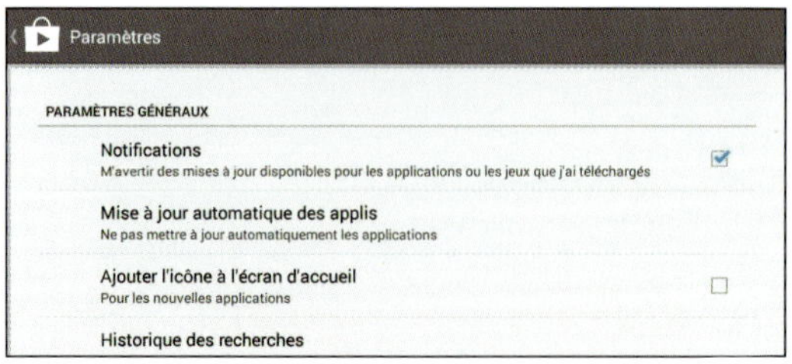

INSTALLER UNE APPLI SUR PLUSIEURS COMPTES D'UTILISATEURS Si vous possédez une tablette équipée d'Android en version 4.2 ou supérieure, peut-être avez-vous créé des comptes pour chaque membre de la famille (**voir p. 54**). Sachez alors qu'une appli ne s'installe que dans le compte actif. Il vous faudra réinstaller l'appli dans chaque compte en passant par Google Play... et la repayer le cas échéant. N'importe quel utilisateur peut en demander la mise à jour (il peut aussi la désinstaller pour lui ou pour tout le monde, lire ci-contre). Nous avons, par ailleurs, constaté que certaines applis (pas celles conçues par Google !) ne gèrent pas le mode multicompte et ne conservent les paramètres que du dernier utilisateur en date. Si vous ne souhaitez pas que vos enfants puissent acheter une appli sans autorisation, n'associez pas de carte bancaire à leur compte Google (**voir p. 81**).

VOIR LA LISTE DES APPLIS INSTALLÉES Dans le Play Store, affichez le panneau latéral d'option et touchez l'icône « Mes applications » pour voir la liste des applis installées sur votre tablette, pour l'utilisateur actif. Touchez la mention Toutes, en haut de l'écran, pour voir toutes les applications associées à votre compte et pas seulement celles déjà installées. Cela vous permettra de remettre rapidement la main sur une application que vous aviez essayée auparavant, ou installée sur votre smartphone Android mais pas encore sur la tablette. Notez la petite croix en haut à droite de la vignette de chaque appli. Elle vous permet de la retirer de la liste des applis associées à votre compte. C'est bien pratique pour ne plus voir les applis que vous ne réinstallerez jamais. Cela dit, cela ne vous empêchera pas de changer d'avis : l'appli disparaît de la liste, mais pas du Play Store. Vous pourrez donc y revenir en la cherchant dans le magasin.

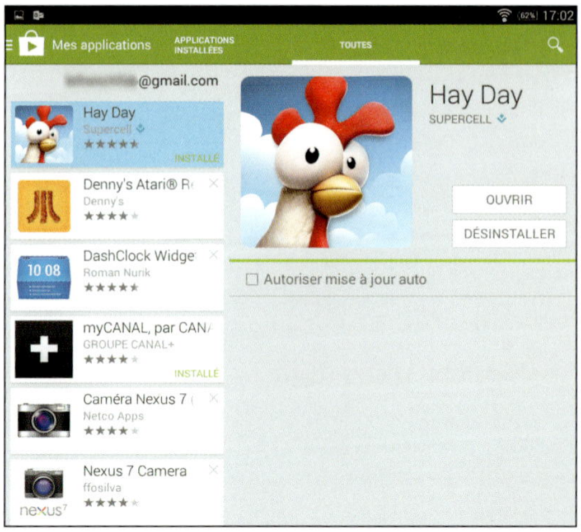

INSTALLER DES APPLIS SUR SA TABLETTE DEPUIS SON ORDI

Profitez du confort du grand écran de votre PC pour choisir les applis de votre tablette. Le Play Store est accessible depuis n'importe quel navigateur Internet. Et vous n'avez pas besoin de brancher la tablette au PC.

SE CONNECTER À SON COMPTE GOOGLE

Sur votre ordinateur, lancez votre navigateur Internet et rendez-vous sur play.google.com pour accéder à la boutique d'applications, de films, de musiques et de livres de Google. Via le bouton Connexion en haut à droite, vous devez vous connecter au même compte Google que celui déclaré sur la tablette. Si vous n'avez pas de compte ou si vous ne vous êtes jamais connecté à ce compte sur la tablette, mieux vaut d'abord procéder, côté tablette, à la création ou à l'association d'un compte Google (**voir p. 58**). En revanche, il n'est pas nécessaire de relier la tablette tactile à votre ordinateur, car vous ne téléchargerez strictement rien sur l'ordi. Votre tablette pourrait même être éteinte, cela n'a aucune importance : les applications que vous sélectionnez sur l'ordinateur se téléchargeront sur la tablette la prochaine fois qu'elle se connectera à Internet en Wi-Fi ou en 3G/4G (pour limiter les téléchargements au seul Wi-Fi, **voir p. 82**).

SE RENDRE DANS LA BOUTIQUE D'APPLIS

Une fois connecté à votre compte, sur le site Google Play, cliquez dans la colonne de gauche sur Applications. Faites défiler la page pour découvrir quelques catégories mises en avant, comme les Nouveautés ou les Recommandations. Pour voir toutes les catégories, cliquez sur le bouton du même nom en haut à gauche. Ou choisissez l'onglet « Populaires » pour obtenir la même liste que celle que vous avez pu consulter sur la tablette, affichant les meilleures ventes, les applis les plus rentables, etc.

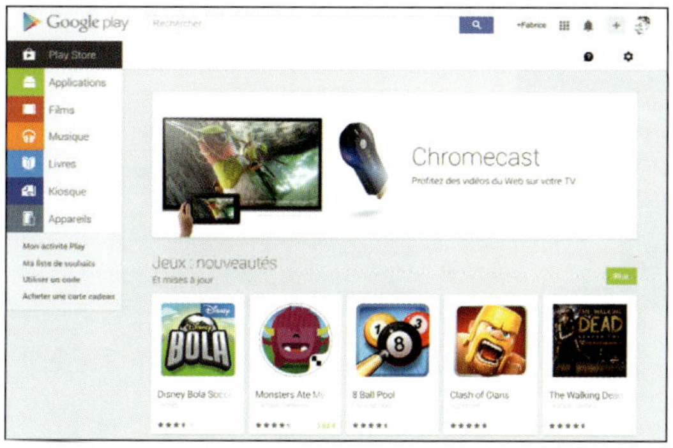

TROUVER N'IMPORTE QUELLE APPLI

Pour trouver une application spécifique, vous disposez également d'un champ de recherche dans lequel vous taperez le nom d'une appli ou même des termes génériques comme traitement de texte ou gestionnaire de fichiers. Dans la page des résultats de la recherche, notez en haut le menu déroulant vous permettant de n'afficher que les applis gratuites ou payantes.

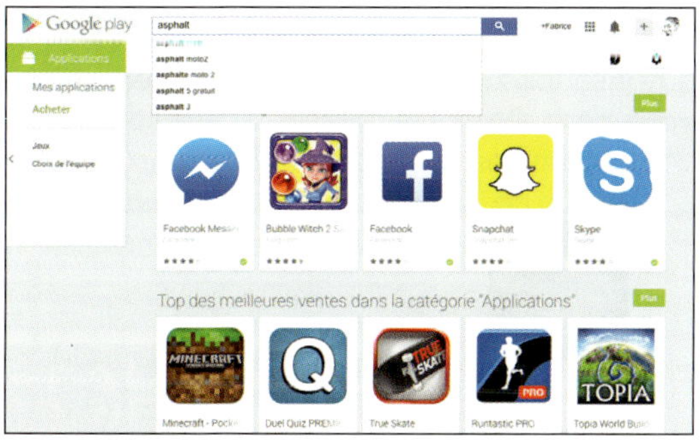

CONSULTER UNE FICHE Cliquez sur l'icône d'une appli pour voir sa fiche avant de l'installer. Sous le nom de l'appli, un bouton affiche le mot Installer si l'appli est gratuite ou son prix. Juste en dessous, une mention indique si l'appli est compatible avec votre ou vos appareils. Cliquez dessus pour en voir la liste complète : une coche et l'appareil est compatible ; une croix et il va falloir trouver une autre application pour cet appareil.

PLUS

✔ L'espace mémoire d'une tablette se compte en gigaoctets, par exemple 16 Go. 1 Go correspond grosso modo à 1 milliard de caractères.

✔ Pour savoir ce que vous « coûte » en mémoire l'installation d'une appli, retenez que 1 Go correspond à environ 1000 Mo (mégaoctets), et que 1 Mo correspond à 1000 Ko (kilooctets).

✔ Si la fiche d'une appli indique que sa taille est de 500 Ko, l'espace occupé est donc minuscule. En revanche, certains jeux occupent 150 Mo voire plus, ce qui commence à compter.

✔ Par comparaison, une chanson MP3 occupe de 3 à 5 Mo. Si vous en copiez 1000 dans votre tablette, elles occuperont donc de 3 à 5 Go. Un film réclame de 700 Mo à 1,5 Go, voire bien plus s'il est en HD.

DIFFICULTÉ ★★★★★ 5 MN

GARDER À JOUR TOUTES LES APPLICATIONS INSTALLÉES

PLUS

✔ Android lui-même peut faire l'objet de mises à jour. Celles-ci ne sont pas automatiques, vous devez en faire la demande… à condition que le fabricant de votre tablette le propose, ce qui n'est pas toujours le cas.

✔ Une mise à jour occupe souvent plus d'espace que la version précédente. Vérifiez l'espace mémoire libre avant de tout mettre à jour (voir Plus, p. 82).

✔ La plupart des applis continuent de fonctionner même si vous n'utilisez pas la dernière version. Plus rarement, elles vous obligent à les actualiser.

✔ Lisez les avis des utilisateurs avant d'effectuer la mise à jour d'une appli importante pour vous. Parfois, la « nouveauté » consiste en simple un bandeau publicitaire, voire à une régression de l'appli !

1 **EN WI-FI OU EN 3G ?** Régulièrement, les applis sont mises à jour par leurs auteurs pour corriger des bugs et ajouter des fonctions. Le Play Store peut vous indiquer dans le volet des notifications (**voir p. 32**) que des mises à jour sont disponibles, et vous propose trois stratégies. Soit mettre à jour vous-même vos applis ; vous pourrez ainsi consulter la fiche de l'appli dans le Play Store et découvrir ses nouveautés. Soit demander la mise à jour automatique de toutes les applis, mais uniquement quand vous êtes connecté en Wi-Fi. Soit, enfin, demander d'office la mise à jour, en Wi-Fi ou en 3G, ce qui n'est vraiment pas souhaitable car votre quota mensuel de données 3G est probablement limité.

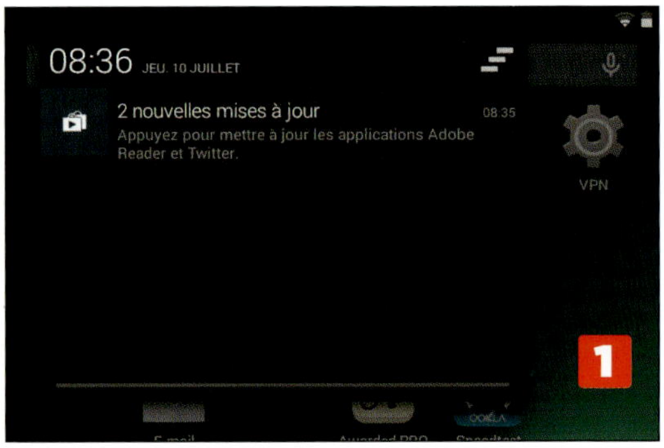

2 **ÊTRE NOTIFIÉ OU DEMANDER LA MISE À JOUR AUTO** Dans le Play Store, faites apparaître le panneau latéral d'options et choisissez Paramètres. Vérifiez d'abord que la case Notifications est bien cochée, puis touchez l'option « Mise à jour automatique des applis » pour choisir entre une mise à jour manuelle, ou en Wi-Fi / 3G, ou en Wi-Fi seulement. La tablette décide du meilleur moment pour actualiser automatiquement les applis, la mise à jour n'est pas nécessairement immédiate. Notez qu'il arrive parfois qu'une mise à jour se déclenche pendant que vous utilisez l'application concernée. Si cela arrive trop souvent, passez à la mise à jour manuelle.

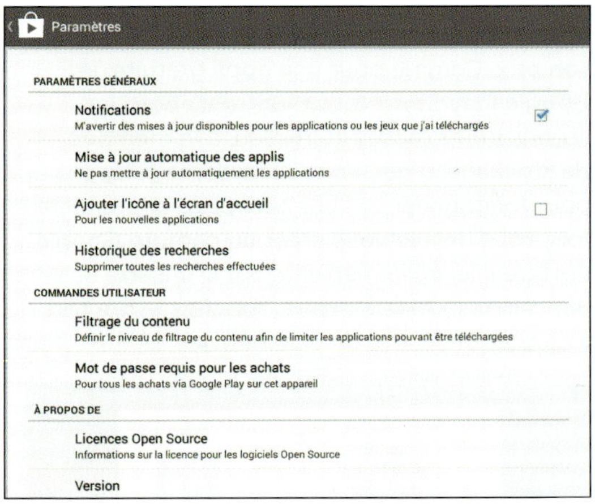

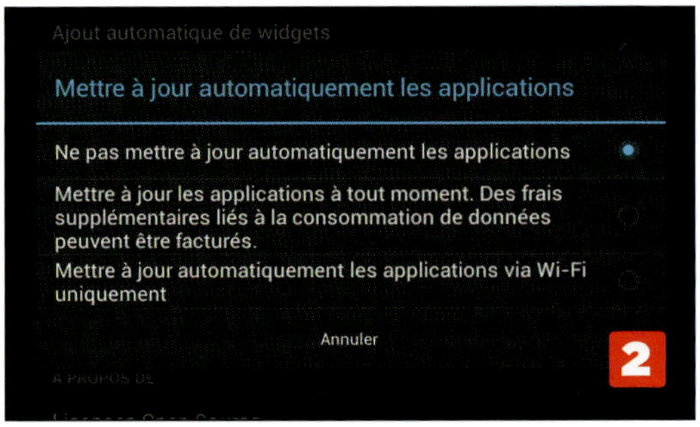

3 **VOIR LA LISTE DES APPLIS À ACTUALISER** Dans le panneau latéral, choisissez Mes applications. Ici s'affichent toutes les applis installées avec, en premier, celles qui nécessitent une mise à jour. Le bouton « Tout mettre à jour » permet de lancer la procédure pour toutes les applications en même temps. Mais vous pouvez opérer appli par appli via le bouton « Mise à jour » associé à chacune. Si vous utilisez une tablette à petit écran, 7 pouces par exemple, faites-la pivoter en mode Paysage. À gauche sont listées les applis. Sélectionnez-en une : sa fiche apparaît à droite. Là, une case « Autoriser mise à jour auto » sert à indiquer, pour chaque appli, si vous souhaitez ou non son actualisation automatique. Cette case n'est opérationnelle que si vous avez demandé la mise à jour automatique comme vu à l'étape 2.

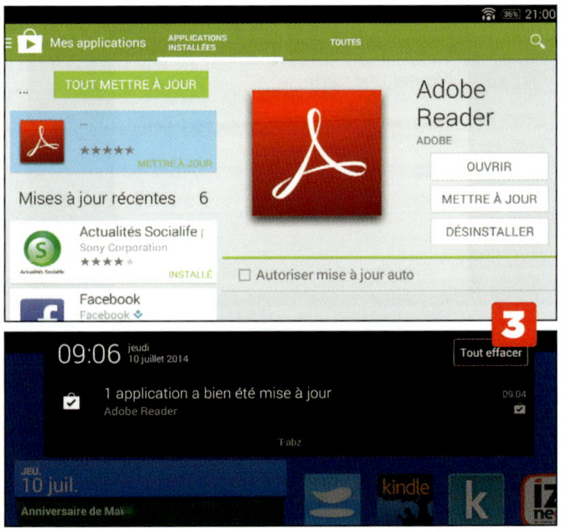

DIFFICULTÉ ★★★★★ 5 MN

CHOISIR LES APPLICATIONS LANCÉES PAR DÉFAUT

1 PLUSIEURS APPLICATIONS POUR OUVRIR UN MÊME FICHIER

Votre tablette vous est fournie avec l'essentiel pour consommer des fichiers multimédias, mais au fil du temps, vous allez installer de nombreuses applis capables d'ouvrir, par exemple, des photos, des vidéos, des e-books, des pages Web ou même des documents bureautiques aux formats PDF et Word. Lorsqu'une appli s'installe, elle indique au système Android les types de fichiers qu'elle sait gérer. Certaines applis - notamment les explorateurs de fichiers qui vous permettent de naviguer dans la mémoire de la tablette - vous donneront donc le choix quand vous demanderez à ouvrir tel ou tel type de fichier, par exemple une vidéo: soit toujours ouvrir ces fichiers avec une appli que vous précisez, soit vous demander laquelle utiliser à chaque fois. Ci-dessous, voici par exemple l'application de gestion de fichiers File Commander, depuis laquelle vous souhaitez ouvrir une vidéo. Touchez deux fois l'icône d'une des applis proposées pour indiquer que ce choix n'est valable qu'une seule fois. Sinon, sélectionnez l'appli d'une tape, puis pressez le bouton Toujours.

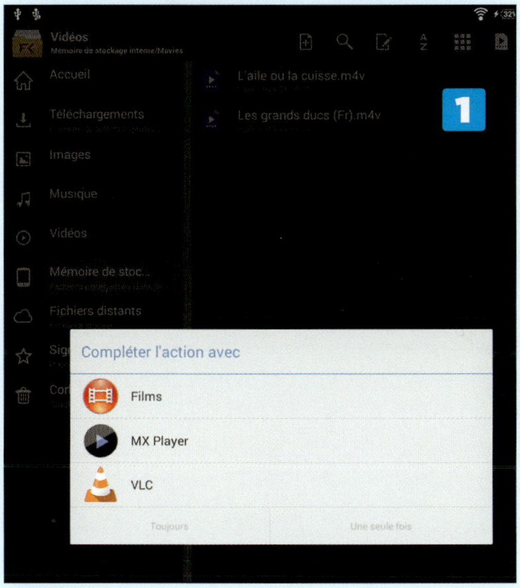

2 FAIRE UN CHOIX DANS CHAQUE APPLI

Dans le gestionnaire de fichiers, supposons que vous ayez demandé à toujours ouvrir les clips vidéo avec MX Player. File Commander conserve ce choix… qui n'a aucune incidence sur vos autres applis. La preuve : nous voici maintenant dans Astro, un concurrent de File Commander. Vous demandez à lire la même vidéo: l'appli Astro vous présente un choix comparable.

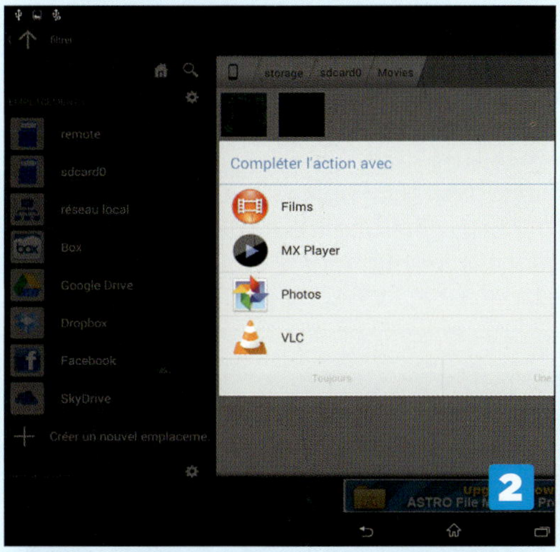

3 SUPPRIMER L'APPLI PAR DÉFAUT

Si vous souhaitez supprimer une telle association, rendez-vous dans Paramètres, section Applications. Sélectionnez l'appli qui sert à ouvrir le fichier (l'appli MX Player, dans notre exemple) et, à la section « Lancer par défaut », touchez le bouton « Effacer les actions par défaut ». Cela supprime, hélas, toutes les associations de l'application, vous devrez donc les recréer s'il en existait d'autres qui vous convenaient.

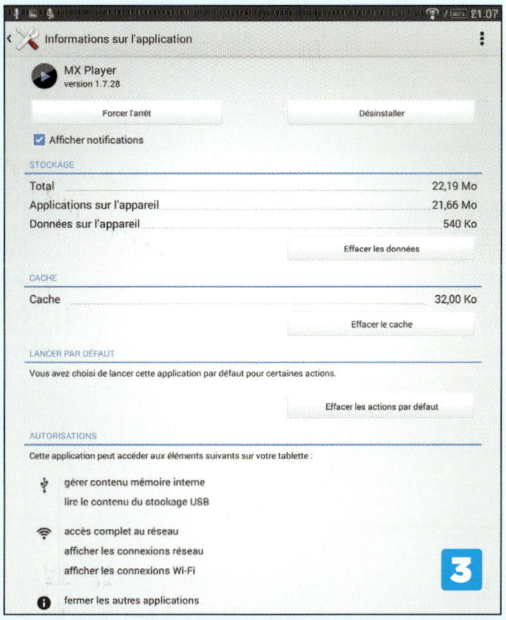

Ouvrir d'office le Play Store

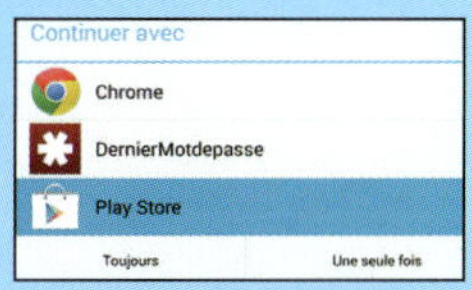

De nombreux sites Web et blogs vous conseillent dans le choix de vos applis Android. Ils ne manquent pas de vous fournir un lien vers la fiche de l'appli sur le Play Store. Lorsque vous touchez ce lien, le navigateur Internet vous demande si vous souhaitez ouvrir le lien dans l'un des navigateurs Web installés sur la tablette ou bien directement dans le Google Play Store. Ce dernier choix nous semble plus judicieux. Touchez alors l'icône du Play Store qui vous est présentée, puis le bouton « Toujours » afin que ce choix soit conservé. Vous pourrez revenir sur cette décision en vous rendant dans les paramètres de l'appli (ici l'appli Play Store, donc) comme expliqué ci-contre à l'étape 3.

MODIFIER LES PARAMÈTRES DE TOUTES SES APPLICATIONS

En plus du système, vous pouvez aussi changer les paramètres de chacune des applications installées sur votre tablette.

Les applis les plus simples ne proposent pas forcément de réglages spécifiques. Les jeux ont parfois une interface qui met ces réglages judicieusement en avant, en particulier lorsqu'il est possible d'adapter la manière de jouer ou le volume des effets sonores. Cherchez une roue dentée, c'est souvent derrière une icône de ce genre que se cachent les réglages d'une appli, comme ici l'excellent jeu de conduite Asphalt 8.

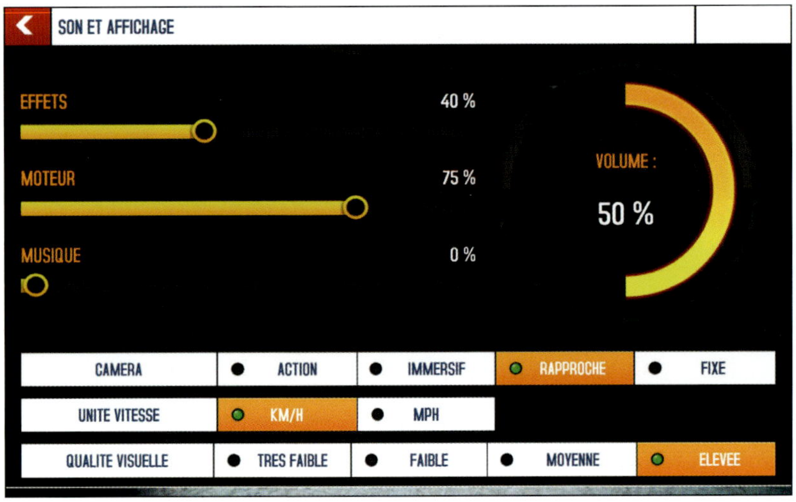

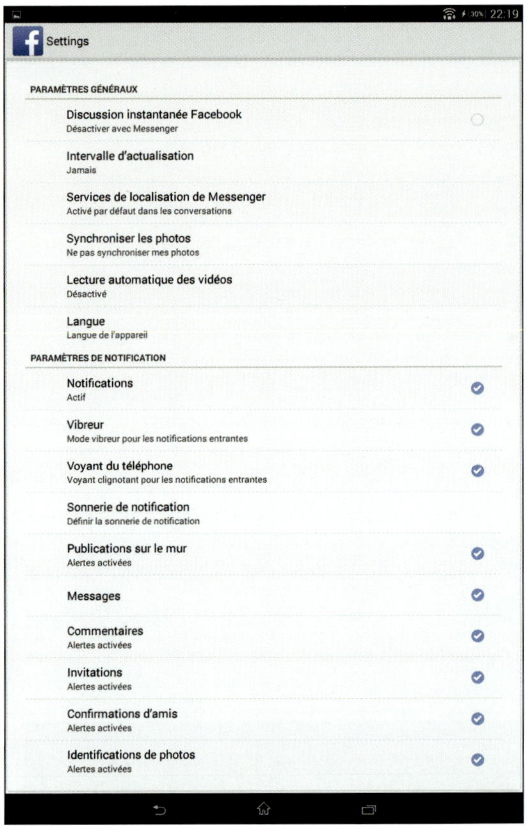

COLLECTION D'OPTIONS Certaines applis, comme celle de Facebook, ont une liste d'options si longue et complexe que plusieurs écrans sont nécessaires pour les présenter. Pour y accéder, tapez sur l'icône en forme de 3 traits superposés. Il ne vous reste plus qu'à vous balader dans tous les paramètres de l'appli.

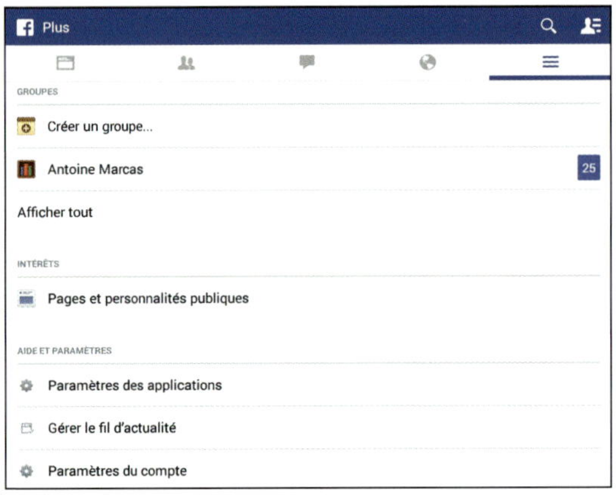

ACCÉDER AUX PARAMÈTRES VIA LE MENU Les applications plus classiques, en accord avec les conventions d'Android, rangeront une entrée « Paramètres » dans le menu déroulant de l'application, accessible depuis le bouton arborant trois petits points ou traits superposés. Ce bouton se trouve en général dans le coin supérieur droit de l'écran, mais il peut arriver qu'il soit relégué en bas, comme c'est le cas avec l'application Horloge. Dans tous les cas, n'hésitez pas à visiter ces options, vous y trouverez souvent des réglages intéressants.

LES OPTIONS DE L'APPLI SERVANT À INSTALLER DES APPLIS L'application « Play Store » propose ainsi son jeu de paramètres. C'est dans ce panneau que vous aurez la possibilité de choisir si vous souhaitez que les applications se mettent automatiquement à jour ou si elles doivent systématiquement ajouter un widget à l'écran d'accueil. Vous y activerez aussi le filtrage des contenus ainsi que la protection par mot de passe pour autoriser l'installation d'une application. Ces deux fonctions sont essentielles pour protéger vos enfants des applis pour adultes…

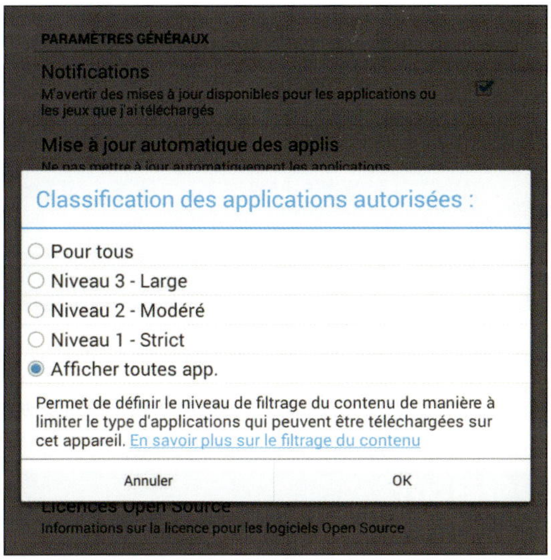

L'HEURE ET BIEN PLUS Les paramètres de l'application Horloge permettent de définir le temps de pause entre chaque sonnerie de votre réveil ou de remplacer ses chiffres par des aiguilles. C'est dans les paramètres de l'horloge que vous pouvez choisir un double affichage lorsque vous voyagez à l'étranger.

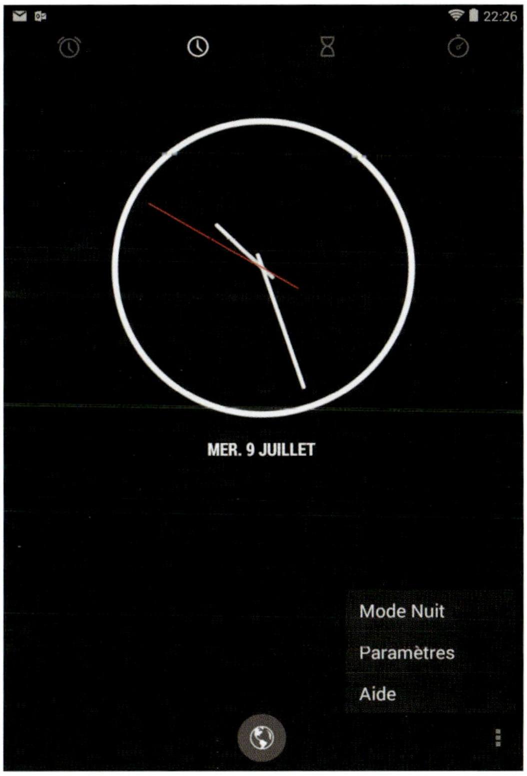

TOUTES LES OPTIONS SYSTÈME DE CHAQUE APPLICATION Rendez-vous dans les Paramètres de la tablette, puis dans la section Applications. La liste de tous les programmes installés s'affiche. Tapez sur le nom de l'une d'entre elles. L'écran suivant présente de nombreuses options permettant par exemple d'en forcer l'arrêt si jamais elle se comporte bizarrement. Un autre bouton vous permet aussi de la désinstaller. Notez également la case permettant d'activer ou non les notifications liées à cette appli. Si vous la décochez, cette application ne viendra plus jamais remplir votre volet de notification. L'écran vous indique aussi l'espace mémoire occupé par l'application et vous rappelle toutes les autorisations que vous avez accordées à l'application au moment de son installation. Cela dit, comme au moment de l'installation, vous n'y pouvez plus grand chose. Et si vous trouvez que les autorisations sont trop nombreuses, il ne vous reste plus qu'à désinstaller l'appli. Une exception toutefois : vous pouvez refuser qu'une application accède à votre position géographique, via la section Localisation des Paramètres.

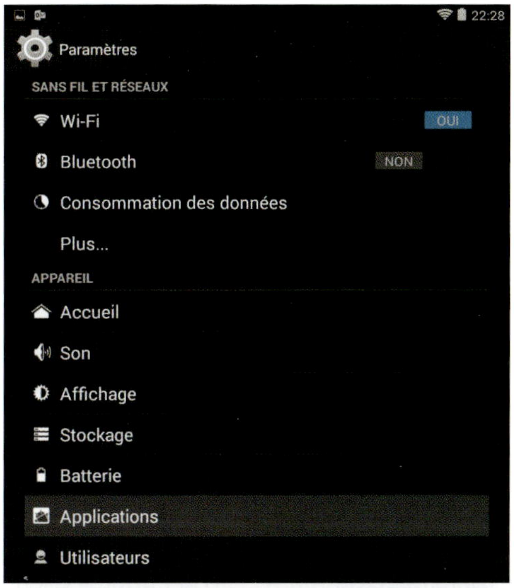

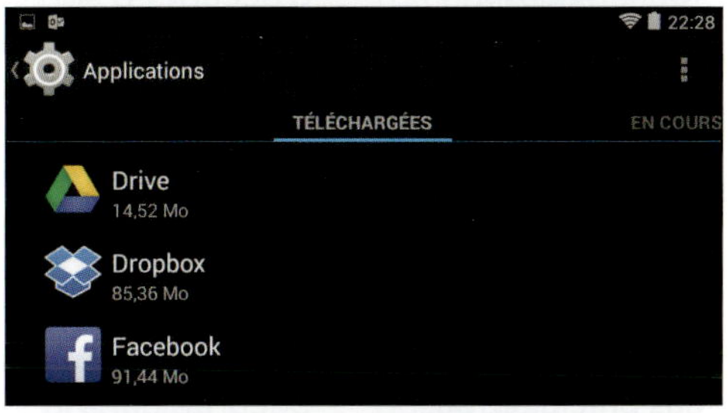

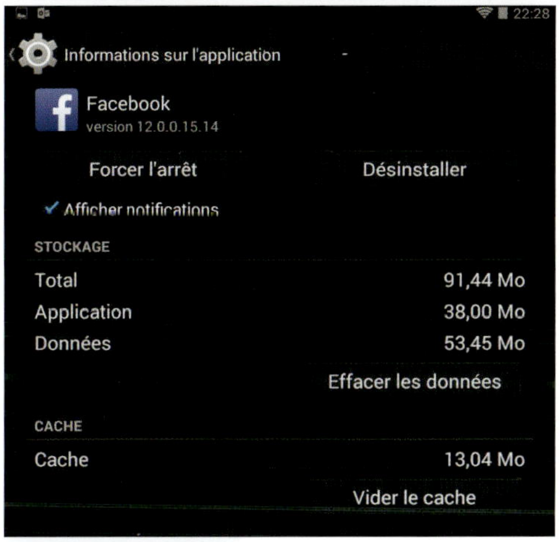

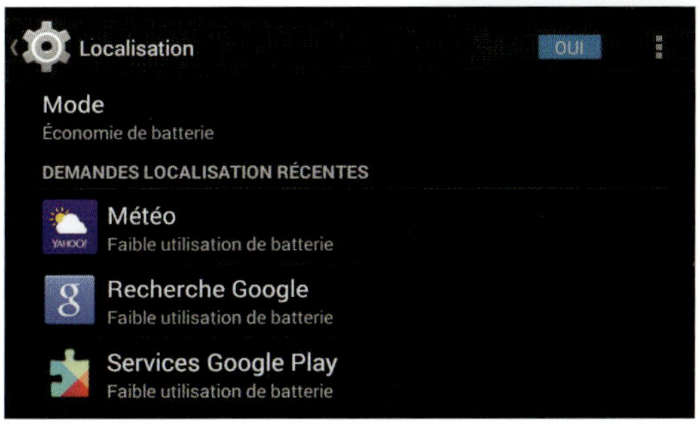

LES APPLIS INCONTOURNABLES POUR VOTRE TABLETTE

Une sélection de quelques applications pour bien commencer avec sa tablette et en profiter dans tous les domaines.

Difficile de faire un choix parmi les dizaines, voire centaines de milliers d'applications disponibles sur le Play Store. En voici quelques-unes à titre d'exemples, qui vous rendront service ou vous distrairont au quotidien. Et n'oubliez pas de demander à vos amis : il n'y a rien de mieux que le bouche à oreille pour dénicher la pépite !

YAHOO MÉTÉO Avouez-le, vous suivez les prévisions météo tous les jours, et même plusieurs fois par jour. Faites-le avec style grâce à l'appli Météo de Yahoo. Lorsque vous la lancez, elle affiche une photo et la température actuelle de la ville choisie. Faites défiler l'écran vers le haut pour afficher les prévisions sur plusieurs jours. Et profitez également du widget pour afficher constamment les prévisions sur l'un de vos écrans d'accueil.

LEKIOSK Envie de lire un magazine ? Plus besoin d'aller chez votre marchand de journaux. Utilisez par exemple l'appli LeKiosk et profitez du grand écran de votre tablette pour lire vos journaux préférés en tout confort. Choisissez d'acheter numéro par numéro ou abonnez-vous pour choisir plusieurs magazines par mois. On aime ou pas l'interface graphique présentant un « vrai-faux » kiosque à journaux, mais la sélection de magazines est excellente.

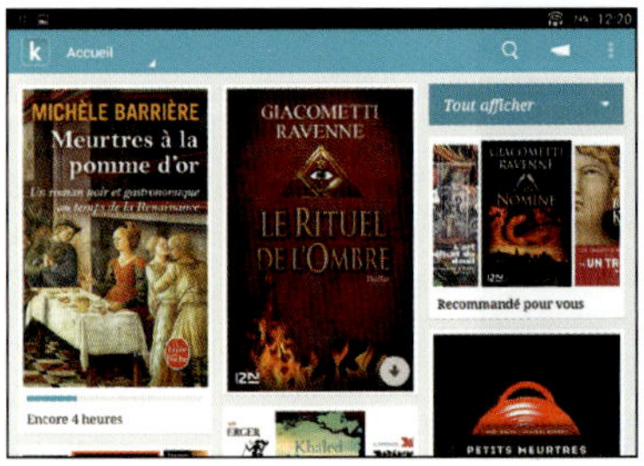

KOBO Après les magazines, passez aux livres électroniques. Là encore, l'écran de votre tablette fera merveille (**voir p. 136**). Grâce à l'appli Kobo, vous aurez accès à un très large catalogue de livres français, toutes les dernières nouveautés etc. De nombreuses options rendent la lecture agréable.

IZNEO Fan de BD ? Alors Iznéo est fait pour vous. Oui, il est possible d'acheter de albums sur le Play Store ou même via l'appli Kobo (voir plus haut), mais Iznéo va plus loin en vous proposant aussi une formule d'abonnement à 10 euros par mois vous permettant de lire autant de BD que vous voulez. La formule est sans engagement. Essayez-la donc au moment de partir en vacances.

VLC Continuons dans les loisirs. Le lecteur vidéo VLC (encore en version beta au moment de la rédaction de ces lignes), vous permettra de regarder des séquences vidéo de n'importe quel format. Il vous suffira de transférer le fichier vers la mémoire de votre tablette à l'aide d'un gestionnaire de fichiers par exemple (**voir p. 92**). Choisissez ensuite

VLC comme lecteur vidéo par défaut (**voir p. 83**) et vous voilà paré. Une fois la vidéo lancée, vous pouvez la contrôler de multiples manières grâce aux commandes gestuelles invisibles, simplement en faisant glisser le doigt sur certaines parties de l'écran, comme indiqué pendant quelques secondes au début d'une vidéo.

DEEZER Pour écouter de la musique, vous pouvez transférer des morceaux vers votre tablette et utiliser l'appli de gestion de musique pré-installée, comme celle de Google Play Musique ou Walkman sur une tablette Sony. Pour avoir accès à un catalogue illimité, regardez donc du côté d'un service par abonnement comme Deezer. Pour 10 euros par mois, vous pouvez écouter sans limite de la musique choisie dans le catalogue de plus de 20 millions de titres. Et si vous êtes abonné Orange (Internet ou mobile), vérifiez votre contrat : l'abonnement à Deezer est peut-être inclus !

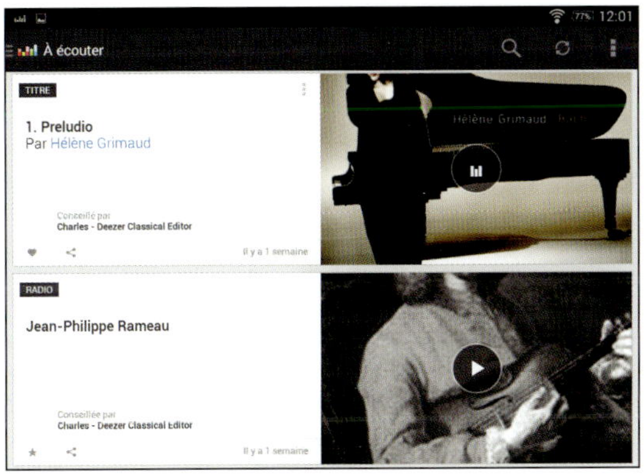

OUTLOOK.COM ET ONEDRIVE Ce n'est pas parce que l'on a une tablette Android que l'on doit se limiter aux services de Google. Si vous avez ouvert un compte Microsoft pour votre PC utilisant Windows 8, installez donc Outlook.com et OneDrive, deux applis de Microsoft qui vous donneront respectivement accès à votre messagerie et à votre espace de stockage en ligne.

SWIFTKEY Le clavier virtuel d'Android est fonctionnel mais n'offre pas toute la sophistication de SwiftKey, un clavier alternatif maintenant gratuit et parfaitement indispensable. Vous verrez rapidement qu'il corrige beaucoup mieux vos fautes de frappe et qu'il propose de meilleures suggestions de mots. Et il apprend au fur et à mesure que vous tapez. Au bout d'un certain temps, vous pourrez taper des phrases entières uniquement en choisissant parmi les suggestions. Étonnant !

ADOBE READER Vous recevez souvent des documents PDF par e-mail ? Installez sans tarder l'appli officielle d'Adobe. Vous serez ainsi sûr d'afficher n'importe quel document à ce format sans problème.

ASPHALT 8 Il est temps de jouer ! Le nombre de jeux disponibles sur le Play Store a de quoi faire perdre la tête. Si vous aimez les jeux de conduite, essayez donc Asphalt 8. Les graphismes sont superbes, l'impression de vitesse très bien rendue et le but est souvent de déraper le plus possible. À vous les sensations. Et en plus, il est gratuit.

Toutes les télés

Les tablettes sont parfaites pour regarder des vidéos. N'oubliez pas que toutes les chaînes de télé disposent de leur propre application permettant de regarder les émissions en direct, mais aussi en télé de rattrapage, généralement pendant une période limitée d'une ou deux semaines.

13:09
82%
Calculatrice
Chat +
Feuille de calcul
Nvle feuille de calcul
Document
Créer nveau document
PDF
Créer nveau document
Présentation
Nouvelle présentation
Passer à Premium
Tirez le meilleur parti d'OfficeSuite. Effectuez la mise à niveau vers OfficeSuite Premium.
PREMIUM
Mes documents
Votre dossier de documents par défaut
Mémoire de l'appareil
Fichiers enregistrés dans la mémoire interne
Carte SD
Fichiers stockés sur un périph. de stockage externe
Fichiers distants
Fichiers stockés sur un serveur distant
Passer à Premium
Mémo
Play Store
Polaris
Play Livres
Internet

À DÉCOUVRIR DANS CES PAGES

TRAVAILLER AVEC UNE TABLETTE

Vous êtes tenté de remplacer votre ordinateur par une tablette ? Celle-ci est de fait largement suffisante pour la plupart des travaux, à l'exception de certains domaines pointus (PAO, retouche photo ou vidéo avancée par exemple). Pour que la tablette se substitue sans douleur à l'ordinateur, il faut toutefois connaître quelques programmes et fonctions, et savoir contourner certaines limitations. Vous verrez ici comment consulter les fichiers de la tablette et les échanger avec un ordinateur, comment exploiter les applications bureautiques compatibles avec Microsoft Office, comment connecter un clavier, prendre des notes en réunion, exploiter le multitâche, ou imprimer depuis la tablette.

DIFFICULTÉ ★★★★★ 20 MN

ACCÉDER AU SYSTÈME DE FICHIERS DE LA TABLETTE

PLUS

✔ Pour connecter une clé USB ou un disque dur externe à la tablette, vous devrez acquérir un câble Host (aussi appelé OTG - On-The-Go). Ce câble se compose d'un connecteur mâle micro-USB d'un coté et d'un connecteur USB femelle standard de l'autre.

✔ La tablette peut ne pas fournir suffisamment d'énergie pour alimenter un disque dur externe 2,5 pouces via le port USB. Il faudra alors recourir à une alimentation externe, lorsqu'elle est disponible.

✔ Les supports de stockage réseau sont à rechercher dans les Dossiers Favoris. S'ils n'apparaissent pas automatiquement, ouvrez les options et touchez Rechercher des périphériques.

✔ Si votre tablette n'intègre pas un gestionnaire de fichiers, vous pouvez télécharger une application de ce type sur le Play Store, tel que l'excellent ES Explorateur de fichiers.

1 OUVRIR LE GESTIONNAIRE DE FICHIERS Tout comme les systèmes d'exploitation pour ordinateurs, Android dispose d'un outil de gestion des fichiers. Cette gestion couvre les fichiers situés dans la mémoire interne de la tablette, dans la mémoire additionnelle quand elle est disponible (carte micro-SD), sur un périphérique externe connecté en USB via un câble OTG (voire ci-contre) ou même sur un support de stockage réseau. Pour y accéder, ouvrez le menu Applications et touchez l'icône Mes fichiers. Sur de nombreux modèles, le raccourci Mes fichiers est aussi disponible sur l'écran d'accueil. Si aucune application de gestion de fichiers n'est disponible, vous pouvez en installer une (voir ci-contre). Le fonctionnement sera similaire à celui présenté ici.

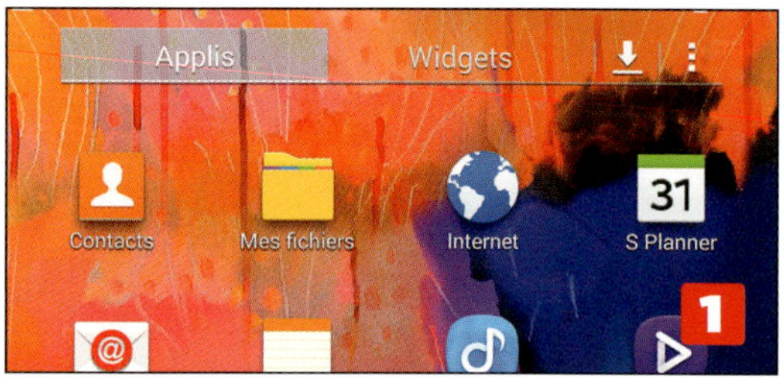

2 CHOISIR LA SOURCE La colonne de gauche détaille les différentes sources. La section Dossier regroupe les sources locales : Device storage pour la mémoire interne, SD Memory Card pour la mémoire micro-SD additionnelle et UsbDriveA pour un support de stockage connecté en USB. Le gestionnaire autorise aussi un accès chronologique, par catégorie, par applications, et par dossiers favoris (stockage réseau).

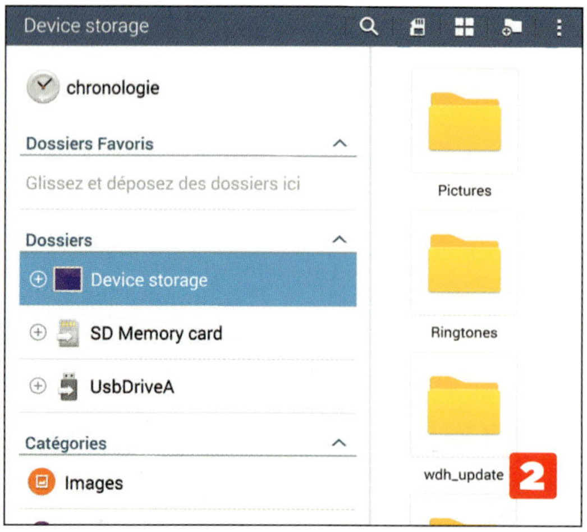

3 CONSULTER/LANCER/RECHERCHER LES FICHIERS La colonne de droite affiche le contenu du dossier ou de la catégorie sélectionnée. Vous pouvez moduler l'affichage (grandes icônes, petites icônes, liste) en touchant à répétition la troisième icône du menu, en haut à droite. En touchant un fichier, celui-ci s'ouvre dans l'application correspondante. La recherche (icône loupe en haut) offre de multiples possibilités : recherche globale ou à l'emplacement sélectionné, par type, date ou extension, ces différents critères pouvant être combinés via les Paramètres avancés.

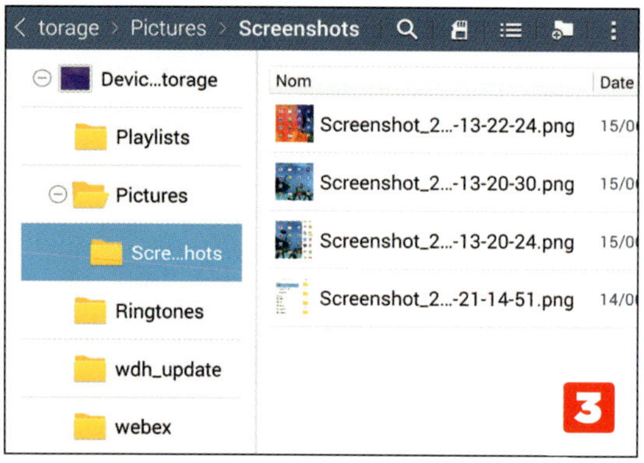

4 GÉRER LES FICHIERS La deuxième icône du menu dresse l'état du stockage. Vous pouvez organiser les fichiers par dossier (4e icône du menu) et choisir le mode de tri dans le menu Options. En sélectionnant des fichiers via ce dernier menu, vous pourrez les partager (email, Wi-Fi Direct, Bluetooth, stockage Cloud, réseaux sociaux), les déplacer, les renommer, les compresser et les effacer. Ce menu Options permet encore de gérer les Dossiers Favoris, d'ajouter un raccourci à l'écran d'accueil et de vous connecter en FTP.

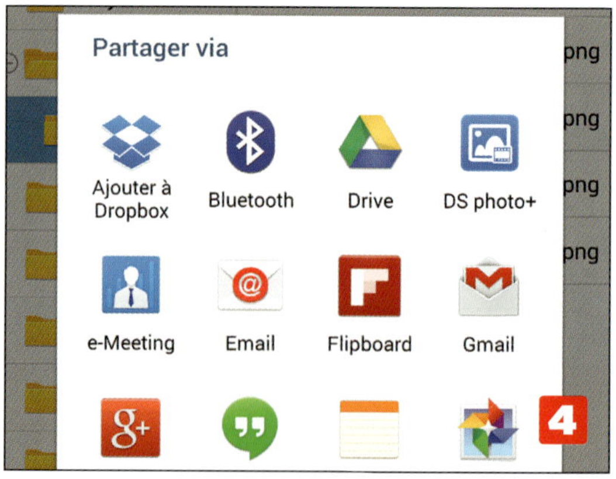

DIFFICULTÉ ★★★☆☆ 10 MN

BRANCHER SA TABLETTE À UN ORDINATEUR

1 POUR LES MAC Mac OS ne reconnaît pas directement les supports de stockage des tablettes Android. Pour pallier cette lacune, téléchargez sur le Mac le programme Android File Transfer depuis la page www.android.com/filetransfer et installez-le. Connectez la tablette au Mac via le câble USB et ouvrez le programme Android File Transfer. Par la suite, ce programme s'exécutera automatiquement à la connexion de la tablette. Vous pourrez consulter les dossiers et fichiers de la mémoire interne et additionnelle, créer des dossiers, renommer, copier depuis ou vers la tablette, effacer, etc.

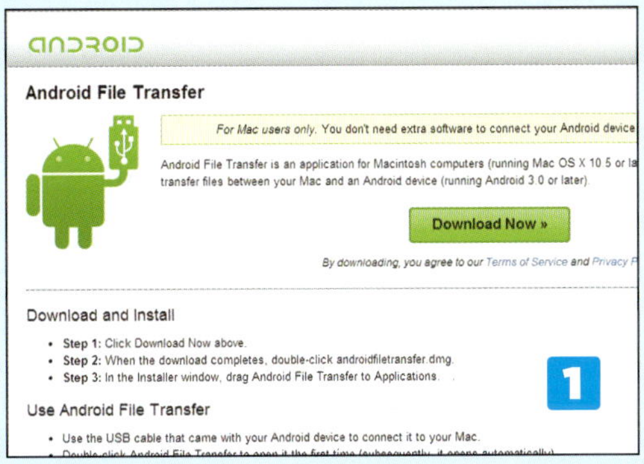

2 POUR LES PC WINDOWS Reliez simplement la tablette à l'ordinateur via le câble USB fourni. Si besoin, la tablette sortira de veille automatiquement à la connexion. Cette connexion apparaît dans les notifications de la tablette et cette dernière sera listée dans les unités du gestionnaire de fichiers de Windows. Les mémoires de stockage principale et additionnelle apparaissent comme deux unités séparées.

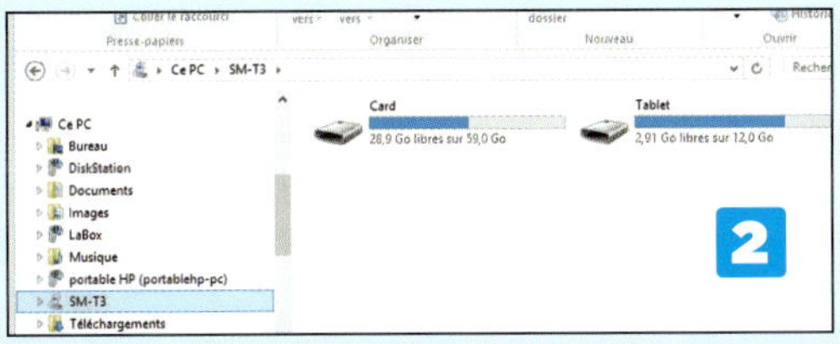

3 GÉRER LES FICHIERS Depuis l'ordinateur, vous pourrez explorer la mémoire de stockage principale et additionnelle de la tablette. Vous pourrez ainsi copier des fichiers depuis ou vers l'ordinateur, mais aussi renommer, déplacer ou effacer des fichiers ou des dossiers. Il est encore possible d'ouvrir directement un fichier média ou un document depuis la tablette, le fichier s'exécutant dans l'application correspondante sur le PC. En revanche, la création de dossiers directement depuis l'ordinateur peut être problématique (risque de blocage de la liaison). Il est préférable de créer ces dossiers depuis le gestionnaire de fichiers de la tablette, et ce y compris pendant que la tablette est reliée à l'ordinateur via le câble.

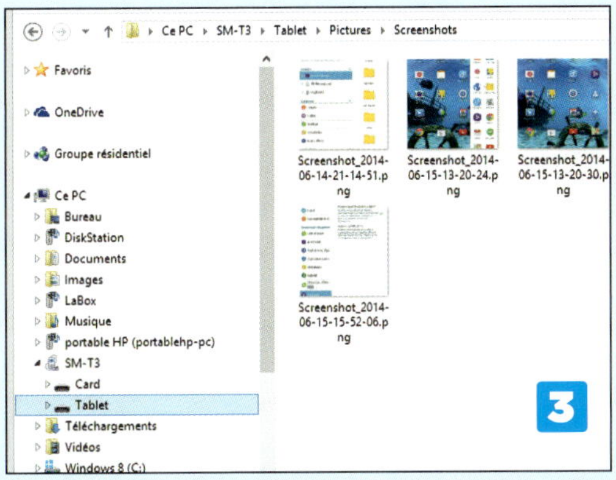

4 CHOISIR LE MODE DE LIAISON Par défaut, la liaison s'effectue en mode MTP (Media Transfer Protocol). Ce mode est directement compatible avec Windows 8, 7 et Vista, et en sus avec XP si Windows Media Player 10 ou 11 est installé. Pour les versions antérieures de Windows (ainsi que sur Mac sans le programme dédié), il faut utiliser le mode PTP (Picture Transfer Protocol). Pour cela, déroulez les notifications sur la tablette et touchez l'entrée correspondante. Cochez ensuite la case PTP dans les paramétrages. En mode PTP, seuls les fichiers « image » seront visibles sur la tablette, les actions possibles restant identiques. En revanche, il sera toujours possible de transférer tout type de fichier depuis l'ordinateur vers la tablette.

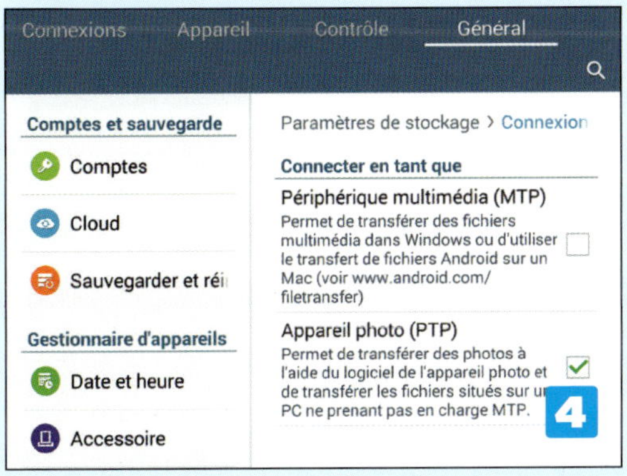

Les limites de la liaison MTP

Même si la tablette apparaît dans le gestionnaire de fichiers de Windows comme une unité locale, certaines opérations sont indisponibles. Ainsi, impossible de cliquer-déplacer directement un fichier image présent sur la tablette dans un programme de retouche de l'ordinateur. Pas de souci en revanche si vous utilisez le gestionnaire de fichiers du programme de retouche.

RÉDIGER UN COURRIER AVEC LES OUTILS BUREAUTIQUES DE GOOGLE

1 TÉLÉCHARGER LE PROGRAMME

Le traitement de texte gratuit Google Docs est rarement installé par défaut sur les tablettes. Pour le télécharger, ouvrez le Play Store, lancez une recherche sur Google Docs et touchez Installer dans la page de présentation de l'application. Pour une installation sans recherche, ouvrez l'appli Google Drive, souvent installée en standard, qui permet d'accéder à un espace de stockage en ligne, touchez Créer en bas, et sélectionnez « Documents texte ». Google Docs sera récupéré automatiquement.

2 CRÉER UN NOUVEAU DOCUMENT

Ouvrez Google Docs et touchez le signe « + » pour créer un nouveau document. Les différentes possibilités d'édition sont réunies dans la barre supérieure. Les deux premières icônes de cette barre d'outils (flèches gauche/droite) assurent l'annulation et la reprise des dernières opérations. Même si le clavier virtuel autorise en principe la frappe à dix doigts, il est judicieux d'acquérir un vrai clavier mécanique pour un meilleur confort de frappe si vous utilisez Google Docs fréquemment ou pour de longs documents (**voir p.98**).

3 GÉRER LA POLICE

Les documents sont affichés en standard en police Arial 11 points. Pour la modifier, touchez l'option Polices en haut. Dans l'onglet Polices, vous pourrez sélectionner l'une des 7 polices proposées. L'onglet Taille permet de changer le corps de 8 à 96 points. Enfin, l'onglet Styles propose un éventail de différentes polices et tailles pour les titres et sous-titres. Très utile pour une mise en page agréable et une lecture facilitée, sans passer trop de temps à la mise en forme. Si une sélection de texte a été faite (**voir p. 40**), les changements s'appliqueront à cette sélection. Sinon, les nouveaux style/police/taille s'appliqueront au texte qui sera tapé ensuite.

4 GÉRER LES ATTRIBUTS ET LES COULEURS

Les quatre icônes à droite de Polices, dans la barre supérieure, gèrent les attributs de texte. Voici leur fonction (de gauche à droite). « B » (pour *Bold*) permet d'écrire en gras, « I » assure la mise en italique, « U » (*Underscore*) gère le soulignement et « S » (*Strikethrough*) les caractères barrés. Ces quatre attributs peuvent être combinés à loisir. L'icône « pot de peinture » juste à droite gère la mise en couleur. L'onglet de gauche traite du caractère lui-même, tandis que l'onglet de droite est dévolu à la couleur de fond. Choisissez tout d'abord une couleur dans la palette des 10 coloris disponibles, puis affinez en sélectionnant une teinte plus ou moins foncée. Tout comme pour la police, ces changements s'appliquent selon le cas au texte sélectionné ou au texte futur. N'oubliez pas que vous pouvez toujours revenir en arrière.

D'autres applis Google pour les documents

Vous pouvez créer et éditer des feuilles de calcul avec l'application gratuite Google Sheets. Et l'application Google Slides vous permettra de préparer des présentations comme avec Powerpoint.

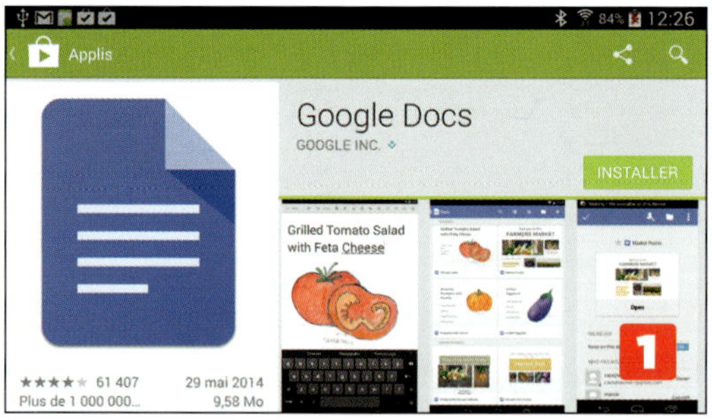

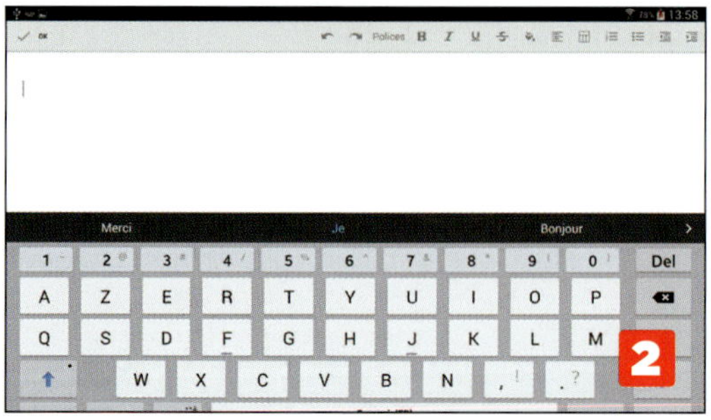

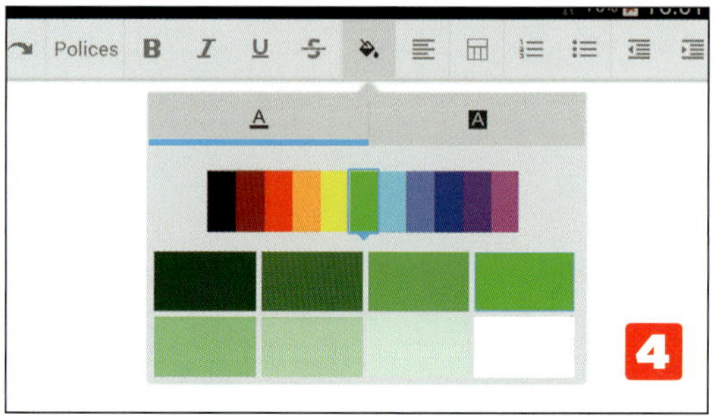

DIFFICULTÉ ★★★★★ 5 MN

5 GÉRER L'ALIGNEMENT ET LES LISTES

L'icône à droite du pot de peinture gère l'alignement du texte : sur la gauche, la droite, centré et justification (aligné à gauche et à droite). L'alignement s'applique au paragraphe où est situé le curseur, ou uniquement au texte sélectionné. Google Docs propose aussi la gestion des listes, via les quatre dernières icônes à droite de la barre d'outils. Les deux premières définissent le type : liste à puces ou liste numérotée. Les deux dernières permettent de régler l'indentation, pour définir des sous-parties. Précisons que la numérotation change en conséquence avec l'indentation : 1,2,3 tout à gauche ; a, b, c un cran à droite ; i, ii, iii deux crans à droite, etc (voir illustration). Cette différenciation liée à l'indentation est aussi effective pour les listes à puce, chaque « rangée » ayant son propre type de puce.

6 INSÉRER UN TABLEAU

Touchez l'icône correspondante de la barre d'outils, déterminez les dimensions du tableau en faisant glisser le doigt et touchez « Insérer un tableau ». Pour moduler ensuite les dimensions du tableau, touchez une case vide puis déplacez le « + » horizontal ou vertical.

7 GÉRER LES DOCUMENTS

Une fois le document finalisé, touchez OK en haut à gauche pour l'enregistrer. Vous passerez en mode Visualisation. Dans ce mode, vous pourrez renommer le document (en touchant son nom), effectuer une recherche de texte (via l'icône Loupe) et lire les commentaires associés. Pour accéder aux autres options, touchez la flèche gauche en haut, pour revenir à l'ensemble des documents (touchez les options à gauche pour sélectionner la source). La loupe de la barre d'outils permet ici de rechercher un document. Les autres icônes assurent le changement d'affichage (icônes ou liste) et l'option de tri. D'autres options sont disponibles en effectuant un appui prolongé sur l'icône d'un document. Vous pourrez alors envoyer le fichier par email, via Bluetooth ou Wi-Fi Direct, ou sur un espace de stockage en ligne. Le document peut aussi être déplacé vers un dossier, stocké sur l'appareil (option par défaut en sus de la sauvegarde automatique sur Drive), renommé ou supprimé. Vous pourrez encore partager le lien du document par email, connexion sans fil, espace Cloud, Google +, Flipboard, etc. Le document peut enfin être imprimé : vers une imprimante si l'impression Cloud est configurée (**voir pp. 104 et suivantes**) ou vers un fichier PDF.

8 EXPLOITER LA DICTÉE À HAUTE VOIX

Vous pouvez utiliser la reconnaissance vocale de Google pour dicter vos courriers. Pour cela, commencez par activer la saisie vocale Google dans les paramètres, section Contrôle, Langue et saisie. Revenez à Google Docs et choisissez Saisie vocale Google dans le Mode de saisie, présent dans les notifications. Si cette notification est absente, appuyez de manière prolongée sur la touche du clavier virtuel correspondant aux possibilités complémentaires, et choisissez le microphone. L'affichage des éléments dictés a un petit temps de retard, mais la reconnaissance est assez performante (**voir p. 38**).

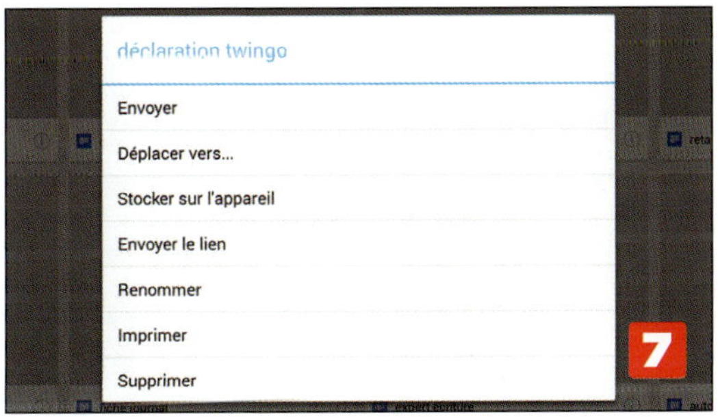

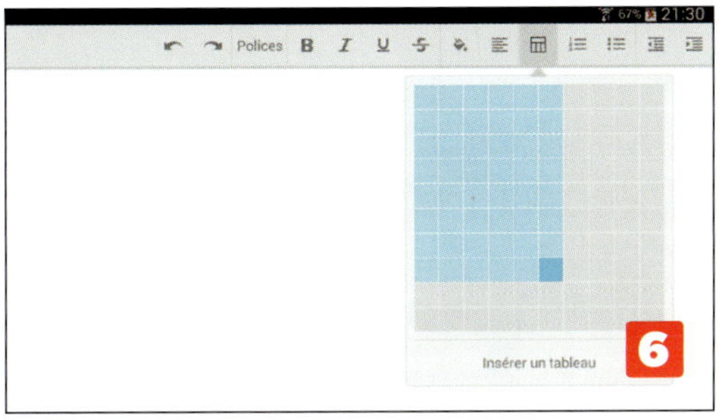

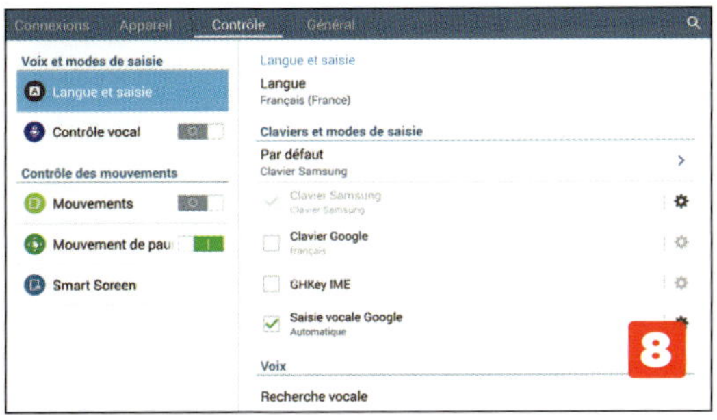

FAQ

Q: Les documents Google Docs sont-ils compatibles avec Microsoft Word ?

R: Oui, la compatibilité étant assurée dans les deux sens. Vous pouvez importer un document Word .doc/docx via Drive, et l'éditer dans Google Docs sur la tablette. À l'inverse, sur un ordinateur, vous pouvez importer, toujours via Drive, un document créé sur tablette et demander qu'il soit converti au format Word (autres formats disponibles : texte brut, RTF, PDF et HTML). Il y a malgré tout des risques de perte de certaines informations au moment de la conversion de documents complexes.

Q: L'application dispose-t-elle d'un correcteur orthographique ?

R: Oui. Les mots mal orthographiés sont soulignés en rouge. En touchant un tel mot, la liste des suggestions apparaît.

TRAVAILLER AVEC DES DOCUMENTS MICROSOFT OFFICE

Avec des applications compatibles avec le format Microsoft Office, vous pourrez passer aisément de l'ordinateur à la tablette.

Les applications bureautiques Office de Microsoft sont depuis longtemps la référence. Dans ce contexte, il est indispensable de pouvoir lire et éditer des fichiers à ce format.

OFFICE MOBILE : LA RÉFÉRENCE (1) C'est l'application officielle de Microsoft pour gérer les documents Office sur mobile. Le respect de la présentation des documents est excellent, avec prise en charge des diagrammes, animations, formes et autres graphiques SmartArt. Autre atout : l'application se connecte évidemment sans problème avec l'espace de stockage en ligne OneDrive, ce qui limite les manipulations. La création de documents est gratuite pour un usage privé (il faut seulement disposer d'un compte Microsoft). En revanche, l'utilisation professionnelle passe par l'abonnement à Office 365. Mais le plus gros problème vient de la compatibilité. Outre que l'application réclame au moins la version 4.0 d'Android, elle se révèle incompatible avec certaines tablettes récentes comme la Samsung Galaxy Tab Pro. Des mises à jour corrigeront sans nul doute le problème.

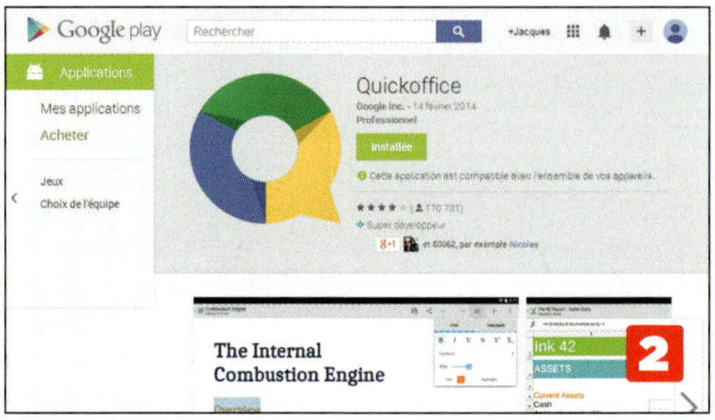

LES OUTILS GOOGLE (2) Nous avons déjà vu en pages précédentes que Google Docs assure, via Drive, la compatibilité avec le format Microsoft Word, aussi bien en import qu'en export. Le couple Google Sheets+Drive fait de même avec les feuille de calcul Excel. Google propose encore Quickoffice, lui aussi couplé à Drive, pour gérer les documents Word, Excel et PowerPoint. Cet outil devrait toutefois bientôt disparaître.

LES AUTRES APPLIS D'autres éditeurs ont développé des applications permettant de travailler avec les documents Microsoft Office. Polaris Office d'Infraware **(3)** est une bonne suite bureautique compatible avec les formats Microsoft. Elle dispose de fonctions avancées comme la mise en forme conditionnelle ou les tableaux croisés dynamiques. La sauvegarde des documents s'effectue sur le Cloud Polaris, ce qui est un atout comme un inconvénient : inutilisable sans connexion. Pour cette raison, nous lui préférerons OfficeSuite 7 de Mobile Systems **(4)**, une application désormais gratuite (avec quelques publicités). C'est elle que nous avons choisi pour notre démonstration.

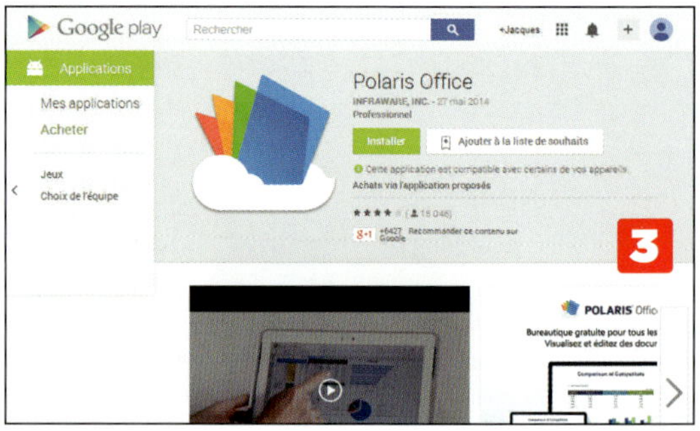

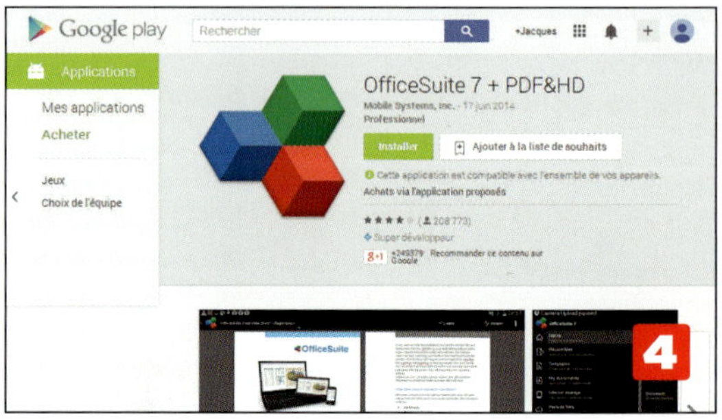

Quid du respect de la mise en page ?

Le respect de la mise en page d'un document Word importé est variable selon la complexité du document d'origine et l'application Android utilisée. Les problèmes peuvent être liés aux polices de caractères employées et aux fonctions avancées : habillage des images, multicolonnage, bordures de pages, filigranes, etc. Pour des documents simples en revanche, la majorité des applications compatibles Office rempliront bien leur contrat.

DIFFICULTÉ ★★★★☆ 20 MN

COMMENT UTILISER L'APPLI OFFICESUITE 7

1 INSTALLER LA SUITE Contrairement à Office Mobile de Microsoft, cette suite bénéficie d'une compatibilité étendue, la quasi totalité des tablettes dotées d'Android 2.2 ou supérieur pouvant la recevoir. Pour la télécharger, allez sur le Play Store, lancez une recherche sur « Officesuite » dans les applications, sélectionnez le programme idoine et touchez Installer. Au premier lancement du programme, l'application vous demandera si vous voulez télécharger le pack de polices compatibles Microsoft (un peu plus de 5 euros, mais fourni avec la version Premium) : indispensable pour conserver une mise en page exacte.

2 CRÉER UN NOUVEAU DOCUMENT Dans la page d'accueil, touchez l'icône du document que vous voulez créer. OfficeSuite 7 assure la création de documents Word, Excel, PowerPoint et PDF (via une application gratuite dédiée). Pour les documents Word, l'utilisateur peut choisir la police, la taille des caractères et les attributs, gérer l'alignement du texte, créer des listes à puce ou numérique avec contrôle de l'indentation, et définir la couleur du texte et du fond de texte. En revanche, l'ajout de graphiques et le correcteur orthographique sont réservés à la version Premium (2,15 €/mois ou 14,36 €/an). Les feuilles de calcul profitent d'un large éventail de fonctions, de graphiques 2D et 3D, et du choix de police, taille et attributs de texte, mais les filtres réclament la version Premium. Les outils de présentation sont assez complets.

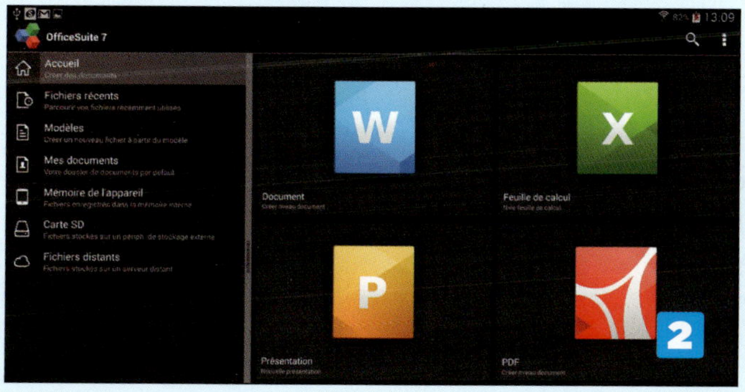

3 TRAVAILLER SUR DES DOCUMENTS EXISTANTS La colonne de gauche de la page d'accueil permet de choisir la source des documents Office. Vous pourrez ainsi ouvrir des documents logés dans la mémoire interne ou additionnelle de la tablette, ou sur un support de stockage USB connecté via un câble USB Host. Le programme gère aussi l'accès aux principaux services de stockage en ligne : Drive, OneDrive, Dropbox, Box et SugarSync. Pour faciliter les échanges, vous pouvez redéfinir, via les paramètres, le chemin de sauvegarde des documents. Vous pourrez ainsi choisir un autre dossier de la mémoire interne ou un support connecté en USB. Pour la mémoire additionnelle, vous serez peut-être obligé de taper l'adresse nécessaire dans le champ : "/storage/extSdCard/Dossier_voulu". La sauvegarde en ligne réclame une intervention manuelle (voir ci-dessous), le programme n'assurant pas la sauvegarde Cloud directe.

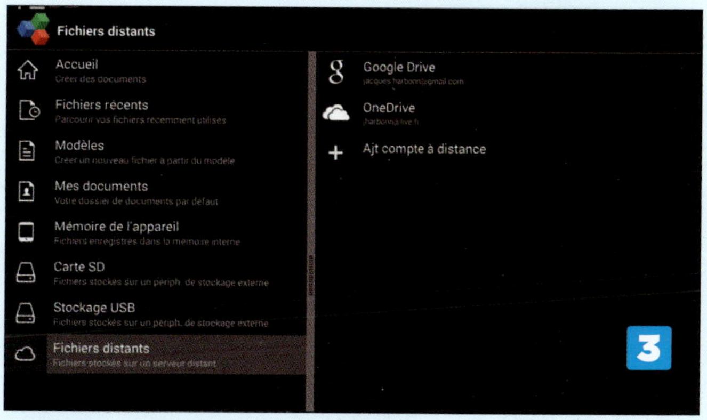

4 GÉRER LES DOCUMENTS La barre d'outils de l'écran principal permet de rechercher des documents précis, de les trier, de choisir le type d'affichage (liste ou icônes) et le type de documents. En sélectionnant un document, vous pourrez le partager (Wi-Fi Direct, Bluetooth, email, espace Cloud) sous sa forme native ou compressée, l'imprimer via Google Cloud Print (**voir pp. 104 et suivantes**) et créer des notes avec Evernote. En appelant le menu contextuel d'un fichier (appui prolongé sur son icône), vous pourrez encore renommer ou supprimer le fichier et consulter ses propriétés.

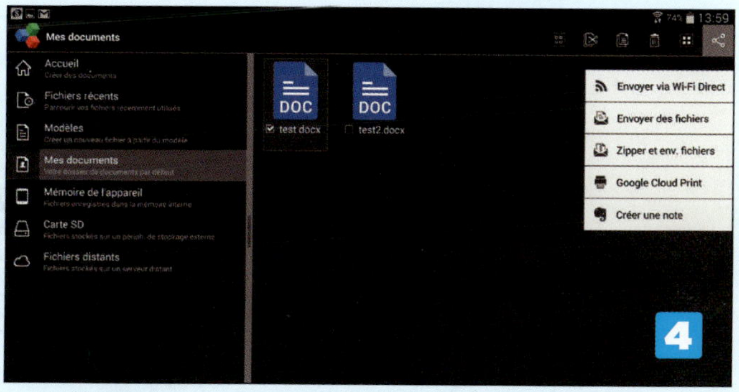

CONNECTER UN CLAVIER ET UNE SOURIS POUR MIEUX TRAVAILLER

Pour une frappe prolongée et une navigation plus aisée, le clavier mécanique et la souris sont recommandés.

Certes il existe des utilisateurs experts capables de taper comme des pros sur un clavier virtuel. Toutefois, pour travailler confortablement et longtemps sur une tablette, l'usage d'un clavier mécanique, éventuellement complété d'une souris, est franchement recommandé. Nous allons voir ici quelles sont les différentes solutions disponibles, et les connexions possibles.

CLAVIER ET SOURIS USB Android sait gérer en standard les périphériques à la norme HID (*Human interface device*), qui sont aujourd'hui de règle pour les claviers et souris PC. Mais il faut que la tablette dispose bien d'un port USB Host. Pour le vérifier, téléchargez sur le Play Store l'application gratuite USB OTG Checker et touchez «Check Device OS on USB OTG» **(1)**. Pour assurer la connexion physique, vous devrez acquérir un câble USB Host **(2)**, valant quelques euros à peine. Grâce à ce câble, votre tablette disposera d'un port USB standard. Pour le choix du modèle de clavier ou souris, limitez-vous aux périphériques standard: clavier sans touches de fonction additionnelles et souris 2 boutons + molette cliquable. En effet, l'exploitation des touches et boutons supplémentaires passe par l'installation d'un pilote, disponible pour Windows et souvent Mac OS, mais jamais Android. En revanche, vous pouvez opter indifféremment pour un modèle filaire ou sans fil, plus pratique.

CLAVIER ET SOURIS BLUETOOTH Presque toutes les tablettes Android disposent d'une connexion Bluetooth qui peut être mise à profit pour connecter un périphérique. Les claviers Bluetooth peuvent être scindés en deux catégories: les claviers intégrés à un étui **(3)** et les claviers indépendants **(4)**. Les premiers ont comme avantage d'offrir un encombrement réduit et de toujours accompagner la tablette, mais les touches offrent le plus souvent un touché «gomme». Pour les seconds, privilégiez les modèles assurant le soutien vertical de la tablette si vous ne disposez pas déjà d'un étui idoine. Il existe de même des souris Bluetooth. Vous ne pourrez en revanche pas connecter simultanément un clavier et une souris Bluetooth, les tablettes n'acceptant souvent qu'une connexion à la fois. La solution consiste à choisir un pack clavier-souris Bluetooth, mais ils sont rares.

Pour se détendre

Les tablettes Android disposent d'un large éventail de jeux en tous genres. Mais les commandes tactiles ne sont pas toujours bien adaptées. Avec une manette de jeu Bluetooth, le confort de jeu s'en trouvera considérablement amélioré. Tous les jeux Android natifs ne sont pas compatibles avec une telle manette, mais vous disposerez tout de même de plusieurs dizaines de jeux compatibles. Et pas de problème avec les émulateurs, qui permettent presque tous de redéfinir les touches de contrôle.

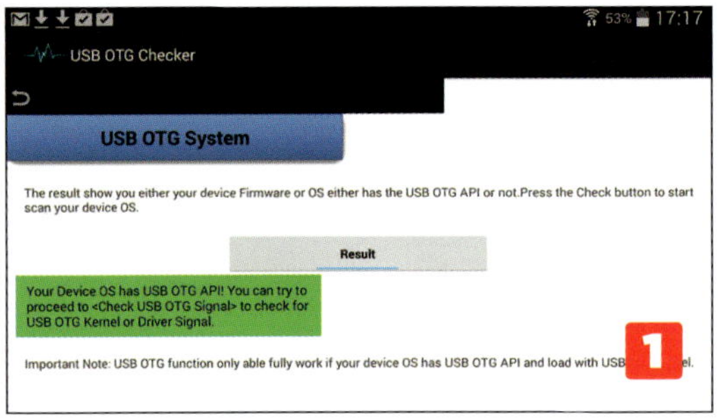

1

3

2

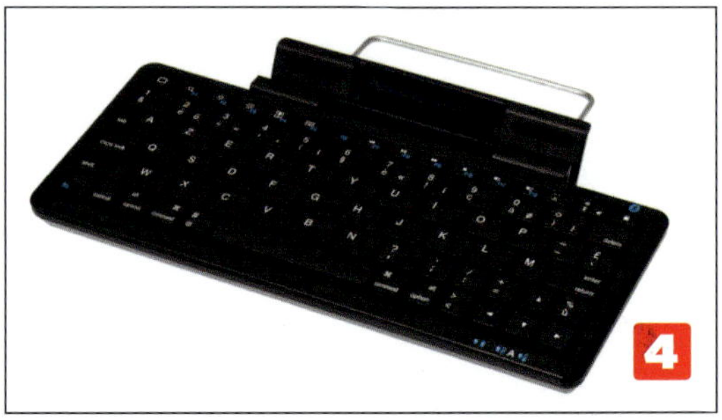
4

DIFFICULTÉ ★★★★★ 5 MN

COMMENT CONNECTER UN CLAVIER USB OU BLUETOOTH

1 CONNECTER LE CLAVIER USB

Insérez le câble USB Host dans le port micro-USB de la tablette. Connectez ensuite le câble du clavier (ou le récepteur dans le cas d'un clavier sans fil) au port USB femelle du câble USB Host. La reconnaissance est immédiate, la connexion étant signalée dans les notifications. Malheureusement, vous déchanterez vite, la frappe s'effectuant comme sur un clavier QWERTY (lettre Q en frappant la touche A etc), quel que soit le modèle physique de clavier. Il est heureusement possible de corriger cela, comme nous allons le voir.

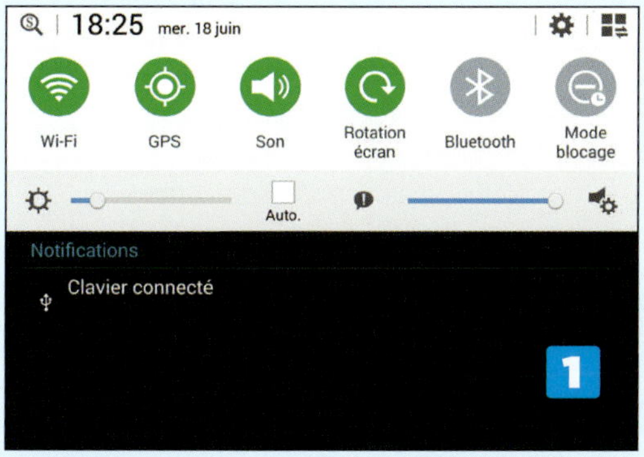

2 PARAMÉTRER LE MODE CLAVIER

Ouvrez les paramètres Android et sélectionnez Contrôle, Langue et saisie. Dans la section Clavier physique à droite, touchez le modèle du clavier, puis Définir le type de clavier. Cochez la case Français et revenez à l'écran des paramètres en appuyant deux fois sur la touche Retour. Vous pourrez désormais profiter normalement de votre clavier AZERTY.

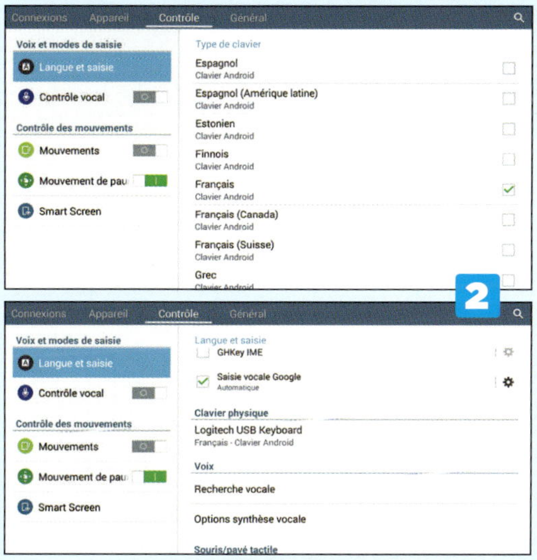

3 ASSURER LE JUMELAGE INITIAL D'UN CLAVIER BLUETOOTH

Mettez le clavier en mode jumelage. Sur la tablette, activez si besoin la connexion Bluetooth, ouvrez les paramètres de connexion correspondants et touchez Analyser. À l'issue de quelques dizaines de secondes au plus, votre clavier Bluetooth devrait apparaître dans la liste des appareils disponibles. Touchez son nom : le clavier va tout d'abord passer dans la liste des périphériques associés, puis dans la foulée se connecter à la tablette, la mention « Connecté au périphérique d'entrée » signalant le bon déroulement des opérations.

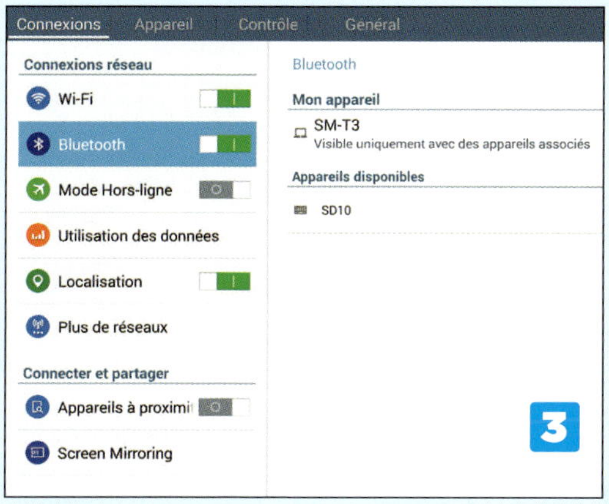

4 ÉTABLIR LA CONNEXION ULTÉRIEURE

Avec certains claviers Bluetooth, il suffira d'allumer le clavier (le Bluetooth étant actif sur la tablette) pour que la connexion s'effectue automatiquement. Sur d'autres modèles en revanche, il faudra à chaque fois rappeler les paramètres de la tablette et toucher le clavier dans la liste des périphériques appairés pour que la connexion puisse s'établir. Si vous utilisez plusieurs claviers Bluetooth, il peut être judicieux de renommer votre appareil pour le retrouver plus aisément.

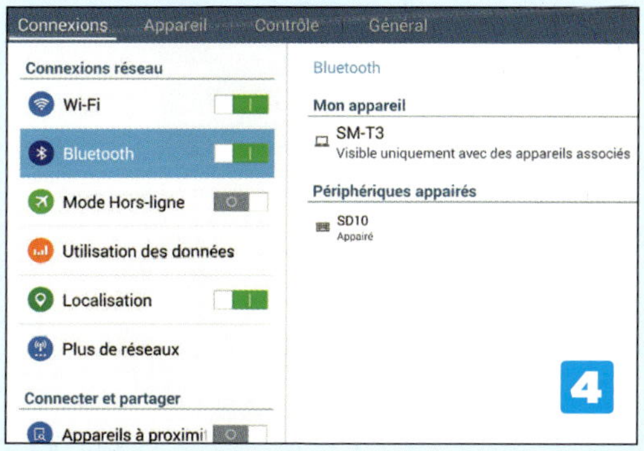

FAQ

Q: Comment brancher un clavier et une souris USB ?

R: Pour connecter simultanément les deux périphériques, vous devrez acquérir un hub USB. Préférez un modèle alimenté et de petite taille. Vous en trouverez à moins de 10 euros.

Q: Mon clavier est bien listé dans les périphériques appairés et fonctionnait correctement, mais la connexion ne veut pas s'établir désormais. Que faire ?

R: Dans les paramètres de la tablette, touchez la roue dentée à droite du clavier dans la liste des périphériques appairés puis touchez Dissocier. Coupez le Bluetooth puis réactivez-le : le clavier a disparu de la liste. Reprenez alors la procédure d'appairage au début, selon la procédure de l'étape 3. Au besoin, refaites l'appairage en ayant auparavant redémarré la tablette.

PRENDRE DES NOTES À LA FAC, PENDANT UNE CONFÉRENCE, ETC.

La tablette offre de multiples possibilités : enregistrement audio, reconnaissance vocale, saisie au clavier, notes manuscrites, photos, etc.

Ultraportable, la tablette se révèle un appareil de choix pour enregistrer des informations en tous genres. Voici différents moyens de la mettre à profit.

ENREGISTREMENT AUDIO FAÇON DICTAPHONE Les tablettes Android n'intègrent en général pas d'application d'enregistrement audio. Mais vous pourrez aisément palier ce manque. En lançant la recherche « enregistrement audio » dans le Play Store, vous pourrez retrouver un large éventail d'applications gratuites ou

payantes pour couvrir ce besoin. Préférez les applications capables de couper automatiquement l'enregistrement lors des silences. Il est aussi très utile que l'application offre un bon éventail de qualité d'enregistrement. Ne négligez pas de faire des essais de qualité avant d'exploiter l'application pour un évènement important. Dans ce domaine, nous avons apprécié Smart Voice Recorder, simple, performant et gratuit. L'enregistrement s'effectue en tâche de fond et se poursuit même si la tablette passe en veille.

EXPLOITER LA RECONNAISSANCE VOCALE L'enregistrement audio oblige souvent à réécouter le fichier audio pour prendre des notes. Pour éviter cette étape un peu fastidieuse, vous pouvez exploiter la reconnaissance vocale de Google (**voir p. 38**). De cette manière, le cours ou la conférence sera automatiquement retranscrit en texte. Les performances de cette reconnaissance sont d'un bon niveau, mais il n'est pas possible d'enregistrer simultanément le fichier audio (avec l'outil précédent), ce qui pose problème si la reconnaissance vocale est perturbée par le bruit ambiant par exemple.

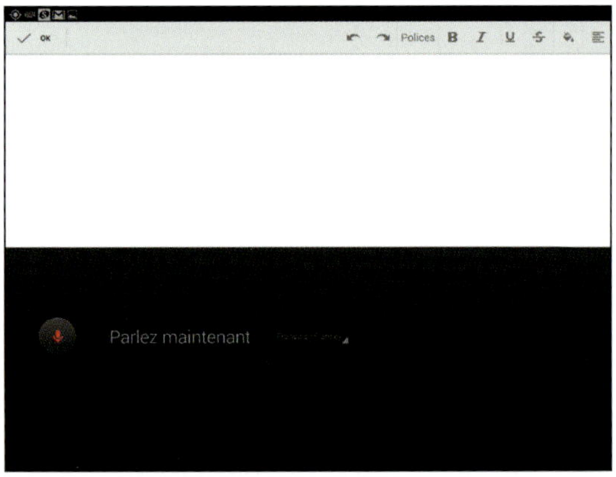

TAPER DES NOTES AU CLAVIER La frappe est la méthode la plus commune pour prendre des notes. Pour une prise de quelques phrases, le clavier tactile peut suffire. En revanche, pour une frappe plus rapide et plus confortable, il faudra vous tourner vers un clavier physique (**voir p. 98**). Côté application, n'importe quel traitement de texte peut faire l'affaire. Privilégiez tout de même les applications capable d'exporter au format Word, pour un échange plus facile avec l'ordinateur. Vous pourrez ainsi vous

Pensez au microphone Bluetooth

En exploitant le microphone de la tablette pour un enregistrement audio, vous serez obligé de placer cette tablette sur le bureau du conférencier, ce qui vous en ferait perdre le bénéfice pour d'autres usages. Pour éviter cela, vous pouvez recourir à un microphone Bluetooth. Veillez tout de même à ce que la distance microphone-tablette n'excède pas quelques mètres. Il existe quelques modèles de microphones Bluetooth d'un coût accessible, mais bon nombre, dédiés à un usage pro, sont coûteux. À défaut, vous pouvez vous tourner vers un casque-microphone Bluetooth. La prise de son sera moins bonne, mais l'offre est ici très nombreuse, avec un large éventail de prix.

tourner vers Google Docs, OfficeSuite 7, WPS, etc. (**voir pp. 94 et suivantes**)

FAIRE DES CROQUIS, NOTER DES FORMULES La saisie au clavier ne suffit pas pour tout noter. Pour tracer un croquis, écrire une formule mathématique ou chimique, noter un diagramme, vous devrez exploiter des outils complémentaires. Pour des notes manuscrites, vous pouvez vous tourner vers l'excellent Papyrus. Cette

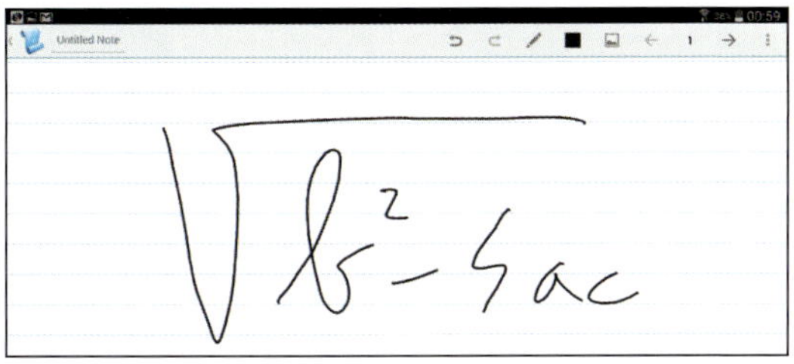

application gratuite gère des notes pouvant contenir autant de pages que nécessaires, les notes d'un même sujet pouvant être rattachées à un même carnet. Le tracé s'effectue façon crayon ou marqueur, avec prise en compte de la pression (lorsque la tablette gère cette fonction), choix de la couleur et gomme ajustable. Le tracé fonctionne bien au doigt, mais un stylet sera le bienvenu pour un travail plus précis (comptez quelques euros si vous ne possédez pas un Samsung Galaxy Note, qui possède son propre stylet). Grâce à l'export aux formats image (JPEG et PNG) et PDF, ces notes peuvent aisément être intégrées à d'autres documents.

Si vous êtes amené à noter fréquemment des diagrammes, vous pouvez confier ce soin à Lekh Diagram, une autre application gratuite d'un bon niveau. Cette application dispose d'une librairie étendue de formes pré-définies couvrant différents domaines. Elle assure aussi la reconnaissance de formes à partir du tracé, ce qui est plus rapide une fois que l'on a pris le coup de main. La sauvegarde aux formats JPEG et PNG (avec fond transparent) permet là encore l'intégration à d'autres documents.

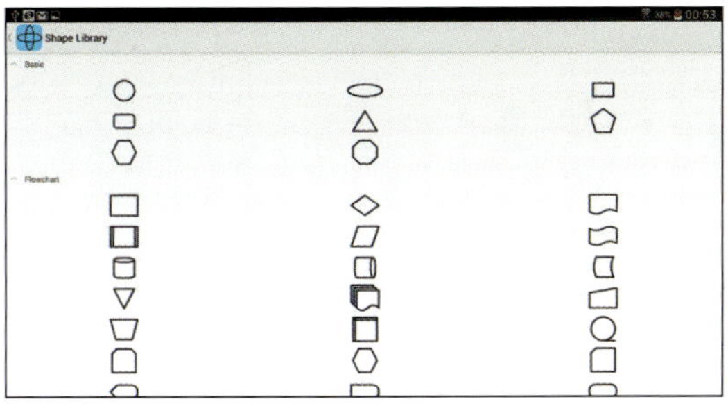

PRENDRE DES PHOTOS ET DES VIDÉOS

En sus de cette prise de notes, il peut être utile à l'occasion de prendre des photos pour saisir une diapo importante d'une présentation par exemple. Pas de problème, la quasi-totalité des tablettes intégrant un capteur photo-vidéo. Sélectionnez l'application Appareil photo et appelez les paramétrages. Vérifiez que la stabilisation est bien activée (si la tablette offre cette fonction), conservez le mode Auto, et coupez le flash qui ne servira à rien ici (portée insuffisante). Essayez de rester bien immobile au déclenchement et limitez le recours au zoom numérique. Pour enregistrer une séquence vidéo, touchez simplement l'icône correspondante dans la même application (**voir p. 110**).

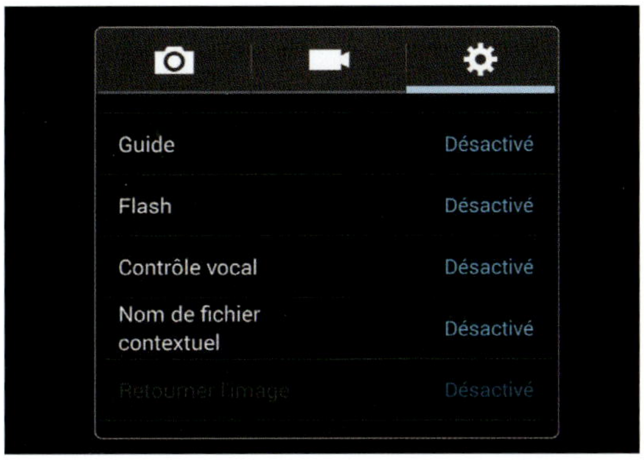

Passer rapidement d'une appli à l'autre

Dans la plupart des cas, il faudra noter vite pour ne pas perdre des informations importantes. Dans ce contexte, il est précieux de pouvoir passer rapidement d'une application à l'autre si vous devez utiliser plusieurs programmes. Android dispose heureusement d'un écran récapitulant les applications ouvertes, le mode d'appel différant un peu d'une tablette à l'autre. Le plus souvent, vous trouverez sur l'écran, ou en dessous dans le cas des tablettes Samsung, un bouton arborant deux rectangles l'un sur l'autre. Une fois cet écran ouvert, touchez simplement la vignette correspondante pour rappeler l'application voulue.

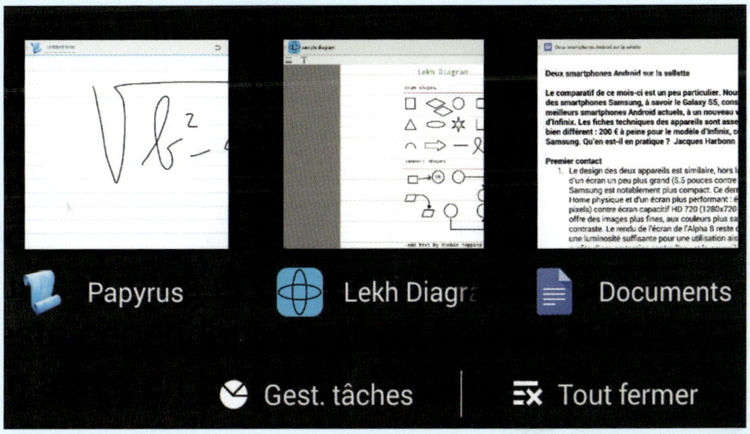

TRAVAILLER AVEC PLUSIEURS APPLIS EN MÊME TEMPS

La gestion multitâche et multifenêtre est un atout de choix pour une utilisation efficace de la tablette.

Pour certaines tâches, on peut avoir besoin de travailler avec plusieurs applis à l'écran. Si cette possibilité existe depuis des années sur les ordis traditionnels, elle ne fait pas encore partie intégrante du système Android, tel que défini par Google. Toutefois, certains constructeurs tels que Samsung et LG ont doté leurs dernières tablettes (Galaxy Tab Pro et Galaxy Notes chez Samsung, G Pad 8.3 chez LG) de cette fonction via une surcouche logicielle. Le nombre de fenêtres simultanées varie de 2 à 4 selon le modèle de tablettes, le constructeur et le mode choisi. Précisons que l'affichage 4 fenêtres se destine plutôt aux tablettes de 10 et 12 pouces, les 4 écrans étant peu exploitables sur une tablette 8 pouces, et cela quelle que soit la résolution de l'écran. D'autres constructeurs tels que Sony facilitent aussi le travail avec plusieurs applications (barre d'accès rapide), mais sans offrir le multifenêtrage.

DEUX MODES DE FONCTIONNEMENT

Le multifenêtrage est proposé selon deux modes différents, Samsung assurant les deux. En mode écran partagé, les applications se partagent la totalité de l'écran, la ligne de séparation pouvant être ajustée pour laisser plus de place à l'une des applications. En mode fenêtres flottantes, les fenêtres des différentes applis peuvent se superposer et être déplacées à loisir.

UNE COMPATIBILITÉ LIMITÉE Le multi-fenêtrage ne fonctionne qu'avec un nombre réduit d'applis, certaines n'étant d'ailleurs compatibles qu'avec l'un des deux modes.

Ne pas se tromper

Si vous faites une recherche "multifenêtre" ou "multi Windows" dans les applications du Play Store, vous découvrirez une kyrielle d'applications qui se veulent multifenêtres. Mais en fait, la grande majorité de ces outils se contente de créer différents « bureaux », avec passage aisé de l'un à l'autre. Rien à voir avec le travail multi-applications qui nous intéresse ici, mais bien utile tout de même pour partager sa tablette en famille. Cela dit, toutes les tablettes récentes permettent de créer plusieurs comptes d'utilisateur indépendants, un pour chaque membre de la famille (**voir p. 54**).

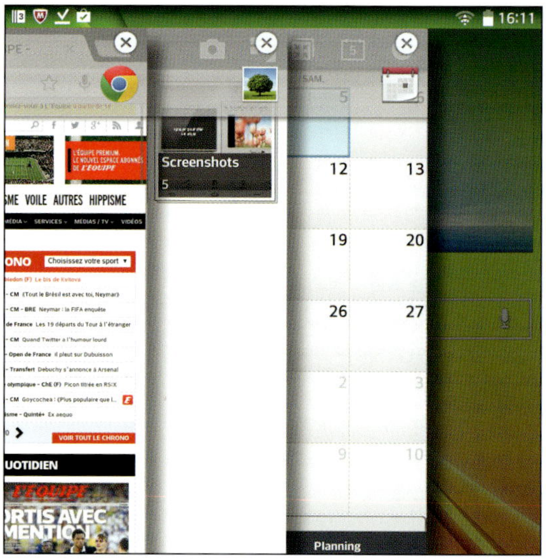

Sur une tablette LG, accédez rapidement à trois applications mises de côté en faisant glisser trois doigts sur l'écran depuis le bord gauche.

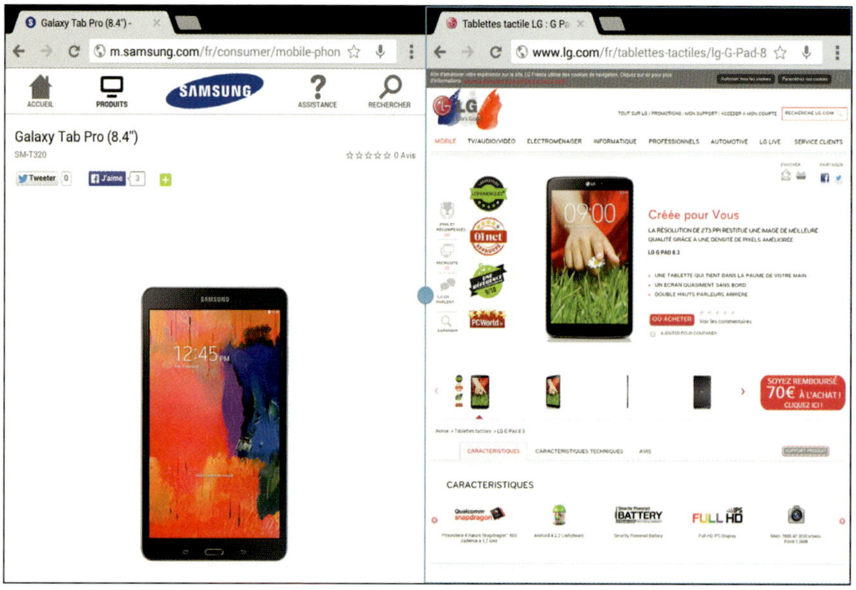

Le multi-fenêtrage de Samsung permet aussi d'exécuter la même application dans les deux fenêtres. Très pratique par exemple pour comparer deux produits dans deux fenêtres distinctes de Chrome.

DIFFICULTÉ ★★★★★ 5 MN

COMMENT EXPLOITER LE MULTIFENÊTRAGE SUR UNE TABLETTE GALAXY TAB PRO

1 OUVRIR LE VOLET MULTIFENÊTRE

Ce volet contient l'ensemble des applications compatibles multifenêtre. Pour l'ouvrir, touchez le bord droit de l'écran et ramenez le doigt vers le centre. Vous pouvez aussi effectuer un appui prolongé sur la touche Retour. Faites défiler au besoin la liste pour accéder aux applications qui seraient cachées.

2 PARTAGER L'ÉCRAN ENTRE DEUX APPLICATIONS

Effectuez un appui prolongé sur la première application dans le volet multifenêtre et glissez-la sur l'écran principal : elle occupe tout l'écran comme une application Android standard. Rappelez le volet multifenêtre et faites de même pour la 2e application. Vous aurez cette fois la possibilité de positionner cette application à gauche ou à droite en orientation paysage ou en haut ou en bas en orientation portrait. Vous pouvez remplacer une application par une autre en recommençant la 2e manipulation. La ligne de séparation peut être déplacée en touchant et déplaçant le petit rond bleu au milieu. En touchant ce rond, vous accéderez à de nouvelles possibilités : fermeture ou mode plein écran (non réversible) de la fenêtre active, interversion des fenêtres, copier/coller aisé (par glisser/déplacer) entre les deux applications et liste des applications compatibles multifenêtre utilisées récemment.

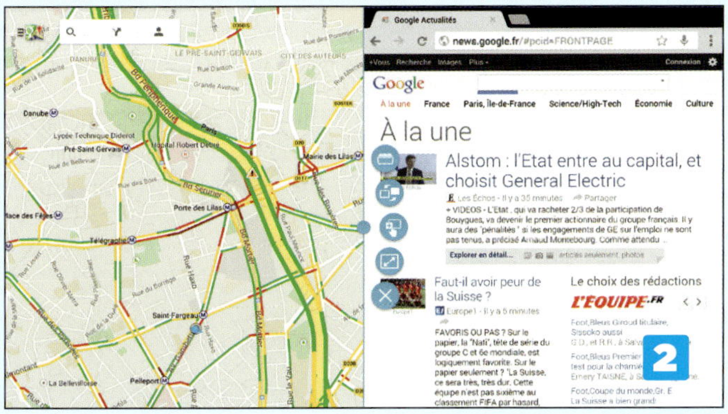

3 MÉMORISER UNE COMBINAISON MULTIFENÊTRE

Le système peut mémoriser une combinaison que vous utilisez fréquemment. Pour cela, partagez l'écran entre les deux applications voulues comme à l'étape 2. Ouvrez ensuite le volet multifenêtre et touchez le symbole « = » en bas pour accéder aux options. Touchez ensuite Créer et renommez au besoin la fenêtre associée. La nouvelle combinaison apparaîtra en haut de la liste. N'hésitez pas à mémoriser toutes les combinaisons que vous utilisez souvent : vous gagnerez ainsi un temps précieux en les appelant d'un simple toucher.

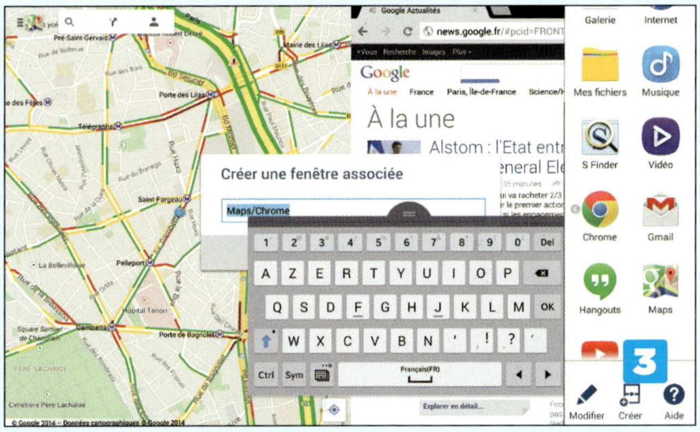

4 OUVRIR UNE APPLICATION DANS UNE FENÊTRE FLOTTANTE

Ouvrez le volet multifenêtre et touchez une application d'un appui bref. Celle-ci s'ouvrira en mode fenêtré, par-dessus le bureau, une application plein écran ou deux applications en écran partagé. Vous pouvez ainsi ouvrir plusieurs fenêtres, qui s'afficheront en cascade. Les fenêtres peuvent être redimensionnées par un angle ou un côté et déplacées par la barre supérieure. Ces fenêtres peuvent encore être réduites en icônes ou agrandies en plein écran (sans possibilité de repasser en mode fenêtré). Tout comme en mode écran partagé, vous pourrez ouvrir plusieurs fois la même application.

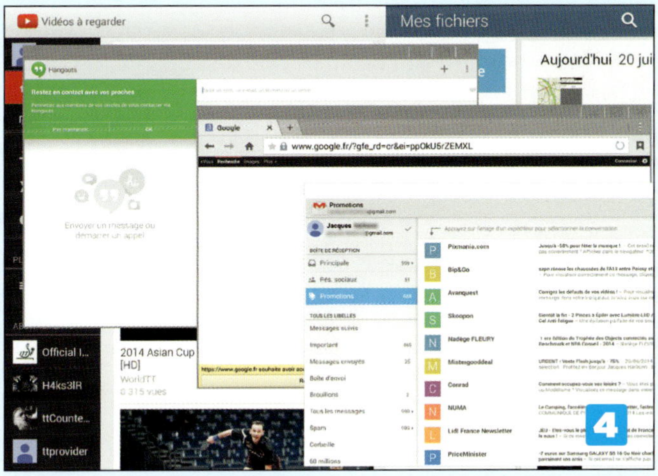

TOUTES LES SOLUTIONS POUR IMPRIMER DEPUIS SA TABLETTE

Vous pouvez désormais imprimer assez facilement depuis votre tablette et même scanner des documents.

L'impression est une fonction essentielle pour une utilisation avancée de la tablette. Mais, contrairement à d'autres périphériques (clavier, souris, disque dur), il n'est pas possible de connecter directement une imprimante USB à la tablette via un câble USB Host, du fait du manque de pilotes adaptés). Le même problème se pose aussi pour une imprimante Bluetooth. Il existe fort heureusement de nombreuses solutions pour contourner ces limitations et pour imprimer via Wi-Fi ou NFC. Voici un panorama complet des solutions disponibles.

IMPRESSION EN WI-FI DIRECT Ce mode d'impression requiert une imprimante Wi-Fi compatible. Voici comme procéder pour établir la liaison. Ouvrez les paramètres Wi-Fi de la tablette, touchez Wi-Fi Direct et au besoin l'option Analyser pour lancer la recherche. Touchez ensuite l'imprimante dans la liste des appareils disponibles, puis appuyez sur le bouton WPS de l'imprimante. La connexion entre la tablette et l'imprimante s'établira en Wi-Fi, sans devoir passer par un point d'accès.

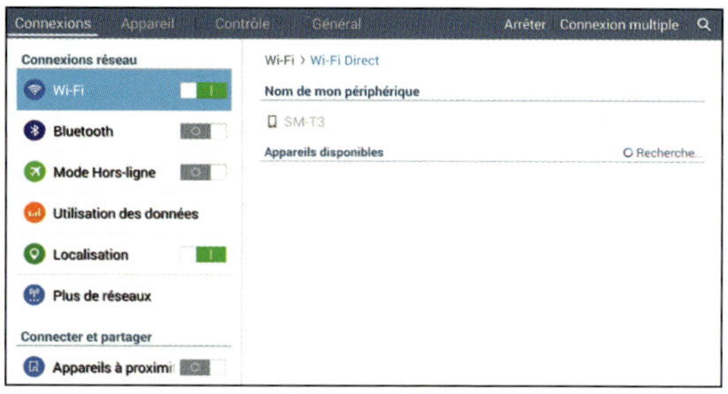

IMPRESSION VIA NFC La technologie NFC (Near Field Communication – Communication en champ proche) permet un échange de données entre deux appareils très proches l'un de l'autre (moins de 10 cm). Tout comme le Wi-Fi Direct, elle réclame une imprimante compatible, la tablette devant elle aussi disposer de ce mode de communication. Commencez par activer le NFC sur la tablette. Rendez-vous dans les Paramètres, onglet Connexions et activez le NFC dans la section « Connecter et partager ». Sur une tablette Nexus, rendez-vous dans la section « Sans fil et réseaux ». L'impression via NFC réclame encore que l'application d'impression du constructeur de l'imprimante soit installée sur la tablette.

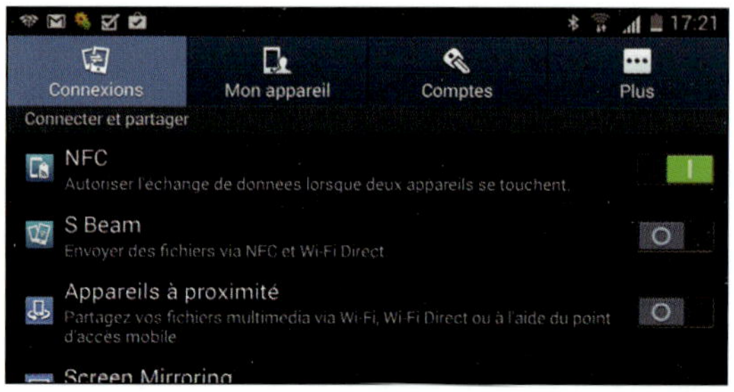

Transformer une imprimante USB en imprimante réseau, sans ordi

Avec l'application Google Print Cloud (voir p. 106), il est parfaitement possible d'imprimer sur une imprimante USB. Mais il faut que l'ordinateur auquel l'imprimante est branchée reste allumé et connecté au réseau. Pour rendre l'imprimante USB disponible en toutes circonstances, il faut recourir à un serveur d'impression. Certaines box Internet, telles que la Freebox Révolution, disposent de cette fonction. Mise en pratique.

1. Rendez-vous à l'adresse mafreebox.freebox.fr via votre navigateur pour afficher l'interface de gestion. Sélectionnez les paramétrages de la Freebox, Mode avancé, Partage de fichiers, Partages Windows et vérifiez que la case « Activer le partage d'imprimantes » est bien cochée.

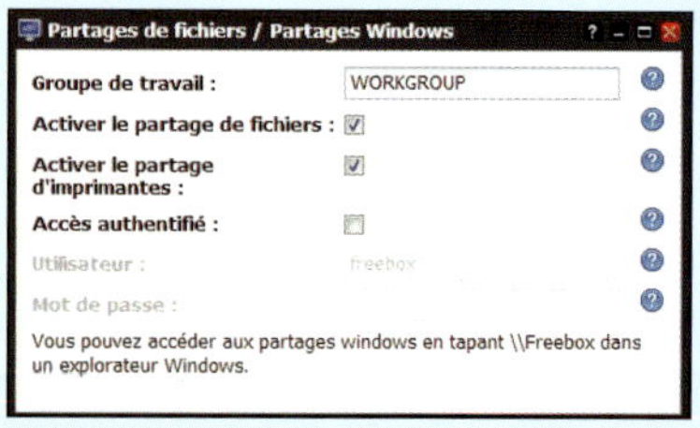

2. Dans l'Explorateur Windows, sélectionnez Réseau et double-cliquez sur Freebox (dans la section Ordinateur) : l'imprimante branchée à la box chez vous apparaît aux côtés des disques du serveur. Cliquez avec le bouton droit sur son icône et sélectionnez Connecter.

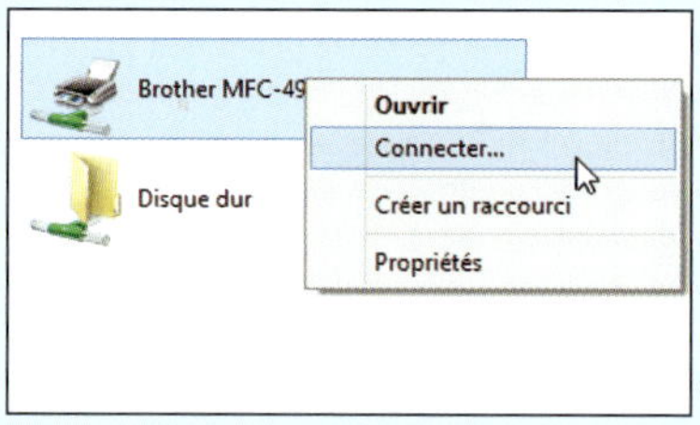

3. Dans l'assistant Ajout d'imprimante, sélectionnez le constructeur dans la colonne de gauche, puis le modèle précis dans la colonne de droite et validez d'un clic sur OK (cliquez au besoin sur Windows Update pour mettre à jour la liste).

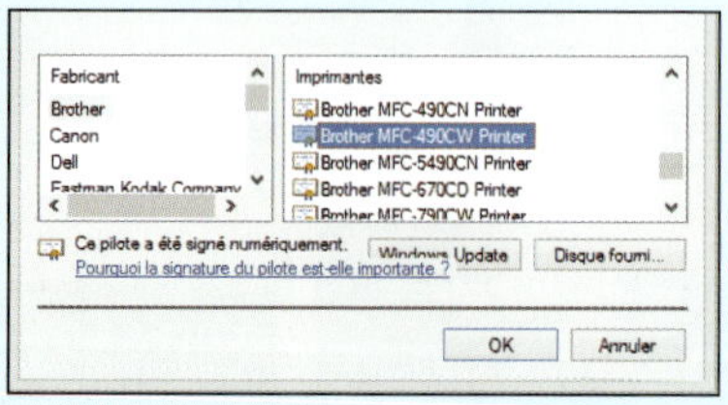

Plutôt que de télécharger manuellement cette application, posez simplement la tablette sur le tag NFC de l'imprimante, les deux appareils devant être allumés : l'application idoine sera automatiquement localisée dans le Play Store. Installez-la et ouvrez-la. Choisissez une source, puis un document et sélectionnez les pages à imprimer. Placez ensuite la tablette sur le tag NFC de l'imprimante : l'impression s'exécutera automatiquement.

LES APPLIS D'IMPRESSION Avec l'essor des tablettes et des smartphones, la grande majorité des constructeurs d'imprimantes proposent une appli dédiée à Android. Ces applications se nomment HP ePrint, Epson iPrint, Brother iPrint&Scan, Canon Easy-Photo Print, Samsung Mobile Print, etc. Téléchargez l'application correspondant à votre constructeur d'imprimante. Ces applications couvrent un large éventail d'imprimantes et multifonctions de la marque (mais pas toutes). Les possibilités varient selon les applications. Certaines, comme celle de Canon (qui propose aussi heureusement un plug-in complémentaire) n'assurent que l'impression des photos. D'autres au contraire multiplient les possibilités : impression de tout type de document stocké localement ou à distance, scanner, télécopie, etc.

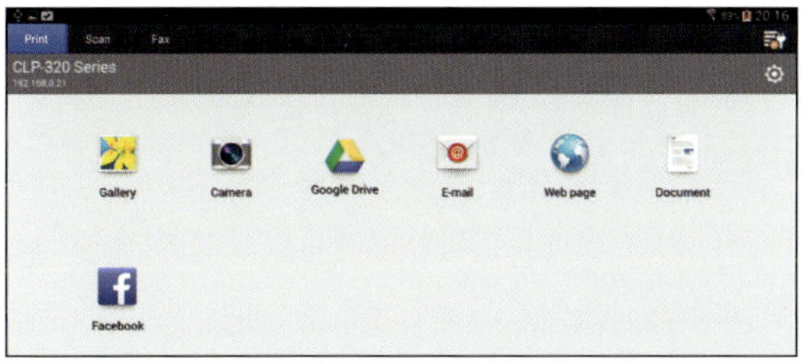

En pratique, Il faut d'abord faire reconnaître votre imprimante. Connectez-vous à votre réseau Wi-Fi et assurez-vous que votre imprimante réseau est bien allumée. Allez dans les paramètres de l'application et recherchez les imprimantes du réseau. Pour imprimer, sélectionnez une source, précisez au besoin les options et lancez l'impression.

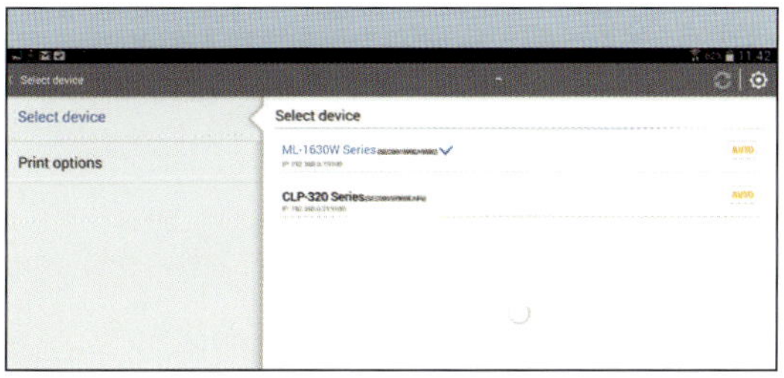

IMPRIMER SUR LE CLOUD Ce type d'impression requiert un accès Internet et assure l'impression sur n'importe quelle imprimante connectée au service. Cela permet par exemple d'exploiter l'imprimante de votre domicile ou de votre bureau lorsque vous êtes à l'extérieur. Très pratique aussi pour imprimer un document dans un hôtel, pour peu qu'il soit équipé bien sûr. Il existe différentes applications gratuites ou payantes capables d'assurer l'impression sur le Cloud. On peut ainsi citer Cloud Print, PrinterShare Mobile Print, Cloud Printer, etc. Mais l'application de référence est tout simplement Google Cloud Print. C'est ailleurs cette dernière que nous utiliserons pour notre pas-à-pas en page suivante.

Imprimer en USB ou en Bluetooth

Si elle est impossible en standard, l'impression via une connexion USB ou Bluetooth devient réalisable via une application dédiée. Il existe différentes applications payantes capables d'assurer ce service, une version d'évaluation gratuite étant proposée pour tester la compatibilité avec votre imprimante. Nous avons retenu l'application Impression mobile Printhand, performante et d'un coût raisonnable (9,35 €). Cette application gère les imprimantes USB, Bluetooth et Wi-Fi, les imprimantes partagées de Windows et les imprimantes Google Cloud. Les sources disponibles sont tout aussi étendues : fichiers, photos, pages Web, emails, contacts, calendriers, Facebook, Evernote, et différents espaces de stockage Cloud : Drive, Box, Dropbox, OneDrive et SugarSync.

DIFFICULTÉ ★★★★★ 10 MN

COMMENT UTILISER LA SOLUTION GOOGLE CLOUD PRINT

1 AJOUTER DES IMPRIMANTES AU SERVICE

Si votre imprimante est compatible Google Cloud Print, vous n'aurez rien à faire qu'à vous enregistrer. Pour les autres modèles, voici comment procéder. Sur votre ordinateur, exécutez le navigateur Chrome et appelez les paramètres. Cliquez sur « Afficher les paramètres avancés », puis sur Gérer dans la section Google Cloud Print. Cliquez ensuite sur « Ajouter des imprimantes ». La liste proposée va rassembler les imprimantes locales connectées au poste, les imprimantes partagées, les imprimantes réseau et les imprimantes virtuelles (fax, PDF). Laissez cochées les imprimantes voulues, conservez l'option d'ajout automatique des nouvelles imprimantes et cliquez sur Ajouter une ou plusieurs imprimantes.

2 INSTALLER L'APPLICATION SUR LA TABLETTE

Cette application gratuite, pourtant capitale, n'est pas installée en standard sur toutes les tablettes Android. Pour y remédier, ouvrez le Play Store et faites une recherche de Google Cloud Print. Touchez l'icône de l'application dans la liste puis touchez Installer. Elle va apparaître comme un plug-in si votre tablette utilise la version 4.4 d'Android (option supplémentaire du menu Imprimer) et comme une application indépendante dans les versions antérieures d'Android.

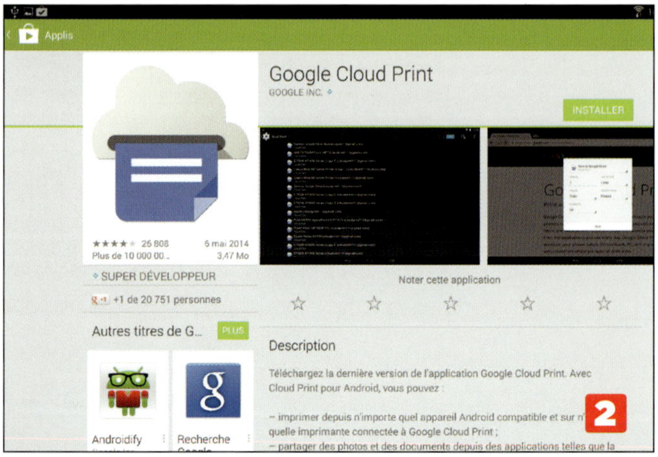

3 ACTIVER LE PLUG-IN

Dans Android 4.4, vous devrez peut-être activer le plug-in. Pour cela, ouvrez les paramètres de la tablette et touchez Plus de réseaux, dans la section Connexions réseau de l'onglet Connexions. Touchez ensuite Impression (à droite), puis l'entrée Google Print Cloud. Activez l'interrupteur en haut à droite et validez d'un OK le message d'alerte. La liste des différentes imprimantes enregistrées apparaîtra à droite.

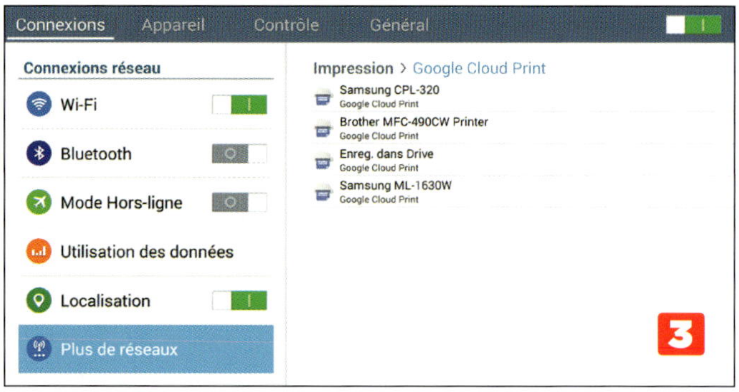

4 IMPRIMER VIA LE CLOUD

Sélectionnez un document local ou distant, appelez le menu contextuel d'un appui long sur l'icône du document et sélectionnez Imprimer. Dans la petite fenêtre qui s'affiche, sélectionnez tout d'abord l'imprimante. Pour cela, touchez le nom de l'imprimante sélectionnée, puis touchez l'imprimante voulue dans la liste. Vous pourrez ensuite ajuster les paramètres d'impression : nombre de copies, format, impression en noir ou en couleur, et orientation portrait ou paysage. En revanche, le choix des pages à imprimer restera inactif. Touchez Imprimer pour boucler l'impression. Du fait du circuit « complexe » emprunté (envoi vers les serveurs Google, puis retour vers l'ordinateur ou l'imprimante réseau), il peut se passer plusieurs minutes avant le début de l'impression dans le cas d'un document volumineux. En contrepartie, l'impression ne sera pas perdue en cas d'indisponibilité de l'imprimante et s'effectuera dès que celle-ci sera de nouveau connectée à Internet. Les tâches en cours peuvent être consultées à la page https://www.google.com/cloudprint#jobs.

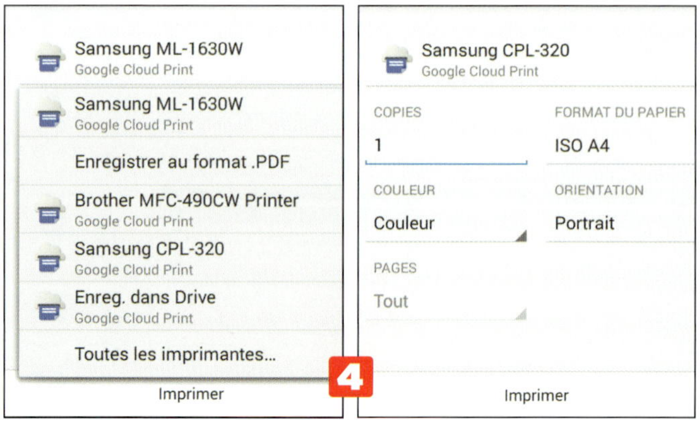

DIFFICULTÉ ★★★★★ 5 MN

COMMENT SCANNER UN DOCUMENT AVEC UNE TABLETTE

Si vous disposez d'une imprimante multifonction compatible doublée d'une application Android d'impression du constructeur gérant le scanner (Samsung, Brother, Canon ou Epson), vous pourrez exploiter le scanner de votre imprimante multifonction depuis votre tablette. Vous pourrez aussi ajuster les paramètres (couleur ou noir et blanc, qualité, format de fichier en sortie) et même avec certaines applications prévisualiser le document et exploiter le chargeur feuille à feuille. Dans le cas contraire, le seul moyen d'exploiter votre multifonction avec votre tablette sera de numériser le document vers un e-mail (que vous récupérerez ensuite sur la tablette) ou de sauvegarder le fichier du scan vers une clé USB connectée à la multifonction et ensuite raccordée à la tablette via un câble USB Host.

1 INSTALLER UNE APPLICATION SCANNER

Il existe toutefois d'autres solutions de numérisation, certes moins performantes, mais mieux adaptées à l'usage mobile de la tablette. On trouve en effet sur le Play Store de nombreuses applications gratuites ou payantes exploitant l'appareil photo de la tablette pour produire des documents scannés. Vous les localiserez aisément via une recherche «scanner document». Nous utiliserons ici Droid Scan Lite, qui offre déjà un bon éventail de fonctions en mode gratuit et assure l'OCR, les documents multipages et la sauvegarde PDF dans sa version payante (3,49€).

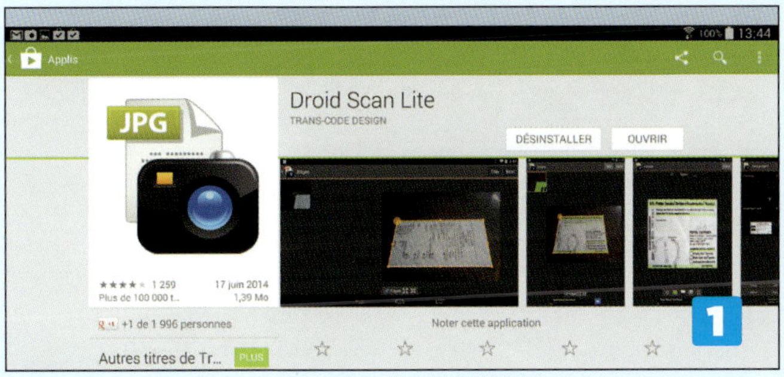

2 PRENDRE LA PHOTO

La qualité de la photo influe beaucoup sur celle du scan final. Appelez la capture en touchant l'icône correspondante dans l'écran d'aide ou via le menu dans l'écran principal. Contrairement à d'autres outils de scan, cette application permet de profiter de l'intégralité des options de prise de vue disponibles. Appelez les paramètres de prises de vue, activez la stabilisation, désactivez le flash (problème de reflets) et conservez le mode Auto. Placez le document sur un plan sombre (ce qui facilitera la détection des bords), éclairez-le correctement, positionnez la tablette parallèlement au document et à la distance adéquate pour couvrir tout le document et déclenchez.

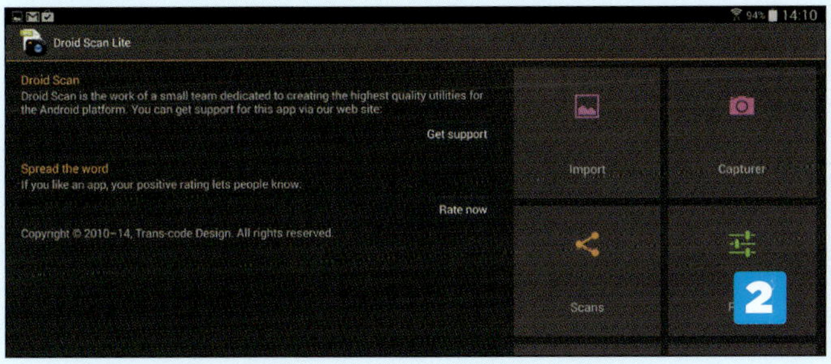

3 AJUSTER L'IMAGE

Quittez la prise de vue pour revenir à l'application. Le programme vous propose tout d'abord de définir la zone utile. Pour cela, vous pouvez ajuster le cadre par ses bords ou ses angles ou choisir les zones minimale/maximale dans le mini-menu en bas. L'écran suivant permet de régler la taille du document, la couleur, la luminosité et le contraste et enfin de faire pivoter le document.

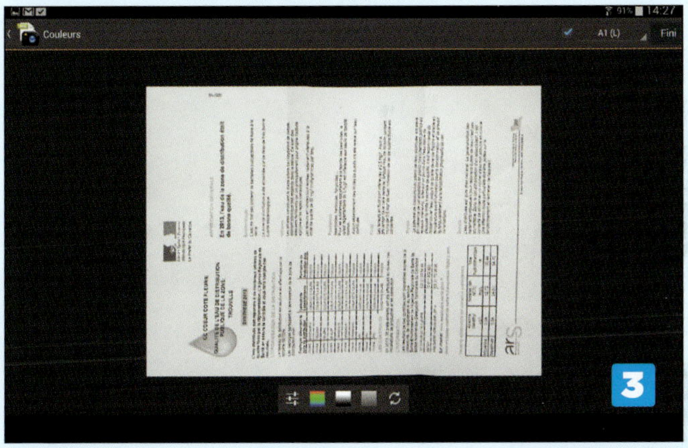

4 EXPLOITER LES SCANS

Dans la version gratuite, les scans sont sauvegardés au format JPEG exclusivement. Ils peuvent être partagés selon une multitude d'options: sauvegarde sur carte SD, pièce jointe à un email, partage direct en Wi-Fi ou Bluetooth, impression, sauvegarde sur un espace Cloud, envoi sur un réseau social, recherche via l'appli Goggles, etc.

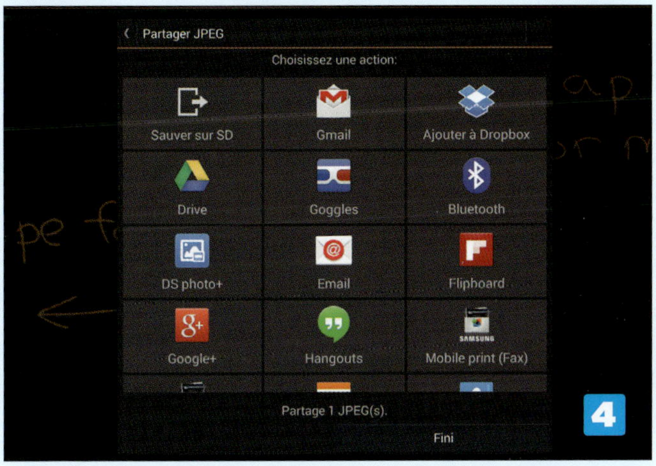

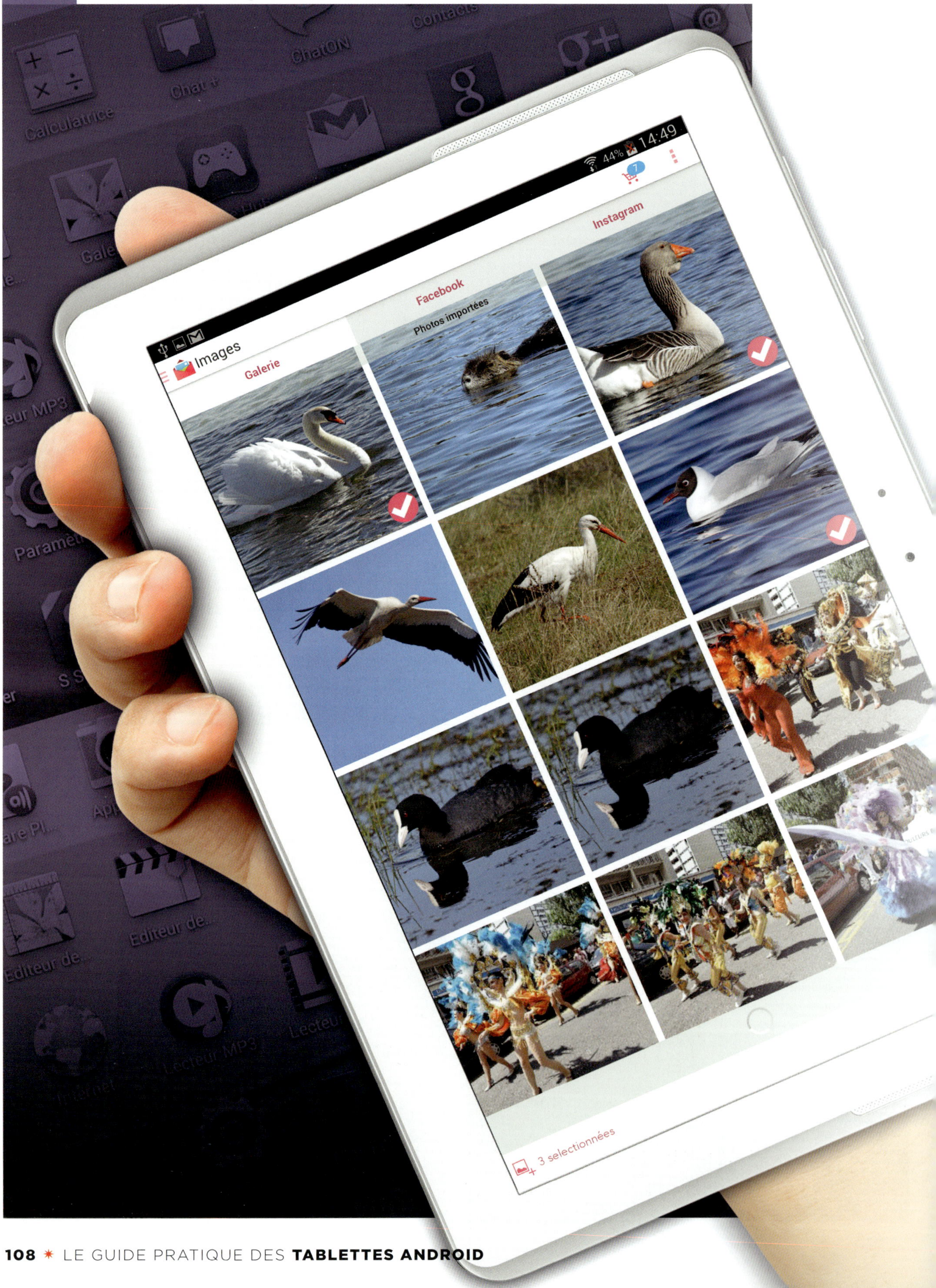
14:49
44%
Images
Galerie
Facebook
Photos importées
Instagram
3 sélectionnées

À DÉCOUVRIR DANS CES PAGES

PRENDRE DES PHOTOS ET DES VIDÉOS

La majorité des tablettes sont dotées d'un appareil photo numérique d'un bon niveau. Voici comment en tirer le meilleur parti et aussi comment gérer tout ce qui touche aux photos et vidéos sur votre tablette. Utilisez les bons outils pour ranger efficacement vos images et retrouver en un clin d'œil celles que vous voulez ; apprenez à améliorer vos photos pour rattraper les erreurs de prise de vue ou mettre en valeur un beau cliché ; commandez des tirages et des albums photos depuis la tablette ; et enfin, sauvegardez systématiquement tous vos souvenirs.

PRENDRE DES PHOTOS ET FILMER AVEC SA TABLETTE

1 LANCER L'APPAREIL PHOTO L'appli de prise de vue est systématiquement installée sur la tablette (à l'exception bien sûr des rares modèles dépourvus d'appareil photo numérique ou APN). Les possibilités de base sont similaires d'une tablette à l'autre, mais diffèrent souvent dans leur présentation. Notre exemple s'appuie sur une Galaxy Tab Pro de Samsung. Affichez la liste des Applications et touchez Appareil photo. Un raccourci est souvent présent sur l'un des écrans d'accueil.

2 CHOISIR LE MODE DE PRISE DE VUE Par défaut, la prise de vue est réglée sur le mode Auto, laissant la tablette décider de l'ajustement de l'exposition et des couleurs. Ce mode passe-partout conviendra aux situations standard mais sera pris en défaut ailleurs. Les modes complémentaires y pallient et offrent des possibilités avancées. Répétons que ces modes varient d'une tablette à l'autre. Touchez Mode à droite : la liste des modes disponibles apparaît dans une « roue » avec une petite aide pour chacun. Vous pouvez afficher l'ensemble des modes en touchant l'icône en bas à gauche. Le mode Beauté est dédié au portrait, tandis que Sports permet de figer des mouvements rapides. Autre mode utile pour l'action : « Chronophoto » qui superpose différentes photos successives sur une même image pour visualiser le mouvement. « Meilleures poses » permet de sélectionner la meilleure photo dans une série, tandis que « Meilleure photo » agit de même pour les photos de groupe. « Ton riche » améliore le rendu façon HDR. « Gomme » élimine les éléments mobiles d'une série de 5 images (très utile pour gommer les passants devant un monument). « Panorama » couvre les panoramas horizontaux ou verticaux. Enfin « Son & prise » ajoute un extrait sonore à vos images.

3 SÉLECTIONNER UN EFFET Ouvrez le volet inférieur en touchant la petite flèche. Vous pourrez choisir un effet coloré (sépia, échelle de gris, vintage, couleurs atténuées, etc.) ou miser sur une déformation façon fisheye. Touchez l'icône du crayon pour sélectionner les effets à conserver dans la palette proposée.

4 PRENDRE LA PHOTO Touchez l'écran pour préciser l'endroit où faire la mise au point. Ajustez le zoom soit avec le bouton de volume (si cette possibilité est active dans les paramètres) soit en pinçant/écartant une zone de l'image. Précisons que ce zoom numérique détériore notablement l'image, en particulier en grossissement maximum. Pour déclencher, tenez la tablette de manière stable (la stabilisation automatique ne peut pas faire des miracles) et au besoin, sortez la tablette de son étui (rabat gênant), et touchez l'icône de

Atouts et limites

Les tablettes intègrent le même type d'appareil photo que les smartphones. Ces APN, d'une définition de 5 à 8 Mpix en général, assurent des photos de qualité très correctes lorsque la lumière est abondante. En revanche, les choses se gâtent nettement lorsque la lumière manque. La taille de la tablette est aussi un inconvénient à la prise de vue : elle rend la prise en main délicate. En revanche, cette taille imposante assure une visualisation très agréable des images.

DIFFICULTÉ ★★☆☆☆ 5 MN

l'appareil photo à droite. Les images enregistrées peuvent être directement visualisées en touchant la miniature en bas à gauche.

5 **CHOISIR LA CAMÉRA** Par défaut, les prise de vue sont effectuées avec la caméra arrière (qui se trouve au dos de la tablette). C'est elle qui offre la meilleure résolution. Mais pour des selfies (autoportraits) sans retardateur, il est préférable d'exploiter l'objectif frontal. Pour cela, touchez en haut l'icône de l'appareil photo avec les deux flèches gauche/droite. La prise simultanée avec les deux appareils est possible en touchant l'icône juste à droite de la précédente. L'image principale est capturée par la caméra arrière, le portrait du photographe (pris par la caméra frontale) apparaissant dans une vignette. Cette vignette peut être déplacée sur l'image principale et sa taille ajustée.

6 **ENREGISTRER UNE VIDÉO** Touchez l'icône caméra à droite pour passer en mode vidéo: attention, l'enregistrement débute immédiatement. Vous pourrez le mettre en pause et l'arrêter à l'aide des icônes à droite. Vous disposez aussi des mêmes possibilités qu'en mode photo : choix de la zone de mise au point et zoom numérique.

7 **RÉGLER LES PARAMÈTRES** La roue dentée en haut à gauche ouvre les paramètres, scindés en 3 onglets. L'onglet Photo permet de régler la taille de l'image et son format (4:3, 16:9, 1:1), la prise de vue en rafale, et le déclenchement en touchant la visée. Il assure aussi la détection des visages, le choix du mode de mesure de la lumière, le réglage de la sensibilité, et l'activation de la stabilisation. L'onglet vidéo propose le choix de la taille et du format (16:9 ou 4:3) et l'activation de la stabilisation. Le dernier onglet s'applique aux deux modes d'enregistrement. Il permet d'activer la géolocalisation (utile pour plus tard placer les images sur une carte grâce à la puce GPS de la tablette – **voir p. 114**), de profiter d'un aperçu après enregistrement, d'actionner le retardateur ou le flash, et d'ajuster l'exposition. Il permet encore d'activer le contrôle vocal, de choisir la balance des blancs ou le support de stockage.

8 **PARTAGER À LA VOLÉE** Les photos et vidéos enregistrées peuvent bien sûr être partagées après coup (**voir notamment p. 114**). Mais il est possible aussi de les partager automatiquement juste après la prise de vue. Pour cela, touchez la flèche en haut à gauche, puis l'icône de partage. Vous pouvez d'abord partager des images avec d'autres appareils connectés en Wi-Fi Direct. « Partage de photo d'ami » assure le partage avec les amis et contacts dont les visages ont été détectés. Le dernier mode « Viseur à distance » permet de télécommander à distance, via Wi-Fi Direct, la prise de vue de la tablette depuis un autre appareil. Cet écran distant reproduit la visée et offre quasiment toutes les possibilités disponibles en local: photo ou vidéo, effets, paramétrages, consultation des photos/vidéos enregistrées. Le choix du mode de prise de vue n'est pas proposé à distance. Précisons qu'à l'inverse, la tablette peut aussi servir d'écran distant.

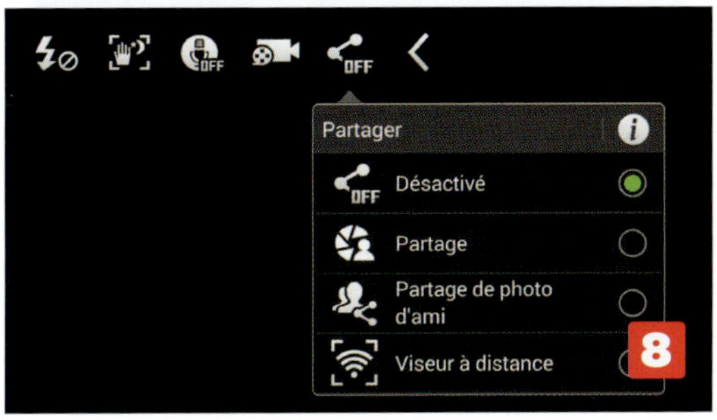

FAQ

Q: Pourquoi le zoom de la tablette est-il beaucoup moins bon que celui de mon compact?
R: Contrairement aux APN compacts dotés d'un zoom optique, le zoom de la tablette est un zoom numérique. Le grossissement de la scène est dû au simple grossissement de l'image, avec perte correspondante de définition.

Q: Comment élargir les possibilités photographiques?
R: Akashi propose un kit grand angle + bonnette pour disposer d'un grand-angle et photographier de très près. La fixation, magnétique, est quasi-universelle.

RÉCUPÉRER LES PHOTOS DE SON APPAREIL PHOTO NUMÉRIQUE

La tablette est beaucoup plus agréable que le petit écran LCD d'un appareil photo pour visionner et partager les photos que l'on vient de prendre.

Plus légère et plus mobile qu'un ordinateur, même ultra-portable, la tablette constitue un support de choix pour consulter ses photos, quand on est en vacances par exemple. Pour cet usage, les tablettes dotées d'un écran très haute résolution (**voir p. 9**) sont recommandées. Voici comment récupérer sur votre tablette les photos prises avec votre appareil photo numérique.

Performances du transfert Wi-Fi

Les émetteurs Wi-Fi intégrés aux appareils photo ou aux cartes SD sont de faible puissance. De ce fait, il faudra se limiter à quelques mètres entre l'appareil et la tablette. En ce qui concerne la vitesse de transfert, il faut compter une poignée de secondes pour chaque photo.

À L'AIDE D'UN CÂBLE Vous pouvez relier directement l'appareil photo à la tablette, si elle dispose bien d'un port USB Host (**voir p. 98**). Il vous faudra aussi un câble USB Host (OTG) pour convertir le port Micro-USB ou propriétaire en port USB standard. Sur l'appareil photo, ouvrez les paramètres et sélectionnez le mode de communication Stockage de masse. Connectez l'appareil photo à la tablette (via le câble USB Host) avec le câble USB fourni et allumez-le : le gestionnaire de fichiers s'ouvre

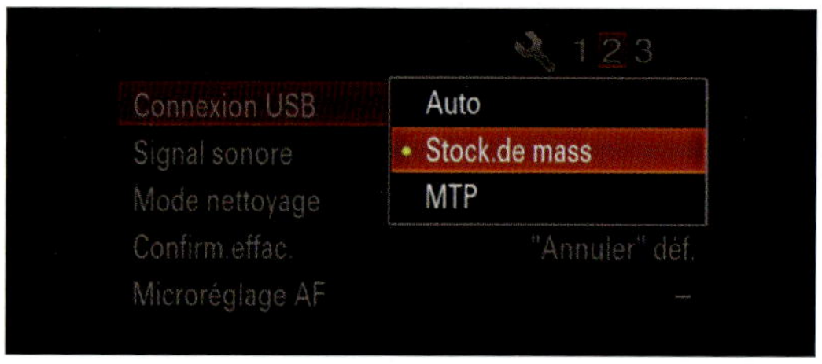

automatiquement (**voir p. 92**). Sélectionnez UsbDrive dans les dossiers de la colonne de gauche pour voir le contenu de la carte mémoire. Les photos sont à rechercher dans le dossier DCIM. Si les vidéos sont enregistrées au format AVCHD, elles seront

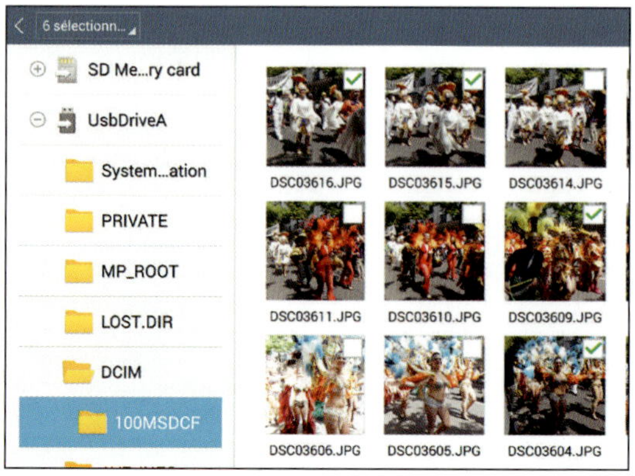

localisées dans le dossier Private, AVCHD, BDMV, Stream. Pour rapatrier les photos sur la tablette, touchez Sélectionner dans les options et sélectionnez les fichiers voulus. Pour sélectionner l'ensemble des fichiers, touchez le menu en haut à gauche, puis touchez « Sélectionner tout ». Touchez l'icône Déplacer (3e en haut à droite) ou Copier (4e), sélectionnez le dossier de réception (dans la mémoire principale ou additionnelle) et touchez « Déplacer ici » ou « Coller ici » (en haut de l'écran).

AVEC UN LECTEUR DE CARTE Il est souvent plus pratique de lire le contenu de la carte mémoire depuis un lecteur dédié. Il existe trois types de carte SD : SD standard (jusqu'à 2 Go), SDHC (de 4 à 32 Go) et SDXC (à partir de 64 Go). Vérifiez que le lecteur de carte est bien compatible avec le type de votre carte SD. Raccordez le lecteur de carte au câble USB Host de la tablette et insérez la carte mémoire. La procédure est ensuite identique à celle de la connexion filaire directe. Certaines tablettes sont aussi munies d'un tel lecteur, il suffit alors de la retirer de l'appareil photo pour l'insérer dans la tablette.

AVEC L'APPLICATION DU FABRICANT Les fabricants d'appareils photo proposent une appli Android gratuite pour gérer le transfert sans fil des photos depuis l'APN Wi-Fi vers la tablette. Vous la trouverez sur le Play Store en cherchant Canon CameraWindow, Samsung Smart Camera, Olympus Image Share, Wireless MobileUtility chez Nikon, PlayMemories Mobile pour Sony, etc. Les possibilités diffèrent d'une application à l'autre, mais toutes assurent le transfert des photos JPEG. Les photos RAW et les vidéos AVCHD ne sont en général

pas prises en charge. Voici la procédure pour un appareil photo Sony. Commencez par régler dans l'appli PlayMemories Mobile que vous aurez installée sur la tablette, la taille des fichiers à envoyer. Pour cela, ouvrez les réglages et sélectionnez une des options de la rubrique « Copier la taille de l'image » : Original (à sélectionner pour une sauvegarde), 2 M (transfert plus rapide à une résolution proche de l'écran de la tablette) ou VGA (pour une visualisation express). Sur l'appareil photo, accédez au menu Sans fil et sélectionnez « Envoyer vers smartphone ». Choisissez ensuite les images à transférer et validez. Le transfert s'effectue en général via Wi-Fi. L'initialisation de la connexion passe parfois par la puce NFC si tablette et appareil photo sont compatibles. Il faudra alors activer au préalable la fonction NFC dans les paramètres de la tablette, puis mettre en contact les deux appareils.

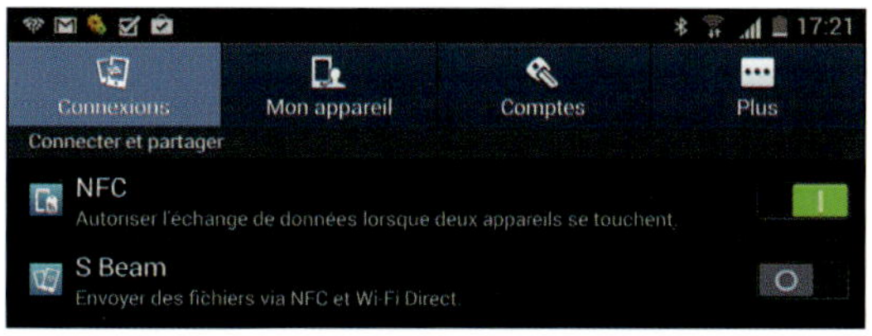

AVEC UNE CARTE SD EYE-FI Ce type de carte mémoire, à placer dans l'appareil photo, est un peu particulier : en plus de sa capacité de stockage, il intègre un émetteur Wi-Fi permettant donc de transférer les images vers votre tablette sans sortir la carte de l'appareil photo. Si l'usage ultérieur est aisé, les paramétrages initiaux réclament un ordinateur PC ou Mac et quelques explications. Insérez la carte Eye-Fi dans l'adaptateur fourni : l'installation du logiciel Eye-Fi Center se lancera automatiquement. Vous serez peut-être amené à mettre à jour le programme ou le microprogramme de la carte Eye-Fi. Créez ensuite un compte Eye-Fi à l'aide de la clé à 10 chiffres livrée. Sur la tablette, téléchargez l'application Eye-Fi sur le Play Store, exécutez-la et connectez-vous à votre compte Eye-Fi. Revenez au Eye-Fi Center sur l'ordinateur (la clé Eye-Fi doit toujours être insérée). Sélectionnez les paramètres de la carte Eye-Fi. Dans l'onglet Réseaux, sélectionnez Réseaux Privés et configurez les réseaux utilisés. Sélectionnez enfin l'onglet Direct Mode, activez ce mode (il sera mis à profit si aucun réseau enregistré n'est disponible), cliquez sur Déployer le réseau Direct Mode, puis activez le Direct Mode sur la tablette (dans les paramètres Wi-Fi) pour établir la liaison. Revenez à l'application Eye-Fi de la tablette, Appelez les paramètres, puis touchez Paramètres d'équipement Eye-Fi. Sélectionnez Carte Eye-Fi, puis encore Carte Eye-Fi. Choisissez les médias à transférer (photos ou vidéos) et validez. L'option « Transfert du contenu vers cet équipement » doit être cochée et les détails du Direct Mode affichés. Vous pouvez maintenant insérer la carte SD Eye-Fi dans l'APN : toutes les nouvelles photos seront automatiquement transférées sur la tablette et affichées. Ce mode de transfert à la volée convient bien pour une séance photo prolongée (en studio par exemple).

VIA UN ESPACE CLOUD Cette dernière possibilité s'exploite en deux temps. Vous devez tout d'abord envoyer vos photos sur un espace de stockage en ligne, soit avec un ordinateur, soit avec la tablette via un câble USB Host. Privilégiez les services disposant d'une application Android pour plus de facilité (Google Drive, OneDrive, Dropbox, etc., **voir p. 128**), l'idéal étant que le contenu soit directement visible dans le gestionnaire de fichiers. De cette manière, ces photos seront toujours disponibles, sans pour autant encombrer une partie de la précieuse mémoire de la tablette. Vous pourrez ensuite à volonté copier les photos voulues sur la tablette.

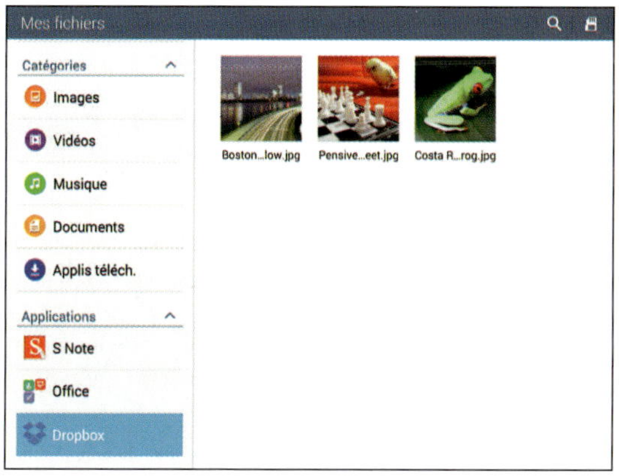

FAQ

Q: Existe-t-il des alternatives à la carte Eye-Fi ?
R: Il existe d'autres cartes SD Wi-Fi comme la Pentax FluCard, qui offre en sus la télécommande à distance. Par ailleurs, le Wi-Fi peut être apporté à l'appareil photo par un dispositif externe, tel que le dongle Wi-Fi WU-1A de Nikon ou le transmetteur Canon WFT-E6.

Q: La sauvegarde des photos sur la tablette suffit-elle ?
R: Il est chaudement recommandé de doubler la sauvegarde sur un disque dur. La tablette peut être volée et les mémoires Micro-SD sont beaucoup plus sujettes aux pannes qu'un disque dur.

RANGER SES PHOTOS ET LES ORGANISER EN DOSSIERS

Dès que l'on multiplie les prises de vue, il est capital de les organiser pour retrouver rapidement le cliché voulu.

L'appli Galerie d'Android offre quelques possibilités d'organisation des photos, aussi bien locales que stockées en ligne. Nous allons voir ici ce qu'elle nous propose, et nous expliquerons page suivante comment aller plus loin avec un logiciel dédié.

DÉCOUVERTE DE LA GALERIE La Galerie est à rechercher dans la liste de toutes les applications. Elle s'ouvre sur les « albums », qui sont en fait les différents dossiers contenant des images : appareil photo bien sûr, mais aussi captures d'écran, photos importées, etc. Choisissez dans les options le contenu à afficher : photos contenues dans la tablette mais aussi sur des services en ligne comme Dropbox ou Facebook.

CHOISIR LE MODE DE VISUALISATION Le menu déroulant en haut à gauche permet de changer de mode. Le mode « Tout » affiche toutes les images « en vrac », sans classement par album. Le mode « Date » classe les images par ordre chronologique de prise de vue. En maintenant le doigt sur l'écran, la date (mois et année) apparaît. « Emplacements » positionne sur la carte du monde les lieux de prises de vue des différentes photos géolocalisées. En touchant un point rouge, les vignettes des photos correspondantes s'affichent. Le mode « Personnes » rassemble les photos contenant au moins un visage. Pour identifier une personne, sélectionnez une ou plusieurs photos la représentant, choisissez « Attribuer un nom » dans les options, puis recherchez dans vos contacts ou créez-en un nouveau. Enfin « Favoris » rassemble vos photos préférées. Pour enrichir cette section, ouvrez une photo pour l'afficher en grand puis sélectionnez Favoris dans les options.

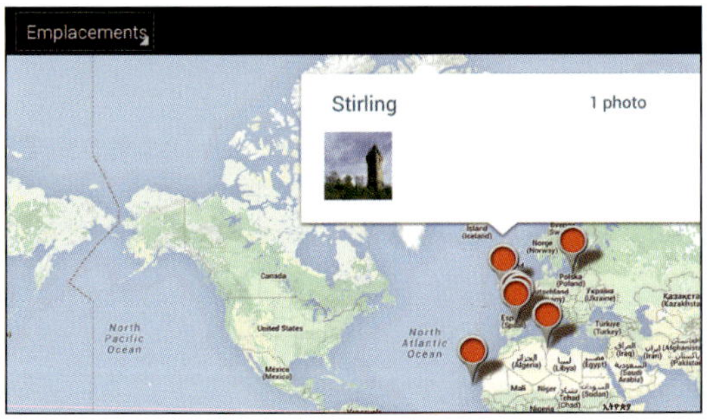

CRÉER UN NOUVEL ALBUM Sélectionnez le mode Albums, puis touchez l'icône « Nouvel Album » en haut à droite. Nommez-le et sélectionnez un autre album dans la colonne de gauche. Vous pourrez alors enrichir ce nouvel album en y faisant glisser des photos depuis la zone de droite : touchez la photo pour que sa vignette s'affiche en décalage, puis glissez-la vers le nouvel album. Répétez l'opération avec les photos des autres albums puis validez le tout par OK (en haut de l'écran) : vous devrez choisir entre la copie ou le déplacement des images.

ÉCRIRE UNE NOTE Sélectionnez une photo pour l'afficher en grand, puis choisissez « Note photo » dans les options. Vous pourrez alors écrire une note manuscrite au « dos » de la photo. La photo ainsi annotée sera signalée par un coin corné.

Autres fonctions

L'appli Galerie d'Android offre bien d'autres fonctions que le classement d'images. Vous profiterez d'un diaporama de vos photos avec choix du mode de transition, de la musique d'accompagnement et de la durée d'affichage. Vous pourrez aussi ajouter un cadre à vos images, les partager par différents moyens (transfert direct, courriel, espaces Cloud, réseaux sociaux, etc.), accéder au module de retouche (**voir p. 116**) et imprimer (**voir p. 104 et suivantes**).

DIFFICULTÉ ★★★★☆ 20 MN

COMMENT ORGANISER SES PHOTOS AVEC F-STOP

1 DÉCOUVERTE DE F-STOP Pour un vrai travail d'organisation de ses images, il faut se tourner vers un outil supplémentaire. Nous avons retenu pour cela l'excellent F-Stop Media Gallery, qui a en l'énorme atout d'exploiter les métadonnées créées par les logiciels pour ordi Lightroom, Aperture, Picasa et Windows Live Photo Gallery. Téléchargez et installez le programme depuis le Play Store. Le programme scanne la mémoire de stockage et liste les différents dossiers contenant des images. Les icônes en haut à droite assurent la gestion du tri et de la présentation.

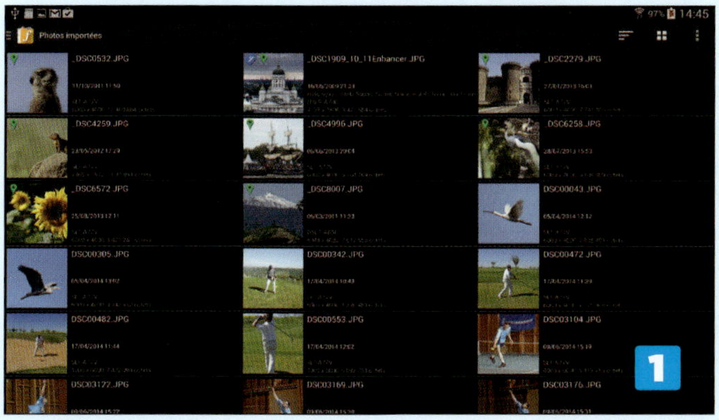

2 GÉRER LES ÉTIQUETTES Les étiquettes sont des informations (mots-clés) permettant de catégoriser vos photos. Pour attribuer une étiquette, sélectionnez une ou plusieurs photos. Pour cela, effectuez un premier appui prolongé sur une vignette, puis un nouvel appui prolongé sur une autre vignette pour une sélection continue. Complétez avec une sélection discontinue via un appui bref sur les vignettes. Touchez ensuite l'icône du crayon en haut. Cochez la ou les étiquettes correspondant aux photos ou créez-en une nouvelle. Les photos étiquetées sont signalées d'une marque en haut à gauche de la vignette. Elles sont rassemblées dans l'entrée Étiquettes du volet de gauche. Pour éditer rapidement toutes les étiquettes, sélectionnez cette entrée, puis touchez « Éditer les étiquettes » dans le menu d'options. Le module de recherche (situé en bas du volet latéral de gauche) peut exploiter ces étiquettes.

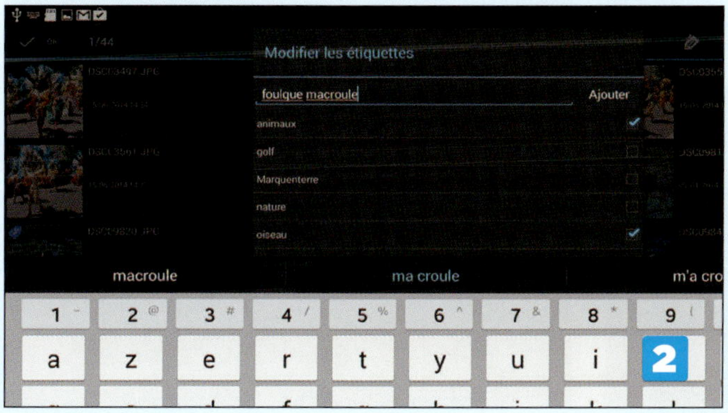

3 NOTER LES PHOTOS La notation des photos permet de déterminer leur usage, de la consultation personnelle au tirage en grand. Pour attribuer une note, sélectionnez une ou plusieurs photos en maintenant l'appui sur les vignettes correspondantes, puis touchez l'étoile dans la barre d'icône supérieure. Vous pourrez alors choisir une note de 1 à 5 ou effacer la note antérieure, le remplacement d'une note par une autre s'effectuant directement. Précisons que la notation est aussi disponible en affichage plein écran d'une photo. La note est affichée sur les vignettes sous forme d'une série d'étoiles. L'entrée Notations du volet latéral gauche rassemble les photos par appréciation (5 étoiles, 4 étoiles, etc.), le dernier groupe réunissant les photos non notées. L'exploitation de la notation peut aussi se faire avec le tri croissant ou décroissant par note.

4 CRÉER DES ALBUMS Contrairement aux dossiers de la Galerie, les albums de F-Stop sont des groupes virtuels d'images, très pratiques pour réunir des photos issues de différents dossiers sans toucher à leur emplacement de stockage. Pour créer un album, sélectionnez l'entrée correspondante dans le volet de gauche, puis touchez le « + » dans la barre d'icônes supérieure. Vous pourrez créer un album simple ou intelligent. Un album simple est enrichi manuellement : sélection des photos, puis option « Ajouter à un album » dans le menu d'options. Un album intelligent s'enrichit automatiquement des images respectant les critères inclusifs ou exclusifs définis par l'utilisateur : dossier de stockage, date de prise de vue, étiquette et notation, d'autres critères étant disponibles dans la version payante de l'application (4,99 €).

AMÉLIORER SES PHOTOS POUR EN TIRER LE MEILLEUR

1 LANCER L'ÉDITEUR L'appli Galerie d'Android KitKat (4.4) intègre un éditeur de qualité, proposant de nombreux traitements utiles. Nous allons voir ici comment l'exploiter au mieux. Pour appeler cet éditeur, affichez une photo en plein écran dans la Galerie, puis touchez la 3e icône de la barre supérieure.

2 CORRIGER L'ORIENTATION La barre d'outils inférieure donne accès aux différents types de correction. Pour corriger l'orientation de la photo, touchez Pivoter. Le module offre 4 actions prédéfinies : rotation à gauche ou à droite de 90 degrés et retournement dans le sens horizontal ou vertical. Le mode manuel permet de corriger des défauts d'horizon. Touchez l'image et faites-la pivoter pour assurer la correction, en vous aidant de la grille qui s'est affichée. En cas d'erreur, touchez la petite flèche gauche (en haut) pour revenir en arrière. Touchez « Sauveg. » en haut pour sauvegarder une copie de l'image après correction.

3 RECADRER LA PHOTO Le recadrage permet de gommer des éléments parasites en bord d'image, de donner plus d'importance au sujet principal et de rééquilibrer la photo en ajustant la composition. Le module propose trois rapports d'image (1:1, 4:3, et 16:9) et un recadrage libre, mais le format 3:2 des reflex et hybrides numériques est absent. Faites glisser un des points bleus pour ajuster la taille du cadre et l'intérieur du cadre pour le positionner. Vous pourrez encore faire pivoter le cadre en le manipulant par l'angle supérieur droit.

4 AMÉLIORER L'EXPOSITION ET LES COULEURS C'est le rôle du module Couleur, les différentes possibilités étant listées dans la bande inférieure. L'ajustement automatique optimise l'image pour l'exposition, le contraste et les couleurs. Le traitement est correct pour une bonne partie des images, mais il faudra parfois passer aux ajustements manuels. Le réglage Luminosité permet d'éclaircir ou obscurcir la photo, tandis que Contraste accentue ou réduit l'écart entre les zones claires et sombres. Saturation renforce ou affadit les couleurs sans modifier leur tonalité. Régler RVB permet à l'inverse de moduler la couleur en jouant sur le rouge, le vert ou le bleu. Ce réglage permet de compenser une dominante colorée. Température assure la correction de la balance des blancs : tons plus froids à gauche et plus chauds à droite. Exposition agit un peu comme Luminosité, mais de manière plus subtile en limitant les zones sur ou sous-exposées. Enfin Hue ajuste la teinte pour des rendus originaux.

Original conservé

L'éditeur de la Galerie ne modifie pas les photos d'origine, toutes les corrections étant enregistrées dans un nouveau fichier. Cet enregistrement peut être assuré manuellement en touchant Sauveg. en haut, la sauvegarde automatique se déclenchant lorsque l'utilisateur utilise le retour arrière (celui de la tablette, pas la touche Annulation de l'éditeur).

DIFFICULTÉ ★★★★★ 10 MN

5 AJOUTER DES EFFETS

L'éditeur de la Galerie dispose d'une belle palette d'effets. Certains agissent sur le rendu coloré. C'est le cas par exemple de Sépia, Vintage, Échelle de gris (pour une conversion en noir et blanc), couleurs atténuées, etc. D'autres introduisent des effets particuliers comme Miniature (vignettage), Fisheye (effet grand angle), Gravure et Effet croquis. Les trois derniers effets sont plus classiques : Net, Flou et Éclat (couleurs plus claquantes). En pratique, il suffit de toucher la vignette d'un effet dans la barre inférieure pour qu'il s'applique sur la photo. Les effets ne se combinent pas, l'un remplaçant l'autre. En touchant la première icône en haut, vous afficherez la photo originale pour mieux juger de l'effet (précisons que cette icône est disponible dans toutes les retouches).

6 AJOUTER DES MOTIFS

C'est le rôle du module Autocollant. Sélectionnez le type d'autocollant voulu dans la barre inférieure : Pinceau, Amusant, Papier ou encore Icône. Chaque type dispose d'un éventail d'une vingtaine d'éléments (faites défiler pour accéder aux éléments cachés). Touchez l'autocollant voulu : il apparait en surimpression sur la photo dans un cadre. Utilisez les angles inférieurs pour redimensionner l'élément et positionnez-le par un glissement du doigt. Vous pouvez faire pivoter l'élément par le coin supérieur droit ou encore le supprimer en touchant le coin supérieur gauche. Répétez les opérations pour ajouter d'autres autocollants, la manipulation des éléments placés antérieurement restant possible.

7 DESSINER SUR LA PHOTO

Le module de dessin permet de travailler directement sur une photo support, que l'on utilisera donc en fond d'image. Pour commencer, touchez Crayon en bas, sélectionnez le type de tracé en touchant l'icône correspondante (stylo, pinceau, crayon, etc.) et choisissez l'épaisseur du trait en réglant le curseur. Pour la couleur, vous pouvez choisir directement une teinte dans les palettes (faites défiler les palettes en touchant les flèches gauche/droite) ou bien prélever une couleur de la photo. Pour cela, sélectionnez la pipette, touchez la zone voulue de l'image, puis refermez l'outil pipette. Vous pouvez sauvegarder l'ensemble des réglages en touchant l'icône « crayon + » (en haut de la fenêtre Paramètres stylet), ces stylets étant ensuite à rechercher dans Ma trousse. La gomme permet d'effacer les traits ainsi tracés, soit de manière globale (tout le trait) si la case Eff. par trait est cochée, soit localement en ajustant au besoin la taille de la gomme. Précisons que cette gomme n'a aucun effet sur les autocollants ni sur les autres traitements appliqués. Elle ne permet pas non plus d'effacer des tracés sauvegardés.

8 AJOUTER UN CADRE

Vous pouvez aussi placer un cadre autour de l'image, ce qui peut être très utile pour des photos destinées à être présentées : site perso, forum photos, etc. L'éventail proposé est ici riche de 10 modèles avec variation des « matières » (cadre carton ou bois), des angles, etc. Touchez une vignette en bas pour visualiser l'effet sur la photo. Vous ne disposerez ici d'aucun paramétrage pour mieux ajuster le cadre à vos désirs.

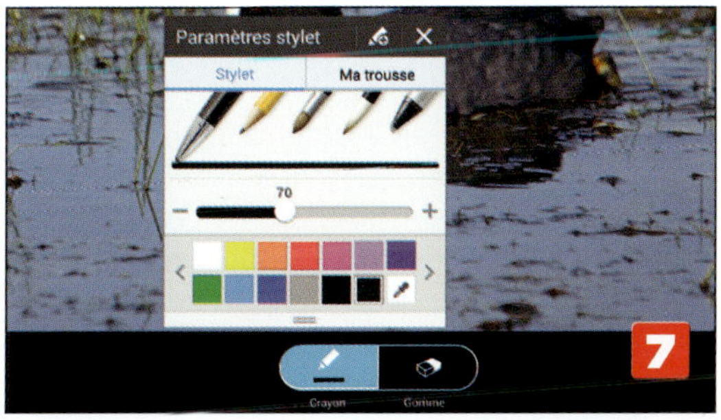

Retouche localisée

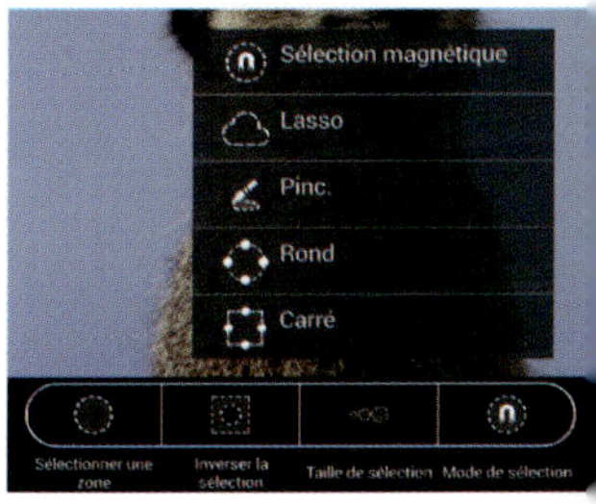

Les modules Couleurs et Effets peuvent se limiter à une partie de la photo. Pour cela, touchez Sélection à gauche. Choisissez le mode de sélection : ellipse, rectangle, pinceau, lasso ou sélection magnétique. Dans Sélectionner une zone, choisissez si vous créez une nouvelle sélection ou si vous désirez ajouter ou soustraire à la sélection courante. Vous pouvez encore inverser la sélection, et ajuster sa taille. En revanche, il n'est plus possible de modifier après la sélection. Revenez en arrière et choisissez la correction ou l'effet à appliquer.

COMMANDER DES TIRAGES ET DES ALBUMS PHOTO

Envie d'effectuer des tirages papier ou de créer des albums à feuilleter pour vos meilleures photos ? Vous pouvez aussi le faire depuis votre tablette.

Nous avons vu en pages 104-106 comment imprimer depuis sa tablette. Mais il est souvent plus pratique, et même plus économique, de commander ses tirages sur le net. Et vous pourrez aussi profiter d'autres possibilités comme les albums photo. Il est recommandé de passer par une application dédiée, qui pourra en outre s'interfacer avec les réseaux sociaux et autres sites de partage photos. Nous avons sélectionné ici Polagram, dont l'application peut être téléchargée sur le Play Store.

Pour les services non gérés

Si vous utilisez un service de stockage non géré par l'application d'impression en ligne, pas de panique. Sur certains services comme Drive, il suffira de télécharger la photo sur la tablette. Si cette option n'est pas disponible (section photos de Google + par exemple), vous pourrez exploiter l'option de partage vers l'application (si elle existe et qu'elle fonctionne) ou transiter via Drive.

COMMANDER DES TIRAGES ET DES AGRANDISSEMENTS Polagram dispose d'une bonne diversité de formats. Les tirages standards sont déclinés en trois rapports d'images : 10x10 cm, 10x12 cm et le classique format carte postale 10x13 cm. Pour leur part, les agrandissements sont proposés en format carré (20x20 cm) et rectangulaire (20x27 cm). Voici comment procéder. Sélectionnez tout d'abord Tirages ou Agrandissement dans l'écran d'accueil, puis touchez l'option idoine. Choisissez ensuite la ou les photos à tirer. Pour cela, sélectionnez l'onglet adéquat (Galerie pour les photos stockées localement, Facebook, Instagram), puis le dossier voulu et les photos. Cette sélection peut être établie dans plusieurs dossiers et simultanément en local et sur Facebook et Instagram. Une fois la sélection finalisée, touchez Suivant en bas. Dans l'écran suivant, choisissez le nombre d'exemplaires de chaque photo. Si vous désirez recadrer une photo, touchez sa vignette puis l'option Recadrer. Zoomez au besoin (via le classique geste à deux doigts) et positionnez précisément la photo en la faisant glisser du bout du doigt. Touchez l'icône de la carte mémoire (en haut) pour enregistrer les changements. Polagram dispose aussi de larges possibilités d'améliorations et d'enrichissements des photos. Pour y accéder, touchez la vignette de la photo, puis « Ajouter des effets ». Vous pourrez ainsi ajuster l'orientation, corriger l'exposition (luminosité et contraste), recaler la balance des blancs, renforcer les couleurs, affiner la netteté, corriger les yeux rouges, etc. Vous pourrez encore ajouter du texte ou un tracé, faire des effets de flou sélectif et ajouter un motif ou un cadre. Touchez Valider en haut pour enregistrer chaque changement, puis sur Terminé pour revenir à l'écran précédent. Touchez Suivant pour finaliser la commande. Pour

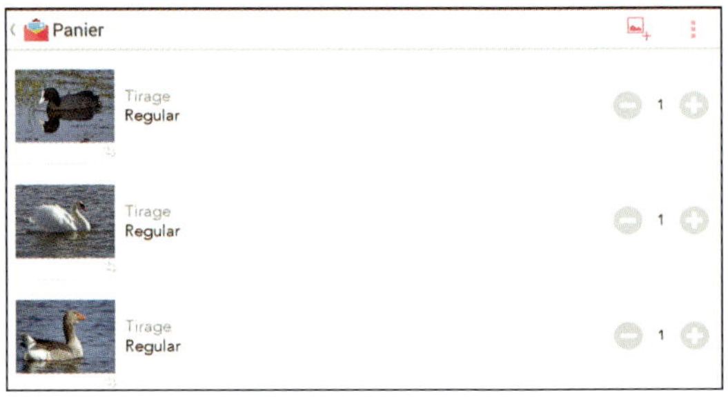

la première utilisation, vous devrez créer votre compte. Par la suite, vous pourrez ajouter de nouvelles adresses de livraison et un message. Touchez Suivant : les photos vont être transférées au service. La durée du transfert va dépendre du poids des photos et de la célérité de votre connexion, en sachant que la connexion montante est toujours assez lente. Comptez quelques minutes au plus pour plusieurs dizaines de photos. Touchez Suivant pour accéder au récapitulatif. Il détaille le coût des produits et des frais de port. Touchez Valider pour accéder au paiement. Vous pourrez régler par carte bancaire (Visa, Mastercard ou American Express) ou via PayPal.

COMMANDER UN POSTER Polagram assure l'impression d'un poster au format 50x70 cm pour un coût de 19,90 €. Ce poster ne se compose pas d'une seule image mais d'une mosaïque de quelque 35 photos. Sélectionnez cette option dans le menu d'accueil puis sélectionnez les photos. Tout comme pour les tirages et les agrandissements, vous pourrez choisir les photos dans différents dossiers locaux ainsi que sur Facebook et Instagram. L'étape suivante vous présente le poster. Vous pourrez mélanger les photos pour en changer la disposition, mais pas les positionner précisément. Et vous ne pourrez pas profiter de l'éditeur pour améliorer les photos. La suite de la procédure est identique à celle des tirages et agrandissements.

RÉALISER UN LIVRE PHOTO Le livre photo constitue un média de choix pour illustrer un évènement ou faire un cadeau. Chez Polagram, ce livre se compose obligatoirement de 26 photos et coûte moins de 25 euros. Sélectionnez tout d'abord l'option Photobooks dans la page d'accueil, puis choisissez les photos qui vont composer le livre. L'ordre de sélection des photos est important car c'est l'ordre dans lequel elles seront présentées. Là encore, vous pourrez piocher dans plusieurs dossiers locaux ainsi que Facebook et Instagram. Vous pourrez consulter la sélection en cours en ouvrant le volet latéral gauche, cette possibilité étant aussi proposée pour le poster. Ce volet ne permet malheureusement que la prévisualisation, sans possibilité de désélectionner une photo. À l'étape suivante, vous pourrez visualiser le livre photo (faites défiler pour accéder à toutes les pages) et y apporter quelques menus changements. La couverture est constituée d'une mosaïque de 9 photos choisies aléatoirement. Touchez Mélanger pour une autre sélection aléatoire. Précisons que ce mélange n'affecte que la couverture, les photos du livre conservant l'ordre de leur sélection initiale. Touchez Titre pour ajouter un titre sur la couverture et sur la tranche du livre. La procédure est ensuite connue : traitement des images et envoi, choix du destinataire et paiement.

COMMANDER UNE COQUE Polagram assure encore la réalisation de coques de protection illustrées pour smartphones, disponibles pour les Samsung Galaxy S3 ou S4. Il suffit ici de choisir la photo (de préférence en orientation portrait) puis de la positionner sur la coque en usant du zoom et du toucher-déplacer.

Autres solutions

Il existe d'autres applications similaires à Polagram. Printic gère plus de services (Dropbox, Flickr) et permet d'imprimer un calendrier. Mais il n'offre qu'une seule taille de tirage (8x10 cm) et les options d'amélioration sont réduites. On peut citer aussi Printicular, ou Photo Lab. Vous pouvez aussi recourir aux nombreux services de tirage en ligne pour ordinateur : photoweb.fr, mypix.com, pixum.fr, photobox.fr, etc.

SAUVEGARDER LES PHOTOS PRISES AVEC LA TABLETTE

Vos souvenirs n'ont pas de prix. En sauvegardant les photos de la tablette, vous vous mettrez à l'abri de leur perte irrémédiable.

Depuis la carte Micro-SD

Si votre tablette accepte les extensions mémoire et que vous avez bien logé le dossier DCIM sur la carte micro-SD, vous pouvez éventuellement extraire cette carte mémoire de la tablette et l'insérer dans un lecteur de carte compatible connecté à un ordinateur. Vous pourrez gagner en vitesse de transfert et éviterez les éventuels problèmes de reconnaissance de la tablette par le PC. Mais ne systématisez pas cette méthode, les cartes micro-SD étant fragiles.

Il serait bien dommage de perdre l'intégralité des photos réalisées avec la tablette du fait d'un vol ou d'un dysfonctionnement d'une carte Micro-SD (beaucoup plus sujette aux pannes qu'une carte SD classique, elle-même moins fiable qu'un disque dur). Il existe heureusement de multiples solutions pour sauvegarder vos photos, de manière automatique ou manuelle.

SUR SON ORDINATEUR Si vous disposez d'un ordinateur, la sauvegarde sur son disque dur constitue le moyen le plus rapide et l'un des plus fiables. Reliez simplement la tablette à l'ordinateur via le câble USB fourni. Dans la majorité des cas, vous n'aurez rien d'autre à faire et le contenu de la tablette s'ouvrira sur le PC. Rendez-vous **p. 93** pour une connexion avec un Mac ou en cas de problème. Les photos et vidéos sont à rechercher dans le dossier DCIM. Par défaut, ce dossier est logé sur la carte mémoire additionnelle (vue comme l'unité Card par le PC) si elle est disponible, ou dans la mémoire de stockage principale (vue comme l'unité Tablet par le PC) dans le cas contraire.

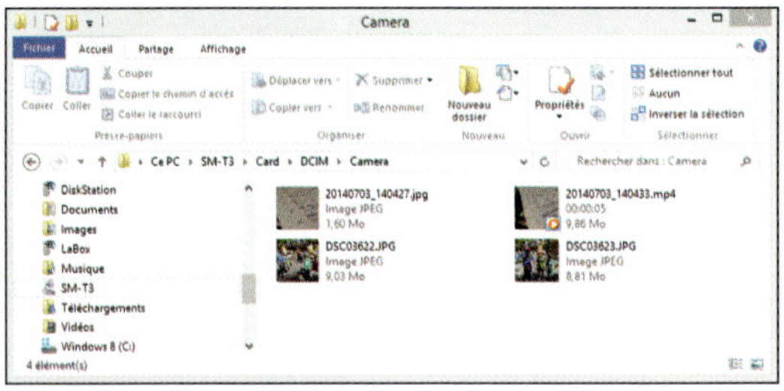

SUR UNE CLÉ USB OU UNE CARTE MÉMOIRE Vous devrez posséder pour cela une tablette dotée d'un port USB Host (OTG). Commencez par le vérifier avec l'application USB OTG Checker (**voir p. 98**). Si c'est bien le cas (comme sur la quasi-totalité des tablettes Android récentes), vous devrez encore acquérir pour quelques euros un câble USB Host (aussi appelé câble OTG). Ce câble dotera la tablette d'un port USB standard femelle. Avec une carte mémoire, il vous faudra en outre un lecteur de carte adapté: lecteur reconnaissant le type de carte mémoire (Compact Flash ou SD

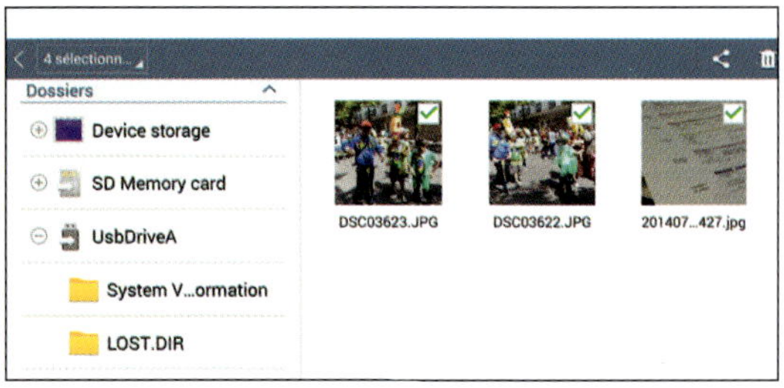

principalement), mais aussi sa déclinaison pour les carte SD: lecteur standard pour les cartes SD jusqu'à 2 Go, lecteur SDHC pour les cartes de 4 à 32 Go et lecteur SDXC pour les cartes à partir de 64 Go. Précisons qu'il ne faudra insérer qu'une seule carte mémoire dans le lecteur, sous peine de problèmes de reconnaissance. L'insertion de la clé ou du lecteur + carte mémoire est signalée dans les notifications. Ouvrez le gestionnaire de fichiers de la tablette, puis le dossier DCIM, touchez Sélectionner dans le menu d'options et choisissez les photos et vidéos à sauvegarder. Touchez ensuite l'icône Copie (4e de la barre supérieure), sélectionnez UsbDrive dans le volet de gauche puis le dossier voulu et touchez enfin «Coller ici» dans la barre supérieure.

SUR UN DISQUE DUR USB La sauvegarde sur un disque dur USB offre l'avantage de la capacité et de la rapidité. Précisons tout de même que les ports USB des tablettes actuelles sont à la norme 2.0. Les pré-requis sont identiques à ceux de la copie sur clé USB (port et câble USB Host) et la procédure identique. Le seul souci concerne l'alimentation du disque dur. Avec un disque externe au format 3.5 pouces, pas

de problème, l'alimentation étant assurée séparément de l'USB. En revanche, avec les disques 2.5 pouces, l'alimentation est délivrée via l'USB. Cela fonctionnera avec la majorité des combinaisons tablette-disque dur. Toutefois avec certains disques gourmands en énergie ou certaines tablettes ne délivrant pas une intensité suffisante sur le port USB, l'alimentation peut poser problème. Cela peut être résolu à l'occasion si le disque dur dispose d'une solution d'alimentation complémentaire.

SUR UN DISQUE DUR WI-FI Ce type de disque dur, spécialement destiné aux tablettes et smartphones, dispose d'une alimentation autonome (batterie intégrée) et ne requiert pas de connexion physique. Il peut donc être exploité avec les tablettes non dotées d'un port USB Host. La connexion s'établissant via Wi-Fi, voici comment procéder. Commencez par télécharger sur le Play Store l'application dédiée du constructeur. Allumez le disque dur et attendez que le témoin Wi-Fi soit allumé (quelques dizaines de secondes tout au plus). Ouvrez les paramètres Wi-Fi de la tablette et sélectionnez le réseau Wi-Fi du disque dur. Ouvrez l'application dédiée : elle permet de consulter le contenu local et le contenu du disque. Selon les applications, il faudra soit copier et coller les fichiers voulus depuis la tablette vers le disque dur Wi-Fi, soit sélectionner les éléments sur la tablette, puis les transférer vers le disque dur. Précisons en outre que certains modèles sont incompatibles, l'accès Wi-Fi au disque étant limité à la lecture. Notez également que lorsque vous êtes connecté en Wi-Fi au disque dur, vous n'êtes plus connecté au Wi-Fi de votre box et vous n'avez donc plus accès à Internet. Dès que vous éteignez le disque dur, l'accès à Internet est rétabli.

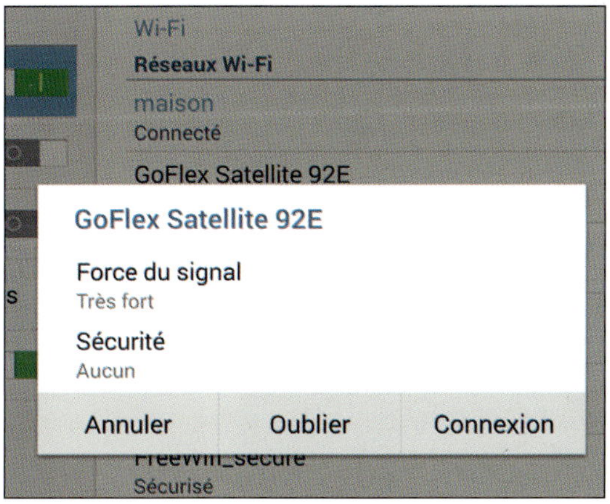

SUR LE CLOUD La sauvegarde vers un espace de stockage en ligne constitue une solution de choix, à condition tout de même de disposer d'une bonne connexion Internet et de ne pas être un trop gros producteur d'images et de vidéos (l'espace de stockage est limité, à quelques Go tout de même). Cette sauvegarde peut s'effectuer de manière manuelle avec tous les services de stockage Cloud, et de manière automatisée avec certains d'entre eux (**voir chapitre 8**). Pour la sauvegarde manuelle, la procédure dépend de l'application mais reste similaire d'une application à l'autre. Ouvrez l'application et sélectionnez Importer ou « Transférer ici » dans le menu d'options. Sur Google Drive, vous devrez d'abord sélectionner Importations dans le volet de gauche. Si l'application vous laisse le choix entre l'import de photos/vidéos et de fichiers, il peut être judicieux de sélectionner cette dernière possibilité plutôt que de devoir retrouver ses photos dans toutes les images stockées sur la tablette. Sélectionnez les photos/vidéos à sauvegarder et validez en touchant Importer/Transférer. Avec certains services comme Dropbox, la sauvegarde peut s'effectuer via le gestionnaire de fichiers par un simple copier-coller. Différents services en ligne (OneDrive, Dropbox et Google Drive par exemple) assurent la sauvegarde automatique des photos. Pour activer cette possibilité, ouvrez les paramètres et touchez Sauvegarde de l'appareil photo ou équivalent. Google va plus loin et propose un large choix de paramètres. Ces paramétrages sont à effectuer dans Google+, à télécharger au besoin sur le Play Store. En activant la sauvegarde automatique, vous pourrez choisir la taille des photos transférées : taille réelle ou taille standard (2048 pixels dans la plus grande dimension). Si vous choisissez cette dernière taille, le volume occupé par les photos ne sera pas décompté de votre quota. Vous pourrez étendre la sauvegarde à tous les dossiers contenant des photos, restreindre la sauvegarde aux moments où le chargeur est connecté, ou encore démarrer la sauvegarde auto.

Consulter la sauvegarde sur Google+

Pour y accéder, ouvrez Google+, via http://plus.google.com dans le navigateur Internet sur l'ordinateur, déroulez le menu Accueil à gauche et sélectionnez Photos. Les photos de la sauvegarde ne sont malheureusement pas stockées dans un dossier dédié. Pour les retrouver, cliquez dans le champ de recherche et sélectionnez Source, Sauvegarde automatique.

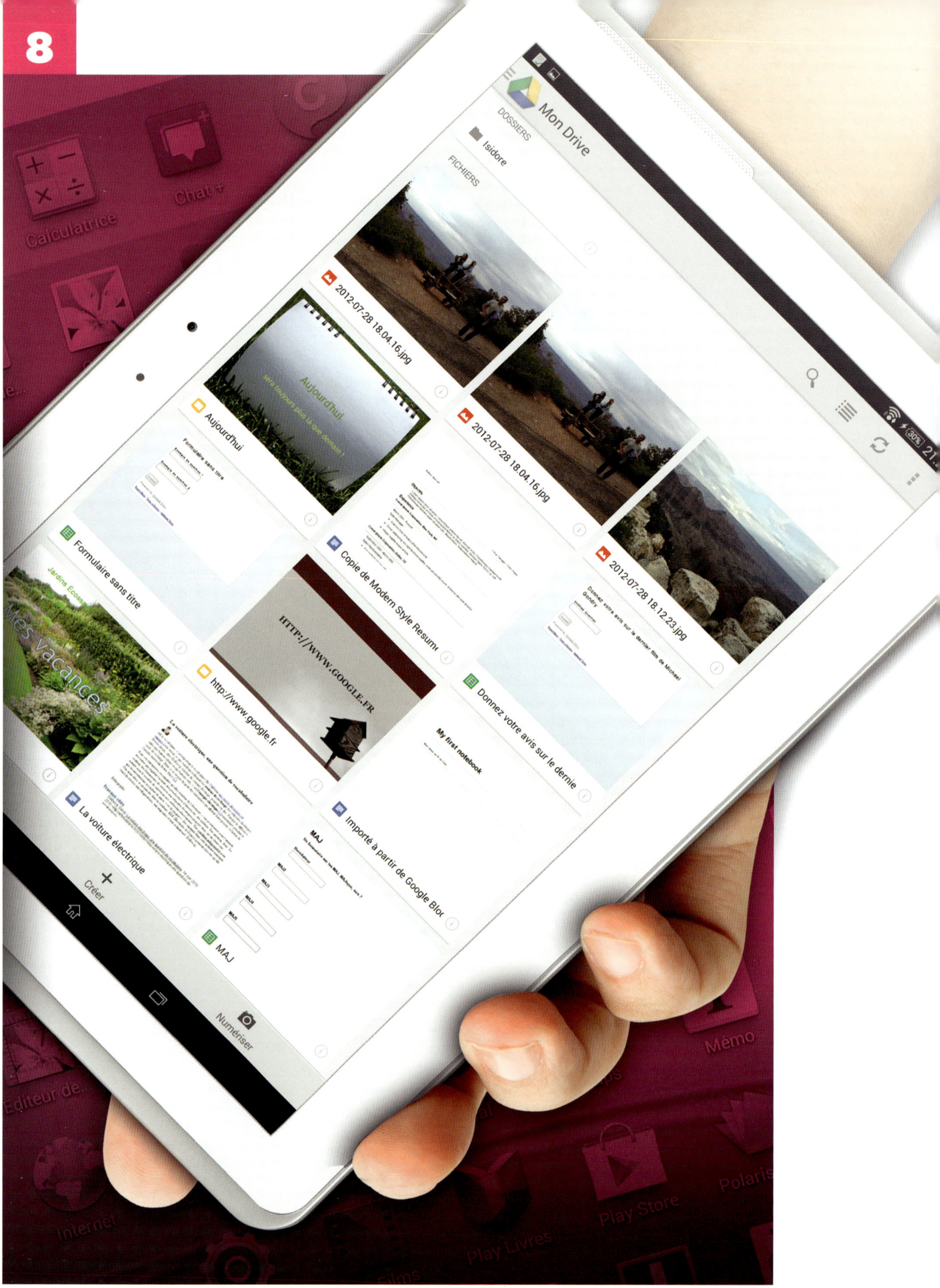
Mon Drive
DOSSIERS
Isidore
FICHIERS
2012-07-28 18.04.16.jpg
2012-07-28 18.04.16.jpg
2012-07-28 18.12.23.jpg
Aujourd'hui
Formulaire sans titre
Copie de Modern Style Resum
Donnez votre avis sur le dernie
Mes vacances
http://www.google.fr
HTTP://WWW.GOOGLE.FR
My first notebook
La voiture électrique
Importé à partir de Google Blo
MAJ
Créer
Numériser
Calculatrice
Chat +
Editeur de...
Internet
Play Livres
Play Store
Polaris
Mémo

À DÉCOUVRIR DANS CES PAGES

PROFITER DES SERVICES EN LIGNE

Grâce aux services en ligne, vous pouvez sauvegarder vos données de manière sécurisée, les synchroniser facilement entre tous vos appareils et les partager avec vos proches, et seulement avec eux. Contacts, calendriers, fichiers de tous types, tout peut être confié à un espace de stockage en ligne. C'est tout l'intérêt du « Cloud computing » et vous pouvez en profiter très facilement. Sans oublier que votre tablette Android vous permet de vous connecter à une multitude de services en ligne et pas seulement à ceux de Google.

CONFIER TOUTES SES DONNÉES PERSONNELLES AUX SERVEURS DE GOOGLE

Grâce à votre compte Google, vous pouvez stocker de très nombreuses informations en ligne, gratuitement. Et les synchroniser entre tous vos appareils et le Web.

S'il est un maître des services en ligne, c'est bien Google. En créant un compte Google, vous êtes loin de n'avoir ouvert qu'une simple adresse de messagerie Gmail. Ce compte est aussi le sésame vers une panoplie complète de services en ligne.

LE PRINCIPE DE LA SYNCHRONISATION
Dès que vous ajoutez un compte Google à votre tablette, le système active toutes les synchronisations par défaut. Cela signifie que toutes les informations que vous ajouterez à votre tablette (contacts dans le carnet d'adresses, rendez-vous dans l'agenda, pense-bête dans l'appli Keep, etc.) seront automatiquement recopiées vers votre espace personnel en ligne (**voir aussi p. 130**). À condition bien sûr que la tablette soit connectée à Internet. Cela dit, si vous créez un nouveau contact sur votre tablette alors qu'elle se trouve en mode Avion ou tout simplement déconnectée de son réseau habituel pendant un voyage, pas de problème : la synchronisation s'effectuera dès que la tablette sera de nouveau connectée. Le mot synchronisation implique également des échanges dans les deux sens, voire plus ! Cela signifie simplement que toute information ajoutée sur la tablette est envoyée vers l'espace en ligne, mais que le contraire est vrai aussi. Et si vous avez plus d'un appareil connecté au même compte Google, une tablette et un smartphone par exemple, les informations sont automatiquement partagées entre tous. Cela peut parfois générer des conflits quand, par exemple, vous modifiez la fiche d'un contact sur deux appareils quasiment en même temps, ou sur deux appareils momentanément déconnectés d'Internet. Google le détectera et vous préviendra du problème en vous demandant ce qu'il faut faire : choisir l'une des deux versions ou bien fusionner toutes les informations pour ne rien perdre en route.

ACCÈS VIA LE WEB La recopie vers l'espace en ligne implique que vous pouvez accéder à toutes vos données depuis un simple navigateur Web. Vous pouvez ainsi vous connecter à votre compte en vous rendant sur www.gmail.com par exemple. Sous le logo Google, en haut à gauche, un petit menu déroulant vous permettra de passer rapidement de la liste de vos messages à celle de vos contacts. Pour accéder à tous les autres services, cliquez plutôt sur

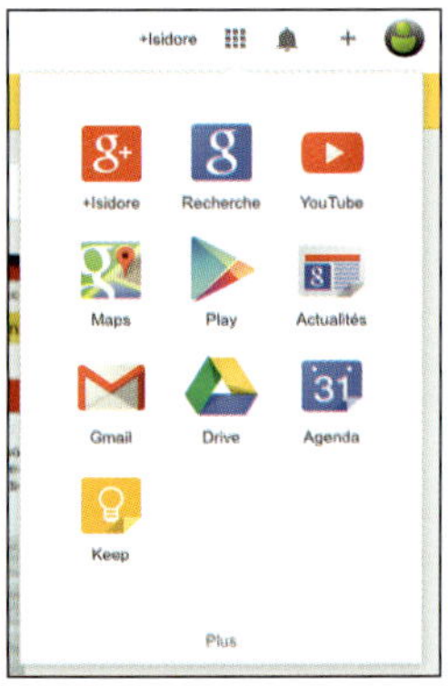

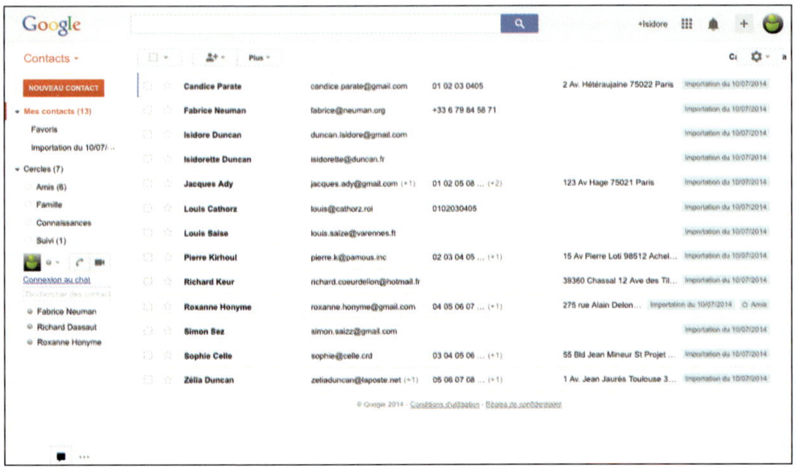

Accédez au même carnet d'adresses en ligne (ci-contre) et sur votre tablette (ci-dessous), synchronisés via votre compte Google.

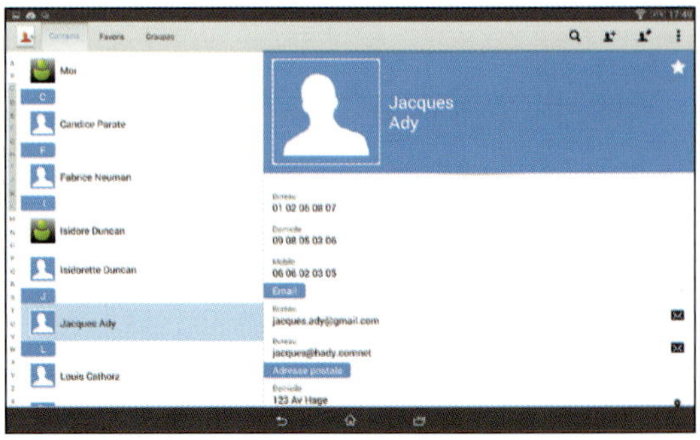

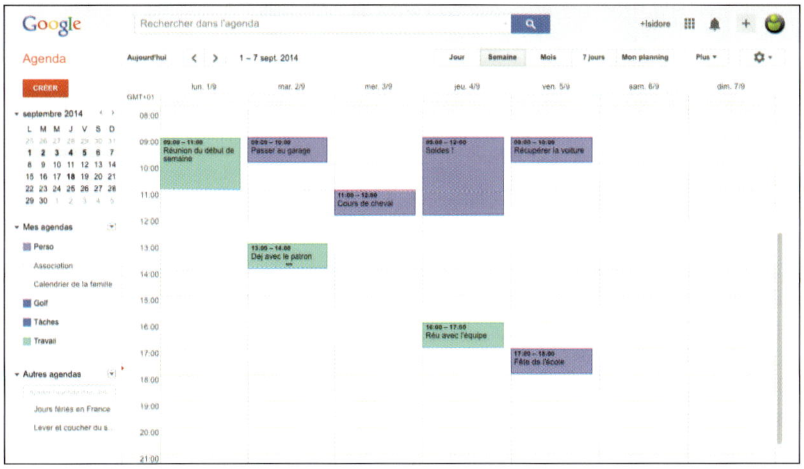

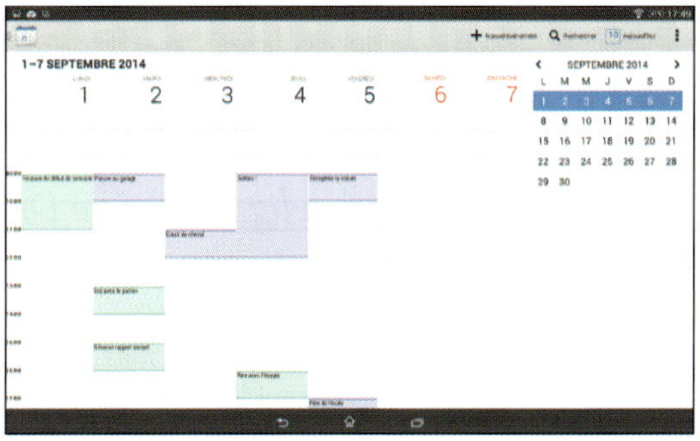

Comme votre carnet d'adresses, votre agenda est stocké à l'identique en ligne (à gauche) et sur votre tablette (ci-dessus).

le bouton en forme de damier, en haut à droite, près de votre nom. Une collection d'icônes vous permet de passer d'un service à l'autre : Gmail, Drive (**voir p. 126**), Agenda, etc.

ET SI J'AI DÉJÀ DES DONNÉES SUR D'AUTRES SERVICES EN LIGNE ? Cela va sans dire, il est plus pratique de centraliser ses données sur un seul service, alors pourquoi ne pas le faire avec Google ? D'autant plus que ce dernier est plutôt efficace pour savoir lire des données de formats et de provenances multiples. Lorsque vous êtes dans la vue Contacts, sur le site Web de Gmail, cliquez sur le bouton Plus. Vous y verrez l'option Importer. Il vous suffira donc d'exporter au préalable votre carnet d'adresses de l'endroit où il est actuellement stocké, et Google pourra certainement le prendre en charge. Et si votre liste de contacts ne dépasse pas 150 à 200 contacts, peut-être est-il possible de faire un peu de ménage à la main, non ? Vous verrez, mettre de l'ordre n'est jamais inutile. Vous pouvez faire de même avec vos agendas ou, tout simplement, commencer à utiliser ceux de Google, tout en continuant à consulter votre ancien carnet de rendez-vous, jusqu'à ce qu'il ne contienne plus aucun rendez-vous à venir.

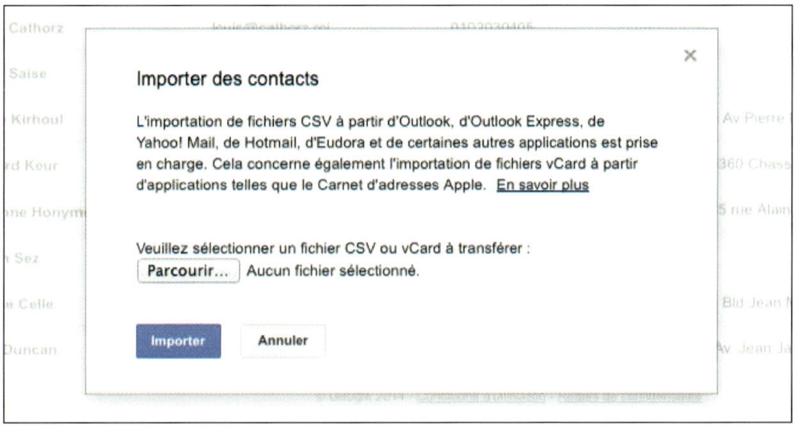

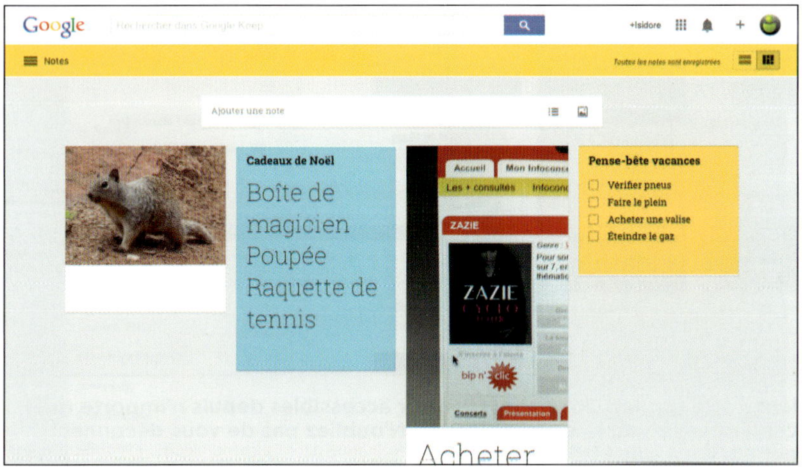

N'oubliez plus une seule idée en la notant dans l'appli Google Keep, un pense-bête amélioré installé en standard sur les tablettes Android récentes.

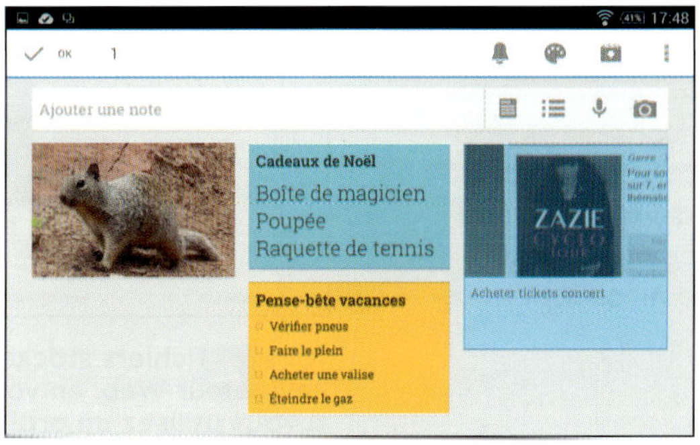

PROFITER À FOND DES OUTILS DE GOOGLE EN LIGNE

Google Drive n'est pas qu'un espace de stockage. Il profite aussi de toute la puissance des serveurs de Google, notamment pour le partage et le traitement des photos.

Grâce à leur grand écran, les tablettes sont très adaptées pour regarder ses photos, mais aussi pour les organiser, voire les retoucher (**voir chapitre 7**). Et elles sont aussi capables de prendre des clichés d'assez bonne qualité, grâce à leur petit appareil intégré, qui offre des performances en progrès constant. On voit d'ailleurs de plus en plus de gens prendre des photos avec leur tablette, peut-être en faites-vous partie.

ACTIVER LA SAUVEGARDE AUTOMATIQUE DES PHOTOS Même si vous ne le faites qu'épisodiquement, assurez-vous que la tablette sauvegarde vos photos automatiquement sur votre espace Drive. Cette option est en principe activée par défaut dans les paramètres de synchro de votre compte (**voir p. 130**).

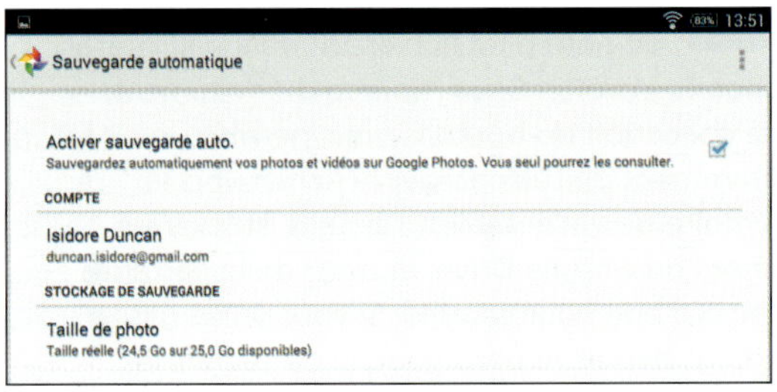

CONSULTER SES PHOTOS PARTOUT Dès lors, il vous suffit de vous rendre à l'adresse plus.google.com/photos pour consulter l'ensemble de vos images depuis n'importe quel navigateur. L'appli Photos sur votre tablette les affichera également. Par défaut, toutes les images ainsi transférées sont

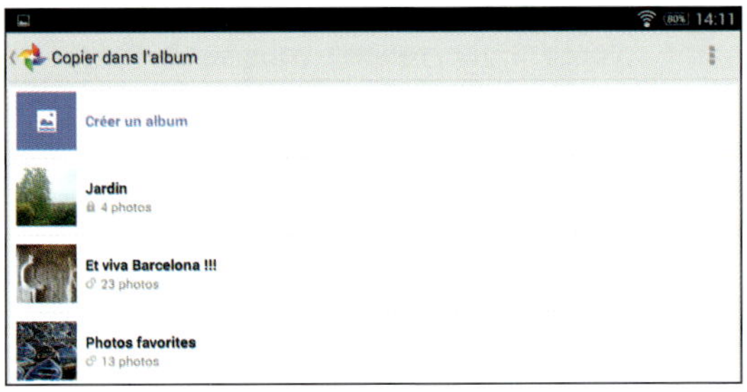

placées au même endroit, classées en ordre chronologique. Pour créer un album, sélectionnez une première photo à l'aide d'un appui long, puis effleurez toutes les autres images que vous voulez rassembler dans l'album. Tapez sur l'icône en forme de photo en haut de l'écran, entre la corbeille et le menu de partage. Choisissez « Créer un album » dans le menu, et donnez-lui un nom. Faites ensuite apparaître le panneau latéral d'un glissement du doigt depuis le bord gauche de l'écran et sélectionnez votre nouvel album, qui apparaît dans la liste. Il vous suffit de taper dessus pour en voir le contenu. Plus tard, pour ajouter de nouvelles photos au même album, répétez l'opération de sélection et choisissez le nom de l'album dans le menu évoqué ci-dessus, plutôt que d'en créer un nouveau.

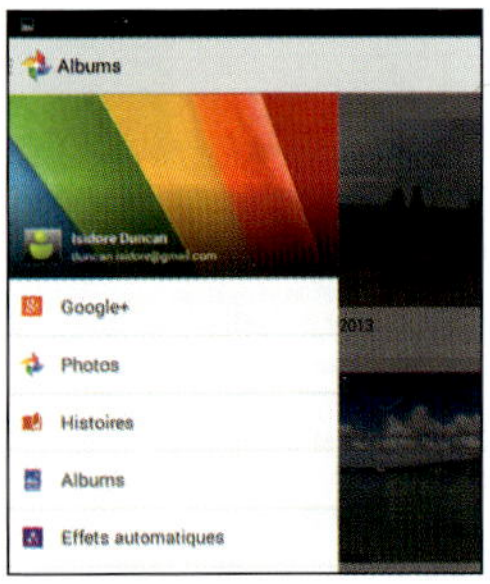

PARTAGER UN ALBUM Lorsqu'un album est affiché à l'écran, effleurez l'icône de partage (les trois points répartis en triangle). Le menu de partage apparaît et vous pouvez

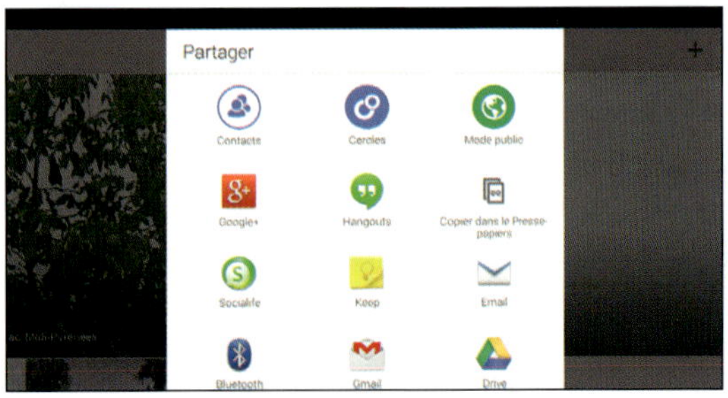

par exemple choisir d'envoyer par e-mail un lien vers l'album en ligne. Une fenêtre de rédaction de message s'affiche, avec le lien déjà inséré dans le texte. Ajoutez un ou plusieurs destinataires et envoyez. Vos correspondants n'auront plus qu'à cliquer sur le lien pour consulter l'album, même s'ils ne disposent pas d'un compte Google.

LAISSER GOOGLE AMÉLIORER LES PHOTOS

En vous rendant sur votre espace en ligne, vous accéderez à d'étonnants outils de traitement de photos. Attention, ces fonctions de retouche ne fonctionnent qu'avec Chrome, le navigateur de Google. Cliquez sur une photo pour l'afficher en grand et cliquez sur Modifier en haut. Il ne vous reste plus qu'à explorer tous les outils proposés dans le panneau latéral de droite pour, par exemple, appliquer un filtre, changer la luminosité, etc. Plus fort encore, Google vous propose des améliorations automatiques des photos. Dans l'illustration ci-dessous, Google a détecté que trois photos avaient été prises au même moment et qu'elles se ressemblaient. Il les a du coup rassemblées pour composer un panorama, qui a été ajouté à votre collection de photos.

Dans d'autres cas, il se chargera uniquement d'améliorer l'aspect en renforçant les couleurs par exemple. Bien sûr, vous pouvez annuler les améliorations automatiques pour revenir aux clichés originaux.

N'oubliez pas les concurrents de Google !

Google est loin d'être le seul à proposer un espace de stockage en ligne. Un des pionniers s'appelle **Dropbox** (www.dropbox.com). Vous pouvez ouvrir un compte et disposer gratuitement de 2 Go d'espace de stockage. Si cet espace est insuffisant, vous pouvez passer à un abonnement payant : 100 euros par an pour 100 Go. DropBox n'est pas le moins cher, mais propose quelques fonctions qui justifient le prix. Le service est par exemple un des rares à proposer la synchronisation différentielle sur tous les types de fichiers. Ce terme un peu barbare cache une fonction très efficace pour la sauvegarde en ligne rapide des gros fichiers : seule la partie modifiée d'un fichier est transférée. Imaginez par exemple que vous soyez en train de relire un gros fichier Word de plusieurs dizaines de Mo, contenant des images. Vous voyez une faute d'orthographe que vous corrigez. Avec Dropbox, seule la partie corrigée du texte sera modifiée et transférée, la dernière version du fichier sera donc en sécurité en ligne très rapidement. Avec un service ne proposant pas cette synchro différentielle, c'est tout le fichier qui doit être transféré à nouveau à chaque modification, si minime soit-elle. OneDrive par exemple (voir plus loin), ne propose cette fonction que sur les fichiers de la suite Office (Word, Excel, etc.). Autre atout de DropBox : la synchronisation en réseau local. Si vous avez deux ordis connectés au même réseau à la maison, les fichiers stockés dans la Dropbox sont échangés entre les machines via le réseau local plutôt que par Internet. Du coup, un fichier ajouté à la Dropbox sur l'une d'elles arrive très vite sur l'autre, avant même que le transfert vers l'espace en ligne soit terminé.

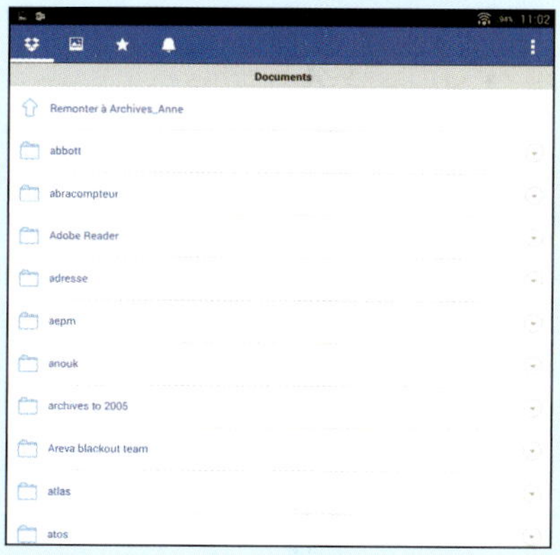

L'autre gros concurrent est bien sûr Microsoft avec son service **OneDrive** (le nouveau nom de SkyDrive), via www.onedrive.com. Un compte gratuit vous offre 15 Go d'espace de stockage, et les options payantes sont très attractives, 100 Go pour environ 25 euros par an par exemple. Sans compter que Microsoft propose aussi d'excellents outils bureautiques gratuit via ses versions « Online » de Word, Excel et Powerpoint.

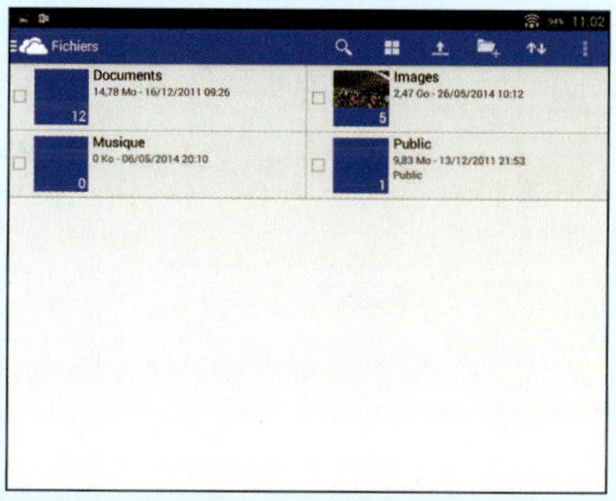

Ces deux services proposent chacun une appli pour votre tablette Android, qui vous permet de sauvegarder automatiquement vos photos et d'accéder à tous vos fichiers en ligne. Rien de vous empêche d'ouvrir un compte sur chacun d'eux pour profiter de leurs atouts respectifs, et de bénéficier ainsi de vastes espaces de stockages, le tout gratuitement !

MAÎTRISER LA SYNCHRONISATION DE SES DONNÉES PERSONNELLES

Dompter la synchronisation, c'est avoir la main sur ses données personnelles et bien comprendre leur utilisation.

Grâce à la synchronisation proposée par votre compte Google, vous pouvez facilement partager vos données entre votre ordi, votre tablette et votre smartphone (**voir p. 124**). Le système Android permet de gérer très finement cette synchronisation, selon les applis et les types de données.

CONTRÔLER LA SYNCHRO DE CHAQUE APPLI GOOGLE Il est possible que certaines applications Google ne vous intéressent pas plus que ça, ou que vous ne vouliez pas que le contenu que vous y avez créé se retrouve dans votre tablette. Sachez que vous pouvez empêcher ces applis de rapatrier votre contenu vers la tablette, en excluant celles-ci de la synchronisation. Rendez-vous dans les Paramètres puis, dans la section Comptes, effleurez la ligne Google. Tapez ensuite sur l'intitulé de votre compte Google. Dans la liste de toutes les applications qui apparaît, décochez en bout de ligne les cases de celles qui ne vous intéressent pas.

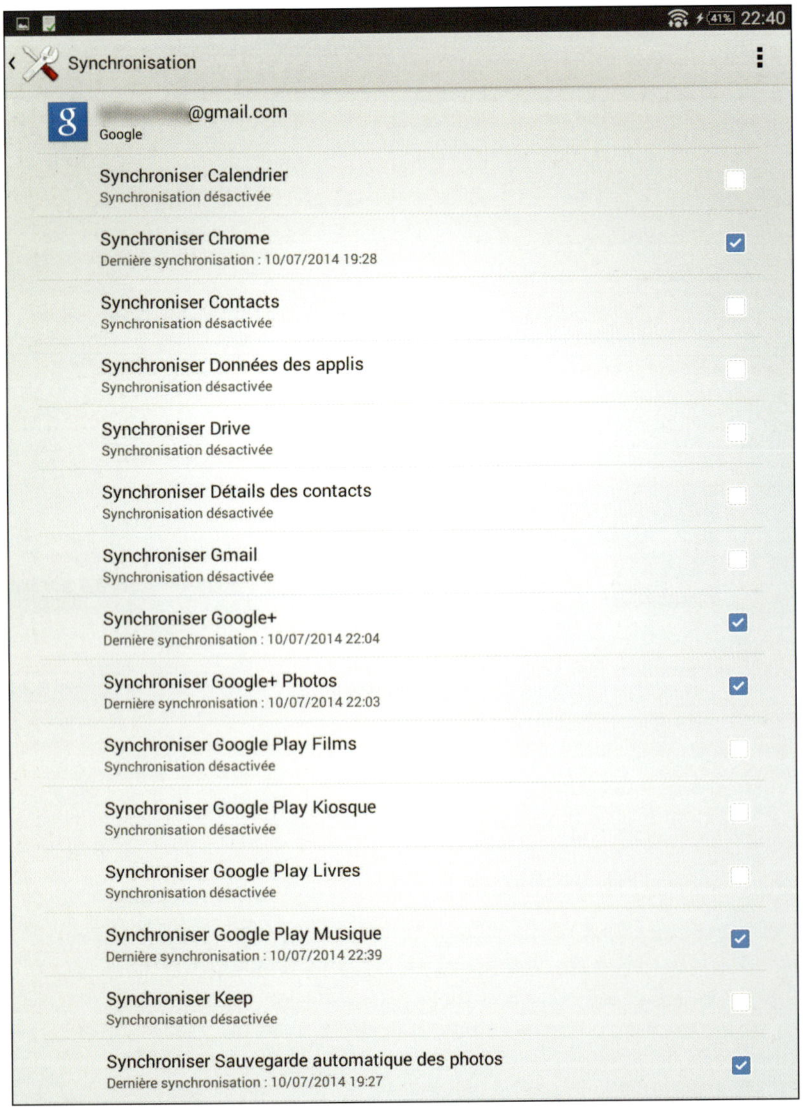

DÉSACTIVER LA SYNCHRO D'AUTRES APPLIS D'autres applications, non proposées par Google, peuvent aussi consommer beaucoup de bande passante, en fonctionnant en tâche de fond permanente. C'est le cas par exemple de Twitter ou Facebook. Mais vous pouvez elles aussi les désactiver. Rendez-vous dans les Paramètres, puis pressez les lignes Twitter ou Facebook (ou un autre service). Dans l'écran suivant, vous pourrez là encore décocher la case de la ligne Synchronisation.

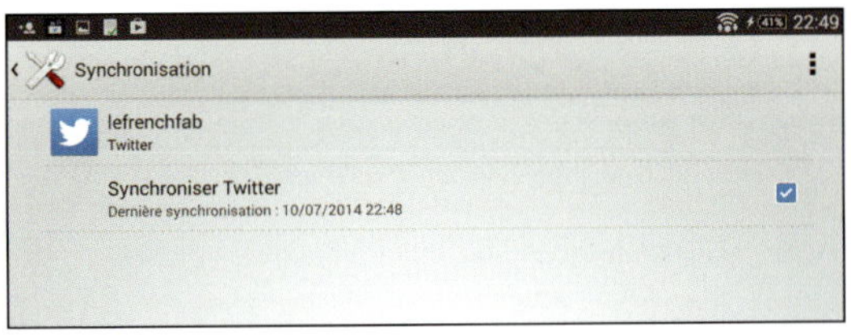

DÉSACTIVER TOUTES LES SYNCHRO D'UN SEUL COUP Enfin, il est possible de désactiver la synchro pour l'ensemble de tous les comptes et applications, d'un seul coup. Cela peut être utile si vous désirez économiser votre batterie (car la synchronisation, ça consomme !). Si vous avez ajouté à l'un de vos écrans d'accueil le widget « Contrôle de l'alimentation », il vous suffit d'un clic sur l'icône avec la double flèche en cercle pour activer (quand elle

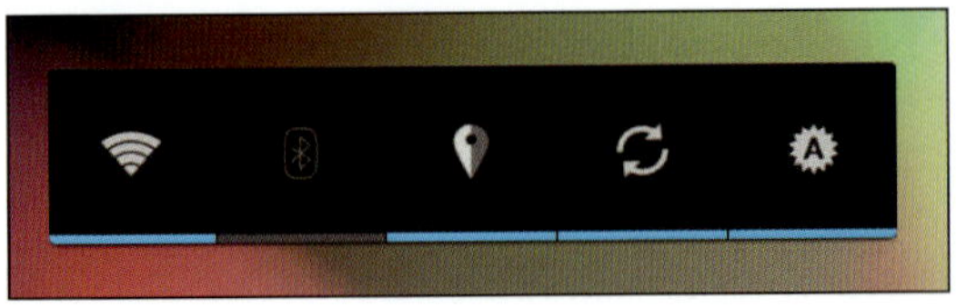

est allumée) ou désactiver (quand elle est grisée) la synchronisation globale. Sinon, vous pouvez passer par les Paramètres, « Consommation des données », puis bouton Menu, et cocher ou décocher la case dans la ligne « Synchronisation automatique des données ». Validez par OK. Notez que cette page vous permet de consulter la consommation de données de chaque appli.

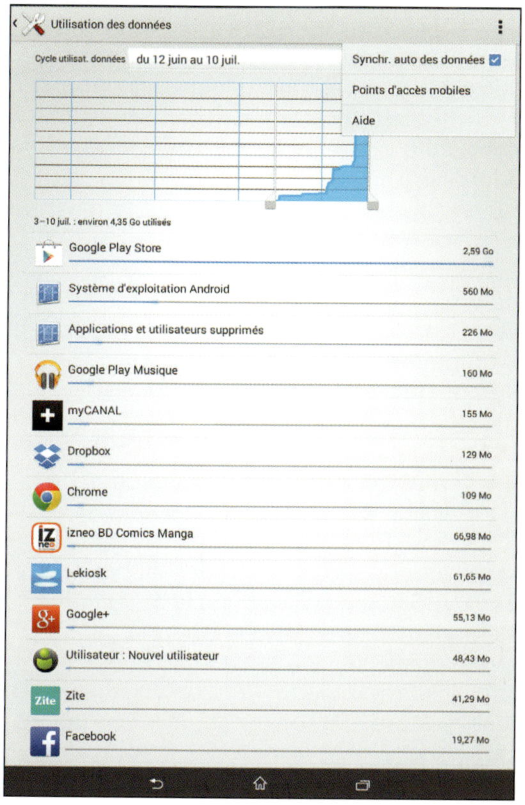

SYNCHRONISER AU CAS PAR CAS Si vous avez bloqué les synchronisations automatiques en tâche de fond, que ce soit au niveau global, ou une par une, vous devrez forcer manuellement la mise à jour, dans chaque appli. Toutes les applications vous permettent de le faire à la demande. Et elles sont de plus en plus nombreuses à utiliser le geste standard qui consiste à faire glisser globalement le contenu de la

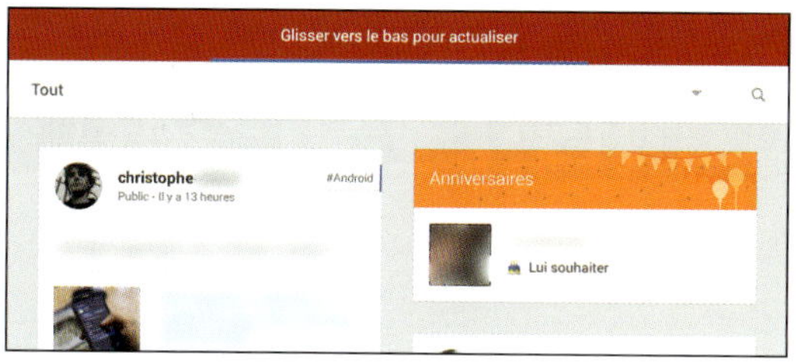

fenêtre vers le bas, jusqu'à voir apparaître un message en haut de l'écran. Relâchez alors la pression sur l'écran et l'application se connecte à Internet pour aller chercher les dernières informations. Cela fonctionne par exemple avec Twitter ou Google+. Dans d'autres applications, il vous faudra simplement effleurer le bouton de synchronisation représentant deux flèches en cercle. Comme par exemple en bas de l'application Outlook.com.

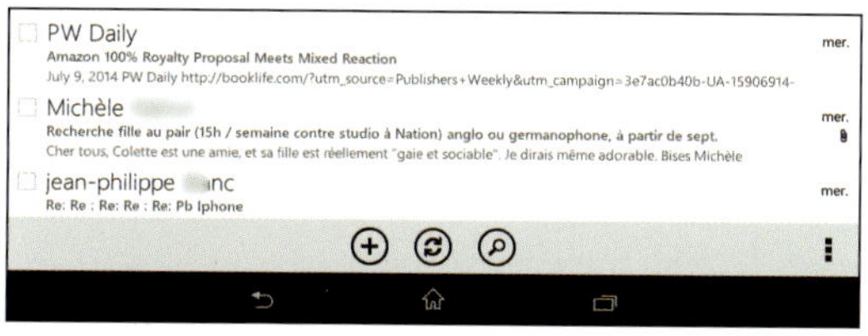

SYNCHRONISATION AVEC D'AUTRES SERVICES EN LIGNE Bien qu'une tablette Android prenne tout son sens si l'on utilise aussi un compte Google, rien n'empêche de rester fidèle à d'autres fournisseurs de services en ligne comme Yahoo ou Outlook.com. Tous deux disposent d'applications officielles dédiées, disponibles sur le Play Store, et peuvent, si vous les y autorisez, synchroniser leurs contacts avec ceux de votre tablette. Outlook va encore plus loin puisqu'il propose également de synchroniser ses calendriers avec l'agenda de la tablette. Rendez-vous dans les Paramètres pour activer la synchro globale.

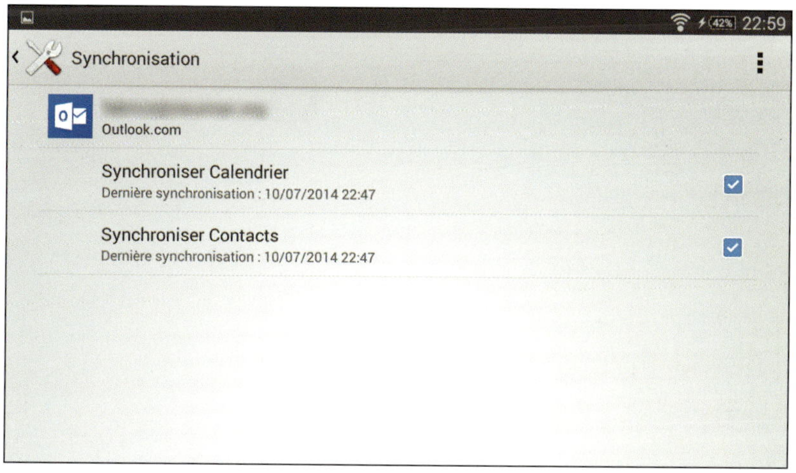

SYNCHRONISER SES CONTACTS ET CALENDRIERS AVEC UN IPHONE

Grâce aux applications SmoothSync, les appareils Android et iOS enterrent la hache de guerre et partagent leurs informations.

Installez et oubliez

Les deux applis SmoothSync n'existent qu'en anglais, mais ne vous laissez pas impressionner : une fois que vous avez entré identifiant et mot de passe, vous ne les verrez plus !

Ce n'est pas parce que vous venez de vous offrir une tablette Android que vous devez mettre au rencart votre iPhone ! Les deux peuvent parfaitement communiquer et échanger leurs données sans accroc. Pour ce faire, il existe plusieurs solutions. Si vous pensez bientôt passer au « tout Google » en remplaçant votre iPhone par un téléphone Android, vous avez intérêt à préparer le passage de toutes vos données sur les serveurs de Google, via votre compte Gmail (voir ci-dessous). Sinon, si vous utilisez déjà les services en ligne iCloud d'Apple, vous pouvez très simplement faire de même sur votre tablette Android et remettre à plus tard l'éventuel passage aux services en ligne de Google. Voici comment.

PASSER TOUTES SES DONNÉES SUR LES SERVEURS DE GOOGLE Si vous utilisez votre iPhone pour stocker vos contacts et noter vos rendez-vous, la première étape consiste à vous rendre à l'adresse www.icloud.com, pour y afficher la liste de vos contacts. Dans le coin en bas à gauche, cliquez sur l'icône « roue dentée » et choisissez « Tout sélectionner » dans le menu qui s'affiche. Puis, dans le même menu, cliquez sur « Exporter un vCard ». L'ensemble de votre carnet d'adresses sera téléchargé sur votre ordi. Rendez-vous ensuite sur votre compte Gmail et affichez les contacts. Dans le menu « Plus », Choisissez « Importer », puis cliquez sur le bouton « Choisir le fichier ». Naviguez sur votre disque dur jusqu'à trouver le fichier vCard que vous venez de créer et suivez la procédure. Si les contacts Gmail sont synchronisés sur votre tablette, ils s'y retrouveront sans tarder. L'étape suivante consiste à ajouter votre compte Google sur votre iPhone pour y synchroniser de nouveau vos contacts, mais à partir de votre compte Gmail cette fois-ci. Pour ce qui est du calendrier, le plus simple consiste à commencer à utiliser le calendrier Gmail en lieu et place du calendrier iCloud. Au bout d'un moment, tous vos rendez-vous à venir seront stockés chez Google.

INSTALLER LES APPLIS SMOOTHSYNC SUR SA TABLETTE ANDROID Cela dit, rien ne vous oblige à vous passer des services iCloud qui fonctionnent parfaitement sur votre iPhone. Un développeur du nom de Marten Gadja a eu la bonne idée de créer deux petites applications Android capables de se connecter aux serveurs d'Apple depuis votre tablette. Rendez-vous dans le Play Store et appuyez sur la loupe pour pouvoir chercher le mot-clé « smoothsync » (sans les guillemets). Vous en trouverez deux, Cloud Calendar et Cloud Contacts, qui ne coûtent que quelques euros. Achetez-les et installez-les toutes deux. Installez également les deux applis gratuites appelées « JB Workaround » pour corriger des problèmes liés à certaines versions d'Android. Si votre système n'en a pas besoin, elles ne seront pas utilisées.

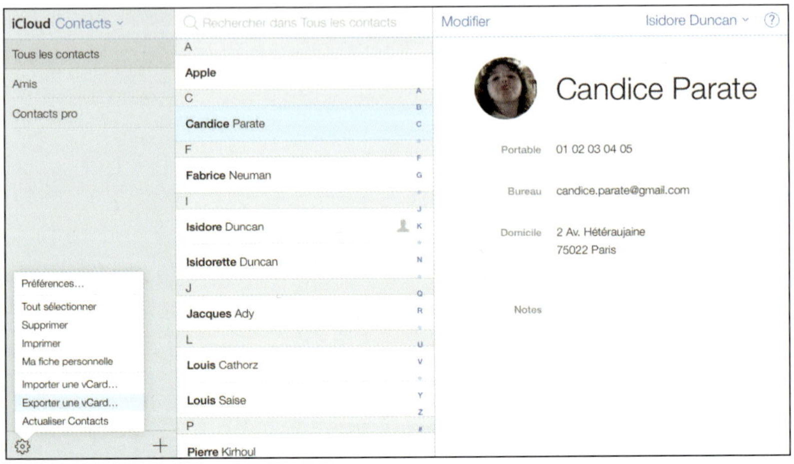

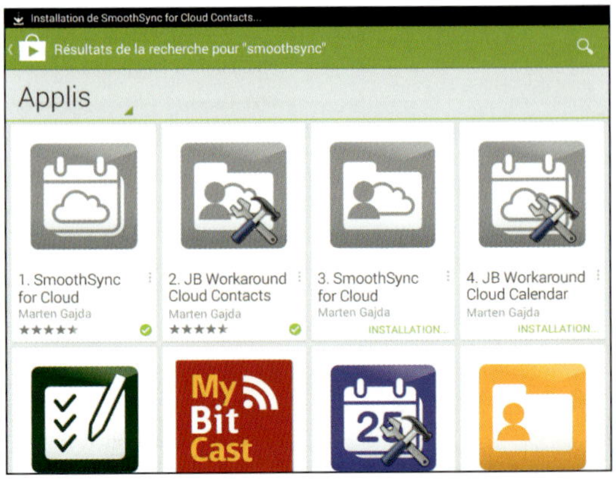

AJOUTER VOTRE COMPTE ICLOUD À VOTRE TABLETTE ANDROID Une fois que ces deux applications sont installées, elles se font oublier : tout se passe ensuite comme si le système Android intégrait en standard la compatibilité avec les services d'Apple. Rendez-vous dans les paramètres et choisissez l'option « Ajouter un compte » dans la section Comptes. Faites défiler la liste qui s'affiche et sélectionnez « SmoothSync for Cloud Calendar ». Indiquez les identifiant et mot de passe de votre compte iCloud et validez. L'écran suivant vous présente les liste des calendriers : cochez ceux que vous souhaitez synchroniser avec votre tablette Android. Terminez d'une tape sur Finish. Ajoutez également un compte « SmoothSync for Cloud Contacts ». Pour ce dernier, vous n'avez rien à choisir : tous vos contacts et vos éventuels groupes seront automatiquement rapatriés et synchronisés.

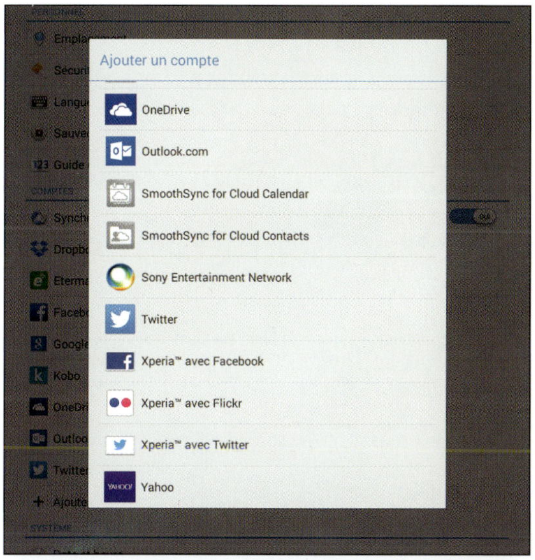

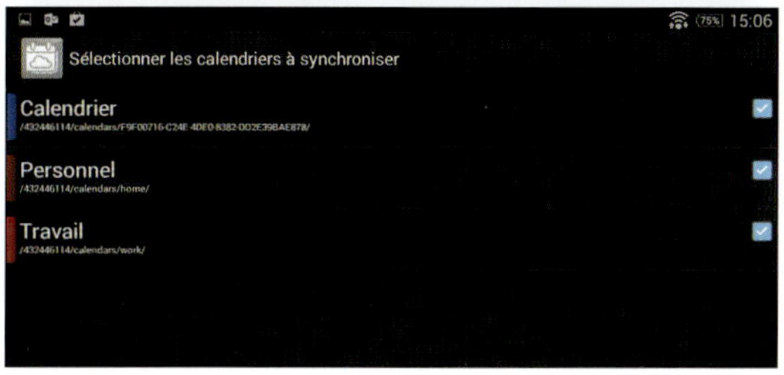

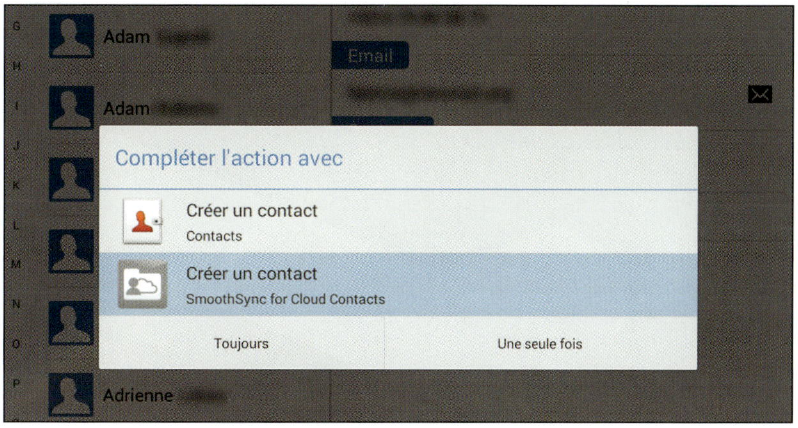

CONSULTER SES DONNÉES VIA LES APPLIS ANDROID C'est tout : vos données iCloud sont désormais accessibles depuis votre tablette Android. Il vous suffit d'ouvrir les applis standard Agenda et Contacts pour pouvoir les consulter et les modifier. La première fois que vous ajoutez un contact depuis votre tablette, assurez-vous uniquement de bien sélectionner « SmoothSync for Cloud Contacts » comme mode d'entrée par défaut et vous êtes paré : le contact est transféré vers iCloud. De même, lorsque vous ajoutez un rendez-vous depuis l'appli de calendrier de votre tablette, pensez juste à sélectionner un de vos calendriers iCloud pour le stocker au bon endroit. Notez qu'il s'agit bien de synchronisation : si vous ajoutez un rendez-vous ou un contact sur la tablette, ils se retrouveront automatiquement sur votre iPhone et inversement. Votre tablette Android est presque devenue un iPad. Mais ne le dites pas aux possesseurs d'iPad, ils ont payé leur tablette beaucoup plus cher ! N'hésitez pas à vous rendre dans les Paramètres des deux applications SmoothSync, via « Comptes », puis « Edit account settings ». Vous pourrez notamment y choisir la fréquence de synchronisation et ajouter ou retirer des calendriers à synchroniser.

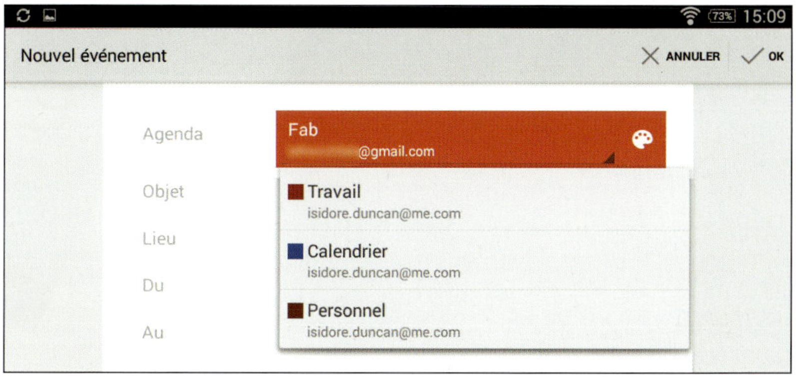

Calculatrice
Chat +
ChatON
Contacts
22:09
a joué 'CHIADERAI,IF'
il y a 4 heures
Passer
Changer
Mixer
Paramètres
Plus
Vous

À DÉCOUVRIR DANS CES PAGES

SE DÉTENDRE ET S'INSTRUIRE

Lire des livres, suivre l'actu, visionner des films, écouter de la musique ou une radio, regarder une émission télé en direct ou en rattrapage, ou encore accéder à de multiples jeux… Les usages d'une tablette sont quasi infinis. Découvrez dans ce chapitre comment en profiter au maximum pour vous instruire, vous informer et vous détendre en toute simplicité. Heureusement que votre tablette bénéficie d'une bonne autonomie : elle va devenir le compagnon indispensable de vos loisirs.

DIFFICULTÉ ★★☆☆☆ 5 MN

UNE LIBRAIRIE INFINIE GRÂCE AUX LIVRES ÉLECTRONIQUES

Un bon fauteuil et un bon livre, rien de tel pour se détendre et passer un bon moment, pour lequel votre tablette vous accompagne : il vous suffit de la bonne appli pour télécharger et lire des livres électroniques. Voici comment.

PLUS

Au contraire d'une liseuse dédiée, une tablette vous permet de profiter de plusieurs librairies en ligne. Du coup, si jamais vous ne trouvez pas le livre dont vous avez envie sur Kobo (**voir ci-contre**), il vous suffit d'essayer un autre libraire.

✔ **Kindle** : installez l'application d'Amazon pour avoir accès à toute la collection des livres Kindle. C'est aussi le bon choix si vous utilisez une liseuse Kindle : vos deux appareils se synchroniseront automatiquement à la dernière page lue.

✔ **Play Livres** : une des sections du Play Store de Google propose aussi des livres. Cela dit, le catalogue est moins étoffé et, surtout, vous ne pourrez les lire que sur un appareil Android. En revanche, vous y trouverez facilement de nombreux livres gratuits et notamment de grands classiques (Dumas, Rostand), tombés dans le domaine public.

1 INSTALLER L'APPLICATION KOBO

Rendez-vous sur le Play Store pour chercher et installer l'application Kobo. Une fois l'appli lancée, vous pouvez créer un compte Kobo ou, mieux, utiliser votre compte Fnac si vous en avez déjà un. Et vous aurez ainsi accès à tout le catalogue de livres électroniques du célèbre magasin.

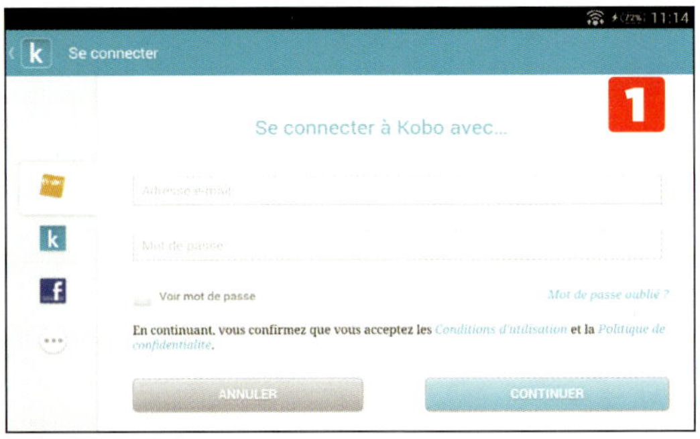

2 ESSAYER ET ACHETER UN LIVRE

Via le menu déroulant en haut à gauche, rendez-vous dans la librairie. Vous pouvez vous balader dans les différentes catégories ou lancer une recherche sur le titre ou le nom d'un auteur. Tapez sur la couverture d'un livre pour en afficher la fiche complète et aussi deux boutons : l'un avec son prix et l'autre avec la mention « Enregistrer l'extrait ». Effleurez ce dernier pour lire les premières pages du livre gratuitement. Une fois arrivé à la fin de l'extrait, une page vous proposera de l'acheter.

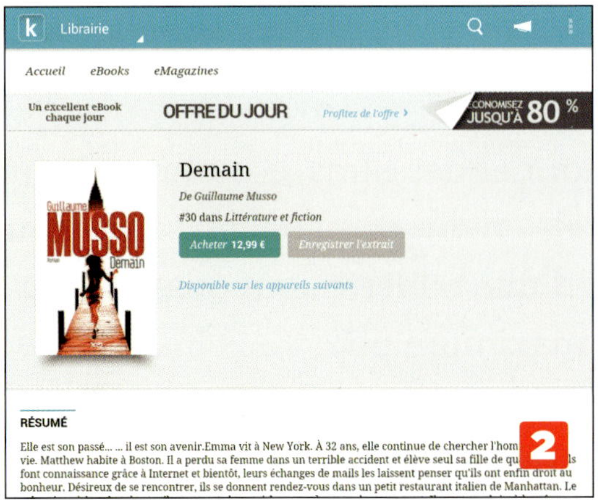

3 CHANGER LA MISE EN PAGE

Tapez au milieu de l'écran pour faire apparaître des boutons de menu dans la marge droite. Le bouton Aa vous permet de changer la police de caractères et sa taille. Le soleil est réservé à la luminosité, et la clé anglaise vous présentera les options d'orientation de la page et l'effet visuel à chaque fois que vous tournerez une page. Tiens, et pour tourner une page justement, touchez simplement le bord de l'écran. Le bouton « K » en haut à gauche vous fera revenir à l'écran de menu. L'appli place automatiquement un marque-page, synchronisé avec tous les autres appareils (voir ci-dessous).

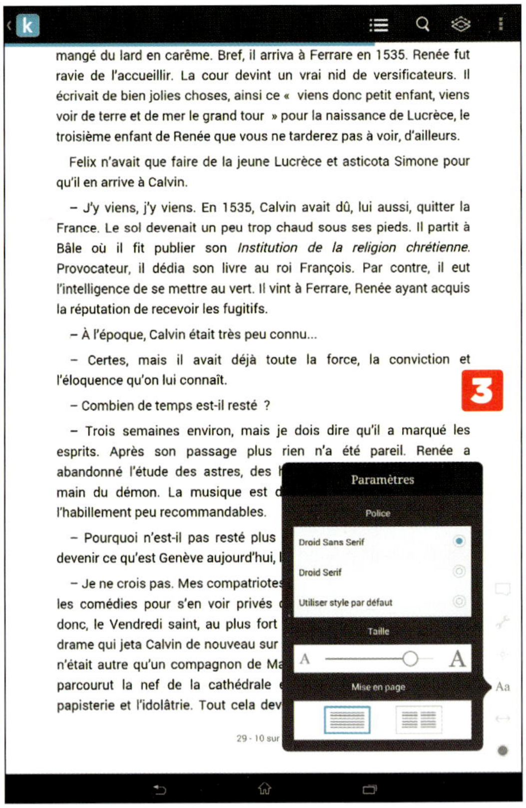

4 TOUTE SA BIBLIOTHÈQUE

Le menu déroulant en haut vous permet aussi d'accéder à tous vos livres. Tapez sur la flèche pour le télécharger et commencer à le lire. Vous pourrez retélécharger les livres que vous avez achetés autant de fois que vous le voulez et sur tous les appareils que vous possédez, à condition qu'ils soient connectés au même compte : tablette, smartphone, liseuse Kobo, etc.

DIFFICULTÉ ★★☆☆☆ 5 MN

FEUILLETER TOUS LES MAGAZINES « PAPIER » SUR SA TABLETTE

Si vous avez une grande tablette, munie d'un écran de 10 pouces de diagonale (environ 25 cm), vous apprécierez de pouvoir feuilleter vos magazines préférés et aussi de profiter d'options qu'aucune version papier se saura vous offrir. Exemple avec l'appli LeKiosk.

1 INSTALLER L'APPLI LEKIOSK

Rendez-vous dans le Play Store pour y installer l'appli gratuite LeKiosk. Lorsque vous la lancez pour la première fois, un écran vous propose de vous connecter à votre compte ou bien d'en créer un. Vous pouvez passer cette étape au début et commencer à consulter le catalogue. Vous vous retrouvez devant l'interface originale de l'appli qui se présente sous la forme d'un « vrai » kiosque à journaux. Faites -le pivoter du bout du doigt pour en voir toutes les faces, et donc toutes les catégories de magazines. Tapez sur la couverture de l'un d'eux pour en voir la fiche complète.

2 LIRE UN EXTRAIT

Une vignette de la couverture s'affiche, accompagnée d'une courte description. Pour aller plus loin, tapez sur « Lire un extrait » pour découvrir les quelques premières pages et notamment le sommaire complet. Notez que la fiche vous donne aussi accès à quelques numéros précédents. Une tape sur la couverture suffit pour obtenir la même fiche descriptive.

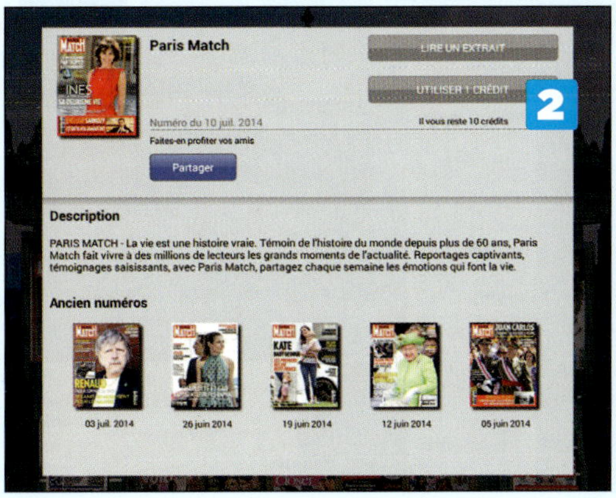

3 ACHETER UN NUMÉRO OU S'ABONNER

Avec LeKiosk vous pouvez acheter des magazines au numéro, souvent pour un peu moins cher que la version papier. Mais vous pouvez aussi passer à l'abonnement mensuel, qui fonctionne de manière originale : pour 10 euros par mois, vous pouvez téléchargez 10 magazines différents. L'abonnement n'est pas lié à un magazine en particulier, et vous pouvez donc piocher librement dans les nouvelles publications.

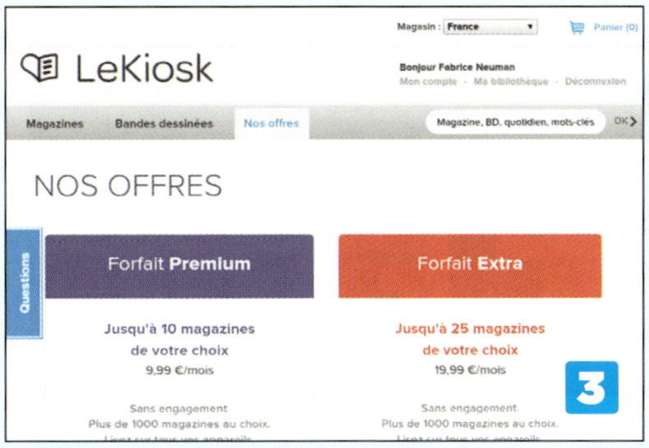

4 LIRE UN MAGAZINE

Que vous ayez choisi de lire un extrait ou d'acheter un numéro, le téléchargement commence et vous pouvez commencer à feuilleter le magazine, sans attendre la fin du transfert. Tournez les pages en touchant le bord de l'écran et zoomez à deux doigts si le texte est trop petit ou pour voir une photo en plus grand. Tapez sur le bouton Bibliothèque en haut pour afficher la liste de tous vos magazines achetés.

Centraliser ses lectures

Notez que l'application Kobo (voir p. précédente), vous permet aussi d'acheter des magazines et même de vous y abonner. Vous pouvez ainsi vous simplifier la vie et n'utiliser qu'une seule appli pour toutes vos lectures. Cela dit, Kobo n'offre ni le téléchargement d'extraits de magazines, au contraire des livres, ni d'abonnement multi-titres. Si vous aimez découvrir de nouveaux magazines, l'appli LeKiosk est plus adaptée.

L'embarras du choix

Il existe plusieurs autres applications de lecture et d'abonnement à des magazines. Google propose son propre **Play Kiosque**, tout comme les magasins **Relay**, sans oublier **Zinio**, l'un des pionniers du genre. Essayez-les pour vous faire une idée et décider de celle qui vous convient le mieux.

DIFFICULTÉ ★★★★★ 5 MN

LOUER OU ACHETER UN FILM SUR LE PLAY STORE DE GOOGLE

Chercher un film en particulier

Vous ne trouverez pas tous les films dont vous avez envie sur le Play Store, en commençant par les nouveautés de moins de 6 mois. Il manque aussi quelques grands classiques. Cela dit, vous aurez largement de quoi occuper vos soirées et égayer vos voyages. N'oubliez pas de vous servir de la fonction recherche en haut : vous pouvez y taper tout aussi bien le nom d'un acteur que le titre d'un film.

1 TÉLÉCHARGER GOOGLE PLAY FILMS

Sur certaines tablettes, l'application Play Films n'est pas installée par défaut. Rendez-vous dans le Play Store pour y remédier en deux temps trois mouvements. Lancez ensuite l'appli. La page d'accueil vous propose d'accéder directement à quelques recommandations. Vous pouvez les choisir directement, ou toucher le bouton « Acheter des films ». Dans les deux cas vous basculez vers la section Films du Play Store.

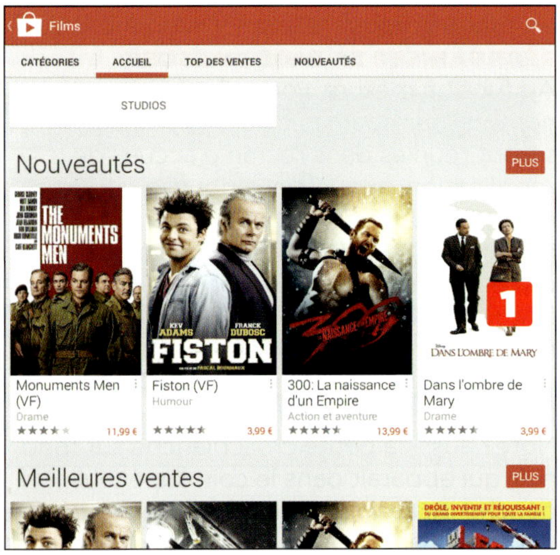

2 CHOISIR UN FILM DANS LE VIDÉOCLUB

Baladez-vous dans les différentes catégories : Nouveautés, Meilleures ventes, Promotions, etc. Bien sûr, la catégorie Recommandation évoluera en fonction des achats et locations que vous réaliserez. Touchez le bouton Plus à droite de chaque catégorie pour afficher la liste complète de ses films. Lorsque vous en trouvez un qui vous intéresse, effleurez son affiche pour en obtenir une description plus détaillée. N'hésitez pas à regarder la bande-annonce disponible sous le titre. Selon les cas, vous pouvez louer ou acheter le film en définition standard ou HD. Les prix varient de 2,99 € pour une location à 16,99 € pour l'achat d'un film en HD. Les locations sont valables 30 jours, mais ce délai se réduit à 48 heures dès que vous démarrez la visualisation.

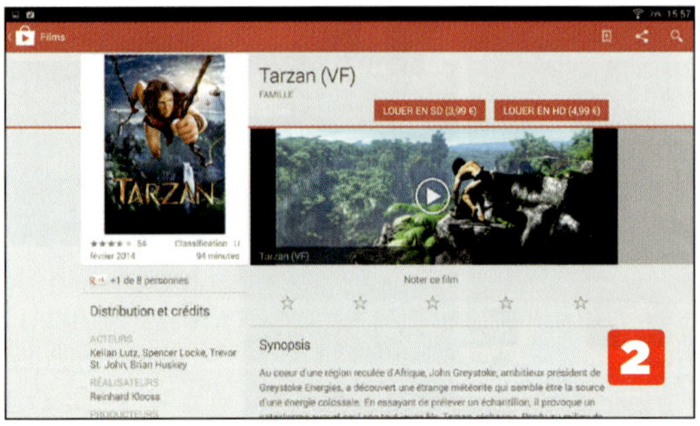

3 LOUER OU ACHETER UN FILM

Touchez le bouton Louer ou Acheter correspondant à votre choix. Confirmez, puis saisissez le mot de passe de votre compte Google. L'achat est débité sur la carte liée à ce compte. Touchez le bouton Visionner pour lancer la diffusion du film dans Play Films. Si le débit de votre connexion Wi-Fi est élevé, la diffusion commence quelques secondes après avoir validé par OK. Dans le cas contraire elle peut être retardée de plusieurs minutes, et l'image peut être saccadée.

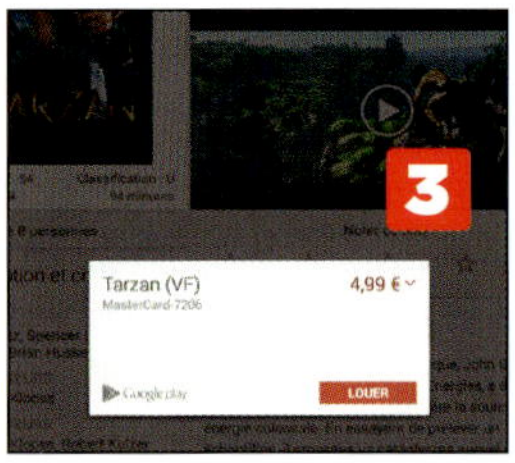

4 REGARDER SON FILM DANS LES MEILLEURES CONDITIONS

Si la lecture n'est pas fluide, revenez en arrière et touchez la petite épingle en bas à droite de la fiche du film pour le télécharger complètement. Vous pourrez le regarder plus tard dans de bonnes conditions. Pour un meilleur son, branchez un casque ou reliez la tablette à une chaîne hi-fi. Pour regarder le film sur votre ordinateur, allez à l'adresse play.google.com/movies. Enfin pour diffuser le film sur un téléviseur HD, raccordez-y la tablette via un adaptateur et un câble HDMI. Ou alors offrez-vous le petit module Chromecast, qui vous permet de diffuser sans fil depuis votre tablette vers votre téléviseur (**voir p. 158**).

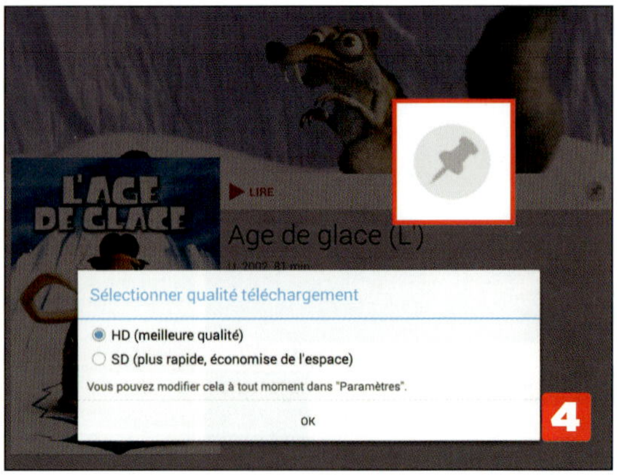

DIFFICULTÉ ★★★★★ 5 MN

ACHETER DE LA MUSIQUE SUR LE PLAY STORE

1 CHOISIR UN TITRE OU UN ALBUM

Lancez l'application Play Musique, reconnaissable à son icône en forme de casque d'écoute, ou bien installez-la depuis le Play Store si votre tablette n'en est pas équipée en standard. Faites ensuite apparaître la panneau latéral d'un glissement du doigt depuis le bord gauche de l'écran et choisissez Acheter. Faites défiler la page pour afficher les différentes catégories. Si vous avez déjà de la musique sur votre tablette (**voir p. 142**), elle influencera les catégories proposées, en vous proposant notamment de la musique « Similaire à » un de vos artistes préférés. Vous pouvez aussi toucher la loupe, saisir les premiers caractères d'un titre de chanson ou d'album ou d'un nom d'artiste et valider. Touchez un titre pour écouter un extrait de 90 s (ou de 30 s si le morceau dure moins de 2 min 30 s).

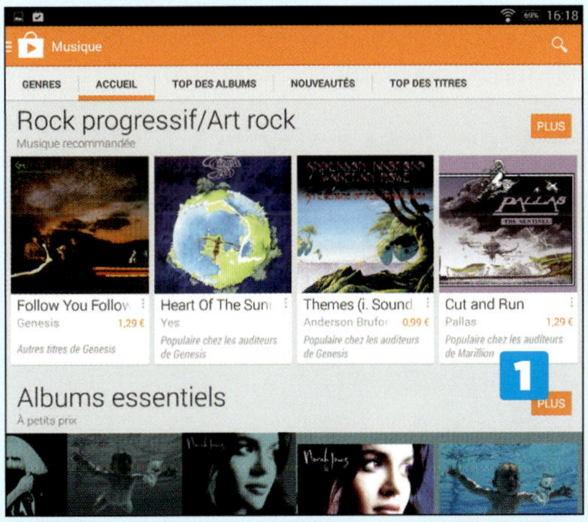

2 ACHETER UN TITRE OU UN ALBUM

Pour acheter un titre, touchez l'étiquette de prix (en général 0,99 €, mais parfois 1,29€ pour les titres les plus en vogue) à sa droite. Pour acheter un album entier, touchez l'étiquette de son prix en haut à droite de l'écran. Confirmez puis saisissez le mot de passe de votre compte Google et validez par OK. Touchez le bouton Écouter pour lancer la diffusion du titre dans l'appli Play Musique. Elle commence en quelques secondes.

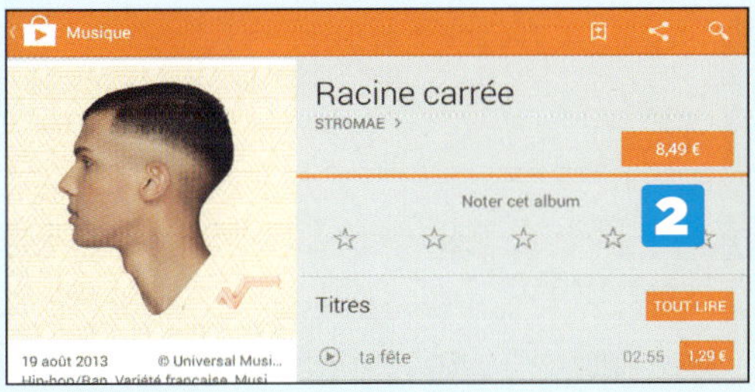

3 RÉCUPÉRER LA MUSIQUE ACHETÉE

La diffusion s'effectue par défaut en streaming, c'est-à-dire qu'elle vous demande d'être connecté à Internet. Revenez à l'accueil de Google Play Musique : votre collection musicale, constituée des titres achetés et de vos fichiers personnels transférés sur la tablette, est présentée sous forme d'une mosaïque de pochettes. Pour télécharger sur la tablette le titre acheté, afin de pouvoir l'écouter hors connexion, touchez la pochette d'un album, puis la petite flèche pointant vers le bas. Vous pouvez suivre le déroulement du transfert depuis le panneau des notifications. Vous pouvez aussi écouter la musique depuis votre ordi, et y récupérer la musique achetée via le site play.google.com/music.

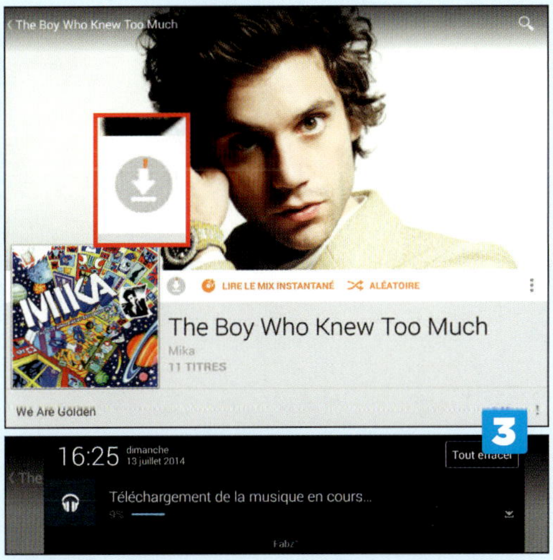

4 CRÉER DES LISTES DE LECTURE

Dans Play Musique, choisissez un album puis touchez un titre pour en démarrer la lecture. Touchez ensuite le bouton menu à droite et choisissez l'option « Ajouter à la file attente » ou « Ajouter à une playlist » pour ajouter le morceau à la liste de lecture en cours ou à une playlist enregistrée.

Et si vous passiez à l'abonnement ?

Si vous êtes un grand consommateur de musique et que vous aimez découvrir sans cesse de nouveaux artistes, l'achat de morceaux ou d'albums peut vite revenir très cher. Mieux vaut dans ce cas passer à l'abonnement mensuel, vous permettant d'écouter à loisir les millions de titres du catalogue de Google Music. Comme Spotify ou Deezer, Google propose aussi un service de musique illimitée en streaming pour une dizaine d'euros par mois. Avec l'avantage d'utiliser pour y accéder la même appli que celle qui vous sert à écouter la musique que vous possédez. Vous obtiendrez ainsi des recommandations adaptées à vos goûts sans attendre. Mieux, vous pouvez même essayer le service pendant 1 mois gratuitement. Notez que cet abonnement ne vous empêche pas d'écouter de la musique sans être connecté à Internet. Il suffit de télécharger les morceaux qui vous intéressent au préalable (**voir ci-contre**). Attention, il faudra tout de même que la tablette se connecte au moins une fois par mois, pour vérifier que l'abonnement est toujours en cours. Sinon, les morceaux s'effacent.

ÉCOUTER SA PROPRE MUSIQUE EN STREAMING GRÂCE À PLAY MUSIQUE

Taguer ses fichiers

Plutôt que de les importer, Music Manager remplace dans la mesure du possible vos fichiers par ceux déjà présents dans son magasin ; vous gagnez ainsi du temps et récupérez des titres de meilleure qualité. Mais encore faut-il qu'il puisse identifier les fichiers, et donc que leurs tags, ces marqueurs internes qui indiquent le titre, l'album et l'artiste, soient présents. Si ce n'est pas le cas, utilisez le logiciel MP3 Tag (www.mp3tag.de/en/download.html) pour les mettre à jour. Si vous gérez votre musique dans iTunes, le marquage fonctionne aussi.

Avec le « cloud player », le baladeur musical dans les nuages, finis les transferts de MP3 : le service vous permet de les écouter en streaming et de les télécharger sur votre ordinateur, votre tablette ou votre smartphone. Mieux encore, vos titres de qualité et d'origine douteuses seront remplacés par des fichiers MP3 encodés en 256 ou 320 kbits/s et 100 % légaux ! Pourquoi choisir le « cloud player » de Google plutôt que celui d'Amazon ou d'Apple ? Pour deux raisons : il est conçu pour Android et gratuit !

1 INSTALLER MUSIC MANAGER SUR SON ORDI Le travail de préparation s'effectue sur le PC (ou le Mac) sur lequel vous stockez votre musique. Utilisez de préférence le navigateur Chrome pour vous rendre sur play.google.com/music et connectez-vous sur votre compte Gmail. Cliquez sur le bouton orange « Importer de la musique ». Dans la page qui s'affiche, cliquez sur le bouton « Télécharger Music Manager ». Une fois le programme installé, lancez-le.

2 CHOISIR LES DOSSIERS À IMPORTER Cliquez sur Suivant et saisissez votre adresse Gmail et votre mot de passe. Music Manager vous demande d'indiquer où est stockée votre musique : seuls les dossiers désignés seront pris en compte. Il est possible de transférer jusqu'à 20 000 fichiers, aux formats MP3, AAC, WMA, FLAC et OGG (mais pas WAV), d'une taille maximale de 250 Mo chacun. Vous pouvez choisir d'importer la bibliothèque d'iTunes ou du Lecteur Windows Media, en totalité ou partiellement (une sélection de playlists), ou tout le contenu du dossier Ma musique. Pour sélectionner manuellement le dossier à importer, cliquez sur Autres dossiers.

3 LANCER L'IMPORTATION Cliquez sur Suivant. Après analyse, Music Manager vous indique combien de titres il a trouvés et vous demande si les titres ajoutés ultérieurement au dossier devront être importés automatiquement. Cliquez sur Suivant : l'importation démarre. Sa durée dépend du nombre de fichiers à transférer, de la vitesse de votre connexion et de la reconnaissance des titres par Google (voir ci-contre).

4 GÉRER SA BIBLIOTHÈQUE Pour surveiller la progression, cliquez du bouton droit sur l'icône Play Musique dans la zone de notification de la barre des tâches et choisissez Options. Vous pouvez

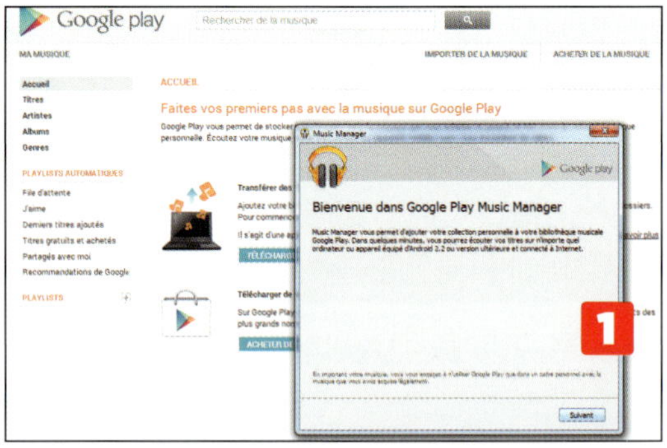

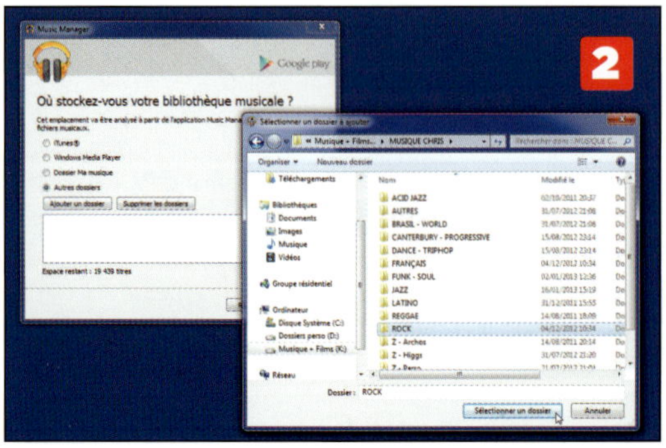

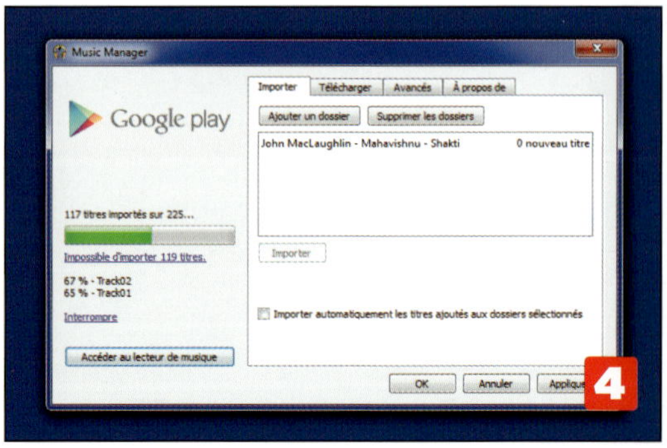

modifier la liste des dossiers à importer via les boutons Ajouter et Supprimer, ou recommencer le processus à partir de l'étape 2 en cliquant sur l'onglet Avancés, puis sur Modifier. Enfin, l'onglet Télécharger permet de récupérer votre bibliothèque Play Musique sur un autre ordi.

5 ÉCOUTER LES TITRES SUR L'ORDI Revenez dans le navigateur. Cliquez sur Titres, Albums ou Artistes et double-cliquez sur un titre pour lancer la lecture.

6 ÉCOUTER LA MUSIQUE SUR LA TABLETTE Sur la tablette, lancez Play Musique. Vous pouvez désormais écouter en streaming toute la musique copiée dans votre espace personnel en ligne. Faites défiler les pochettes d'albums ou, lorsque la tablette est verticale, faites glisser le bandeau gris du haut vers la droite ou la gauche pour accéder aux playlists ou aux artistes, albums, titres ou genres musicaux. Touchez un titre pour lancer la lecture. La pochette de l'album s'affiche en grand, avec les boutons de contrôle en bas.

7 TÉLÉCHARGER LA MUSIQUE SUR SA TABLETTE Pour pouvoir écouter la musique hors connexion, profitez d'une connexion Wi-Fi pour télécharger des albums sur la tablette : touchez la petite flèche pointant vers le bas située juste à gauche de la pochette et suivez le déroulement du transfert dans le volet de notifications à droite de la pochette. Dans la liste des albums, vous pouvez aussi effleurer le bouton menu de l'un d'eux et choisir Télécharger.

8 CRÉER DES LISTES DE LECTURE Dans le même menu vous trouverez les options « Ajouter à la file attente », pour ajouter le titre à la liste de lecture en cours, et « Ajouter à une playlist ». Choisissez une playlist existante ou créez-en une nouvelle. Pour accéder à toutes vos listes de lecture, faites apparaître le panneau latéral d'un glissement du doigt depuis le bord gauche de l'écran pour y choisir Playlists. Via le bouton de menu, vous pourrez ensuite choisir de télécharger sur l'appareil les titres réunis dans la playlist. Et ainsi n'emporter avec vous que vos titres préférés.

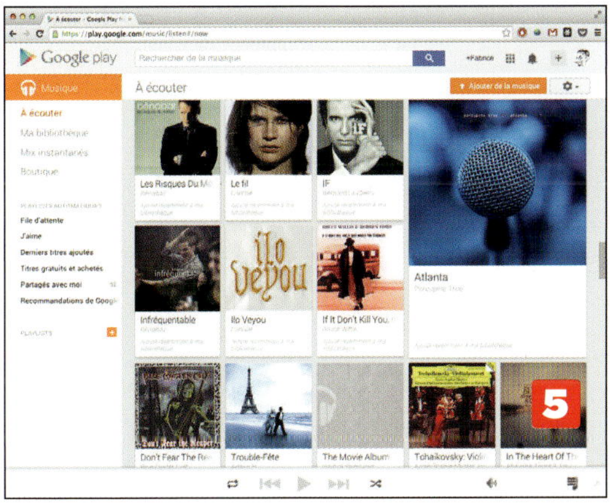

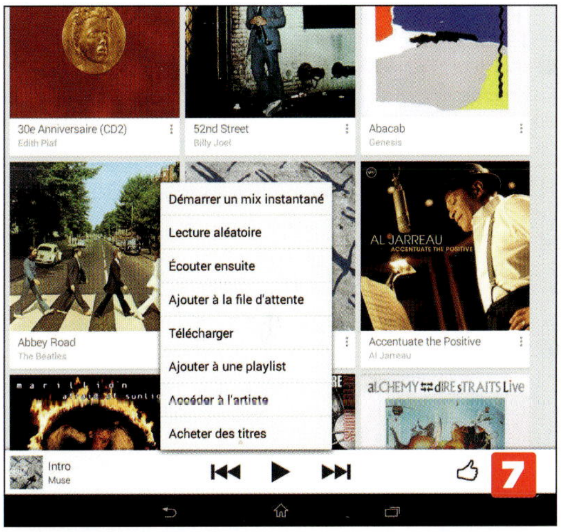

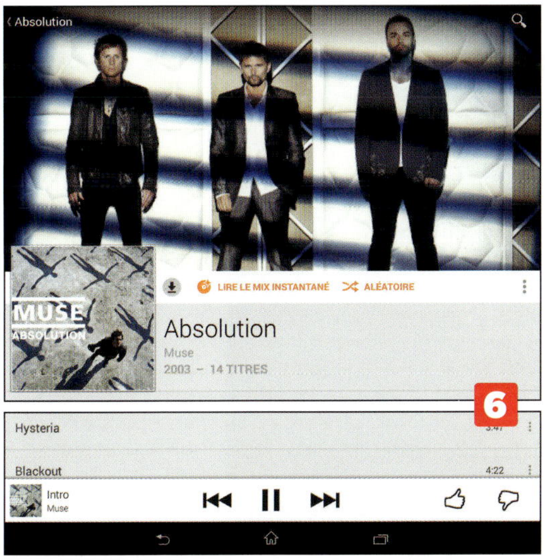

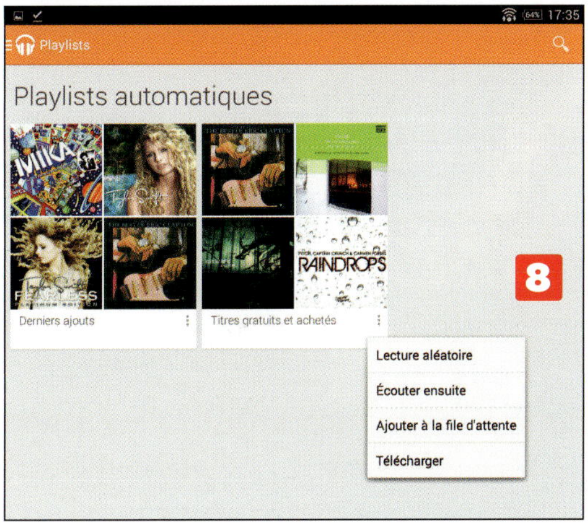

Attention au forfait 3G / 4G

Si vous êtes l'heureux possesseur d'une tablette 3G, c'est-à-dire munie d'une carte SIM pour vous connecter à Internet via le réseau mobile lorsque vous n'êtes pas proche d'un accès Wi-Fi, attention à votre quota de connexion ! La musique en streaming peut rapidement vous faire atteindre le plafond. Pour être sûr de n'écouter que des fichiers enregistrés dans la mémoire de la tablette, activez l'option « Téléchargés uniquement » dans le panneau latéral de l'application. Ce conseil vaut également si vous partagez la connexion 3G / 4G de votre smartphone pour connecter la tablette à Internet (**voir p. 25**)

REGARDER LA TÉLÉ EN DIRECT COMME EN DIFFÉRÉ

Retrouver ses émissions préférées sur sa tablette, c'est possible avec les applis proposées par les chaînes TV elles-mêmes.

Si la tablette tactile est déjà considérée par certains comme le « second écran », celui que l'on utilise pour interagir – ou pas ! – avec le programme que l'on est en train de regarder sur la télé du salon, on peut aussi l'utiliser pour regarder ses émissions préférées, via Internet. Le plus simple consiste à installer l'application de la chaîne de télé correspondant à l'émission recherchée. Elle vous permettra aussi bien de regarder le direct que de rattraper une émission manquée, pendant un délai de deux semaines dans la plupart des cas. Attention, toutes ces applis sont très gourmandes en puissance de calcul et risquent fort de vider votre batterie bien plus rapidement qu'à l'habitude. Gardez votre chargeur à portée de main !

FRANCE TÉLÉVISIONS L'appli FranceTV Pluzz propose une interface agréable, un guide des programmes sur 15 jours avec programmation d'alertes, toutes les déclinaisons régionales de France 3 et surtout un véritable service de « replay », avec les émissions complètes. Choisissez « En direct » dans la barre supérieure pour obtenir un aperçu, chaîne par chaîne des émissions en cours, et aussi de celles qui vont suivre. Effleurez une des images pour commencer à regarder. La section Replay vous présente une mosaïque d'images dans laquelle il vous suffit de piocher. Vous pouvez aussi réduire la liste en choisissant d'abord une chaîne, en haut. Attention, le replay est gratuit, mais vous devrez bien sûr voir une séquence de publicité de 30 secondes à une minute avant de commencer le visionnage.

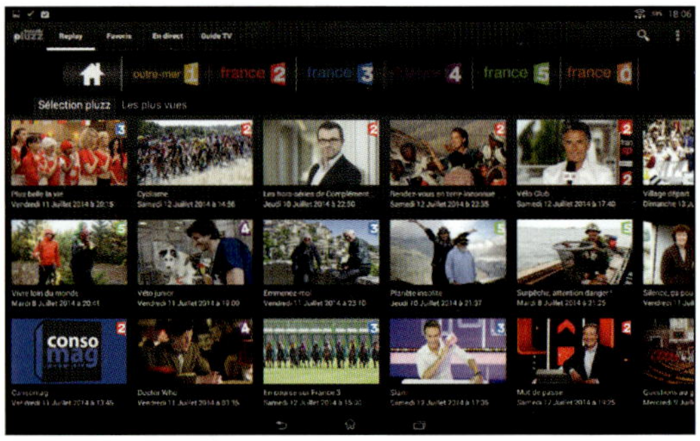

MYTF1 L'appli de la première chaîne de France est très complète ; elle permet d'accéder aux programmes en direct en HD, au rattrapage, plus complet que celui proposé sur d'autres plateformes comme la Freebox, et à des bonus, mais aussi de commenter des émissions en direct. L'écran d'accueil vous propose quelques émissions en replay que vous pouvez commencer à

La télé en terrasse

Si vous possédez une tablette 3G/4G, vous pouvez donc regarder la télé depuis n'importe où, y compris depuis la terrasse d'un café. Si ce n'est pas le cas, vous pouvez aussi profiter de la connexion mobile de votre smartphone grâce à la fonction Point d'accès mobile ou Partage de connexion (**voir p. 25**). Attention à votre quota de données !

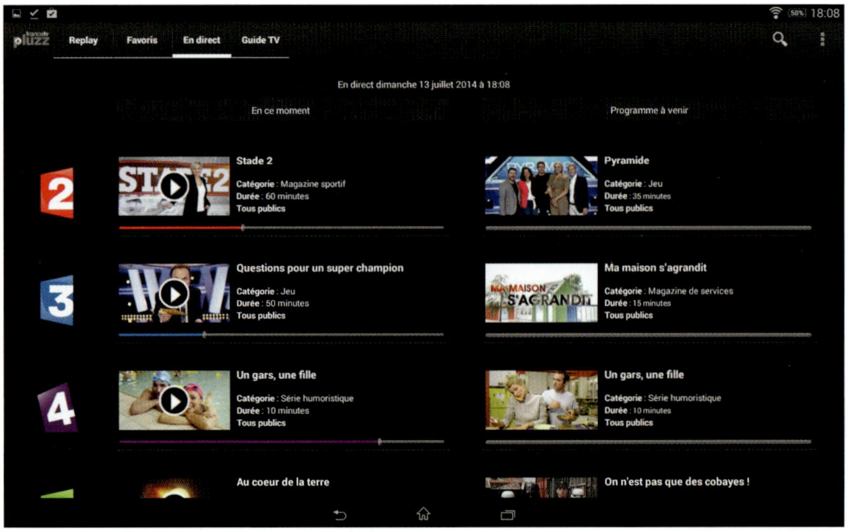

Voyez d'un coup d'œil toutes les émissions en cours de diffusion sur les chaînes du groupe France Télévisions, via l'appli Pluzz.

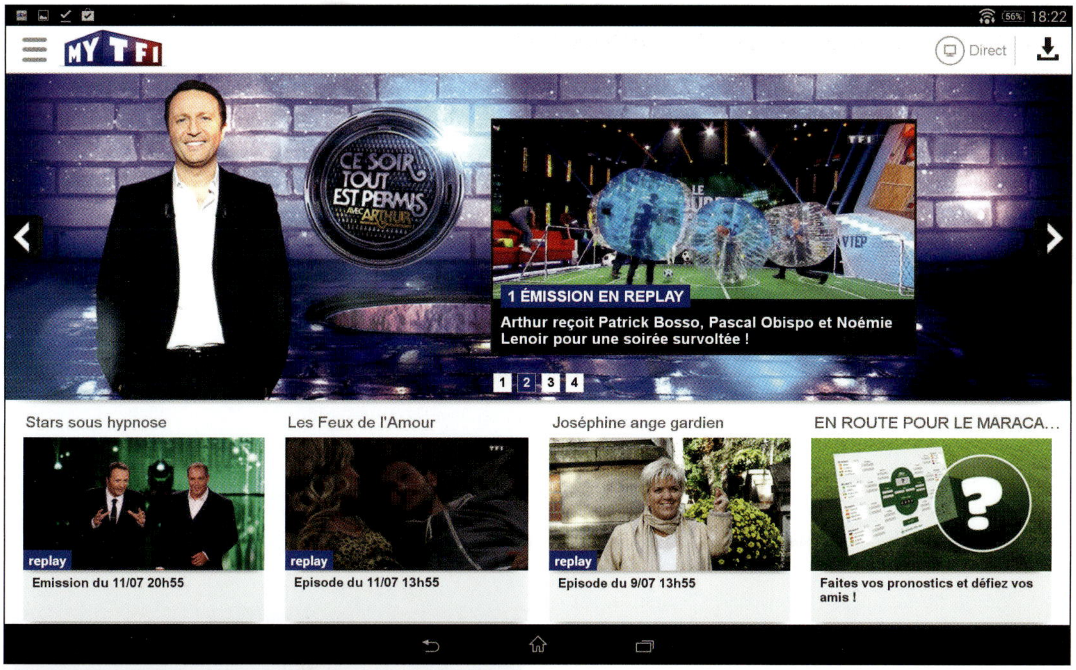

Toutes les émissions de TF1, en direct comme en différé, sont réunies dans l'appli, qui vous permet aussi de dialoguer via Twitter avec les autres téléspectateurs.

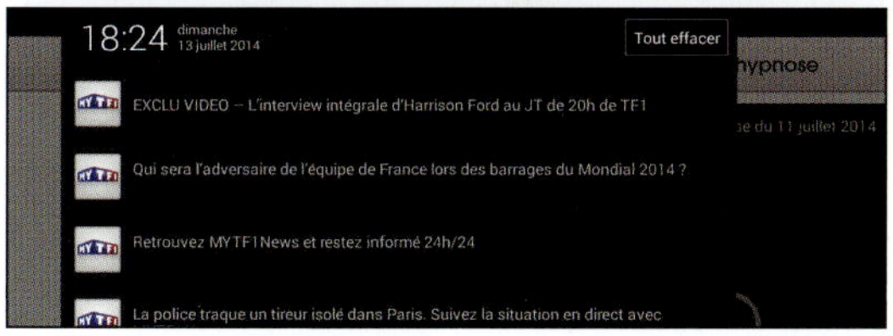

visionner sans attendre… du moins après une bonne minute de messages publicitaires. Notez que l'appli vous tient aussi au courant d'événements importants via le volet des notifications de la tablette. Une tape et vous vous retrouvez directement sur la page de la vidéo concernée. Faites coulisser le panneau latéral depuis le bord gauche de l'écran pour accéder à toutes les options : Direct, Replay, Connect, etc. Ce dernier mode affiche le direct dans une vignette en haut à gauche et présente des détails sur l'émission en cours. Pour commenter une émission en direct, faites apparaître le volet Twitter sur la droite de l'écran. Consultez les messages déjà publiés et connectez-vous à votre compte pour participer à la conversation.

MYCANAL L'appli de Canal Plus est un modèle de simplicité. Son interface soignée, son guide TV, son usage comme télécommande en font un outil précieux… pour les abonnés, qui devront souscrire à l'option « multi-écrans » (quelques euros par mois) en plus de leur abonnement. Mais même sans être client, il est possible de voir les programmes en clair, en direct ou à la demande : les Guignols, Groland, le Grand Journal, Canal Football Club, Salut les Terriens, tout cela est accessible en quelques touchés d'écran. Et si vous êtes abonné Canal Sat, vous aurez aussi accès à un bouquet de chaînes supplémentaires.

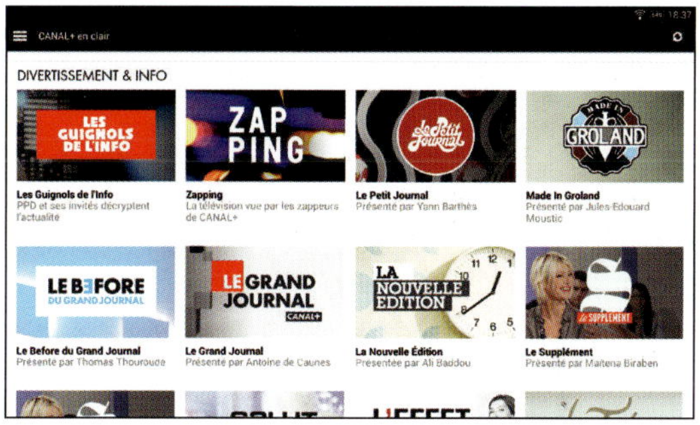

M6 ET W9 La petite chaîne devenue grande et son alter ego au logo inversé, ainsi que la petite dernière 6ter, sont réunies au sein d'une même appli appelée 6Play. Lorsque vous regardez une émission en direct, tapez sur l'icône phylactère en haut à droite pour laisser un commentaire en même temps que tous les autres téléspectateurs.

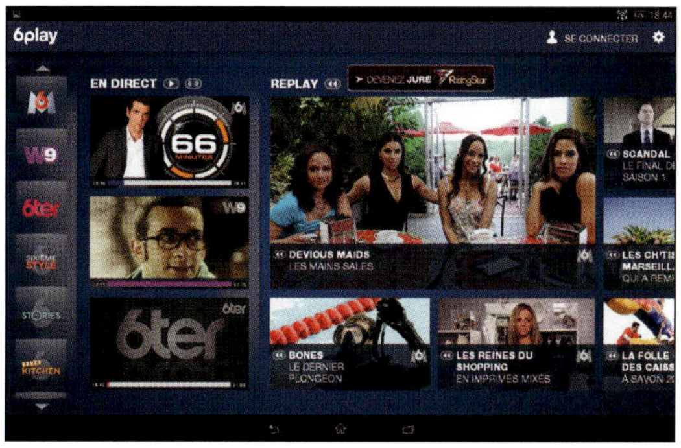

Les applis des FAI

Orange TV, Freebox TV Mobile, SFR TV, B.tv, TV Mobile Numericable : les fournisseurs d'accès ont aussi leurs applis Android dédiées à la télévision. Outre les chaînes disponibles sur votre box, vous pouvez voir les programmes proposés en replay, programmer des enregistrements et utiliser la tablette comme télécommande.

DIFFICULTÉ ★★★★★ 5 MN

ÉCOUTER TOUTES LES STATIONS DE RADIO DE FRANCE ET DU MONDE

Et la radio par les ondes alors ?

Certaines tablettes, assez rares toutefois, sont équipées d'un tuner radio permettant d'écouter les stations de radio de manière traditionnelle via les ondes... radio. Cela ne vous sera vraiment utile qu'en des endroits dépourvus de connexion Internet. Parce que sinon, la radio via Internet n'a que des avantages : un son de meilleure qualité que la FM, pas de crachotements, et un choix incomparable puisque l'on peut écouter une radio régionale sans se trouver dans la région concernée et même profiter de radios internationales. Autant dire que votre poste de radio risque de ne plus vous servir beaucoup.

1 INSTALLER TUNE IN Eh oui, votre tablette peut aussi vous servir à écouter votre station de radio préférée, même si elle n'est pas équipée d'un tuner FM (**voir ci-contre**). Toutes les stations diffusent en effet leurs programmes par Internet, exactement comme les chaînes de télé (**voir p. 144**). Grâce à l'appli TuneIn, vous pouvez passer d'une station à l'autre, et choisir parmi toutes les radios du monde. Rendez-vous donc sur le Play Store pour y installer l'appli. Notez qu'il en existe deux versions. La gratuite affiche des bandeaux publicitaires et vous fait parfois écouter des réclames avant de lancer l'écoute de la station. Pour moins de 3 euros, vous pouvez vous passer de ces messages. Attention, la version payante ne vous débarrassera pas de la pub diffusée par les stations : normal, c'est leur gagne-pain !

2 CHOISIR SES STATIONS Lorsque vous lancez l'application, un écran vous présente un grand nombre de stations de radio du monde entier, réparties par catégories (Actualité, Magazine, Divertissement, Économie, France, etc.). Tapez sur le logo de l'une d'entre elles pour lancer l'écoute, ou sur le signe « + » pour mémoriser la station dans votre profil.

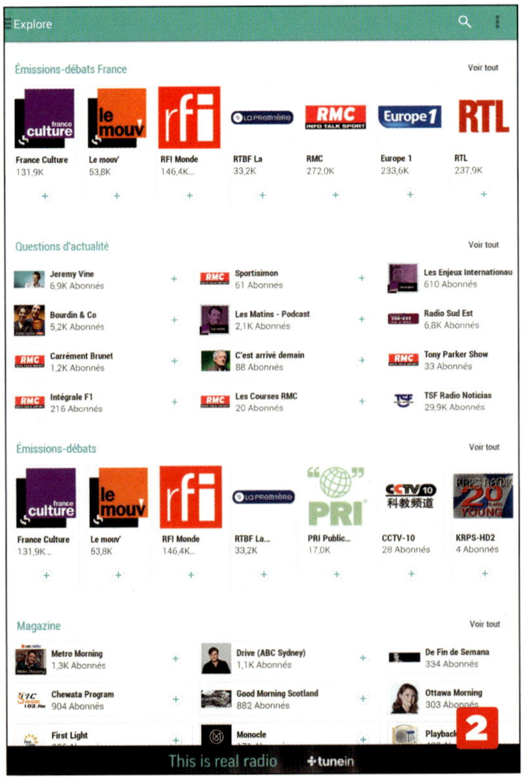

3 ÉCOUTER ET CHOISIR UN FLUX En écoute, le logo de la station s'affiche en grand et une liste de stations semblables s'affiche en dessous. Tapez sur Options, puis sur « Choisir le flux » : plus le nombre de « kbps » est élevé, meilleure sera la qualité audio.

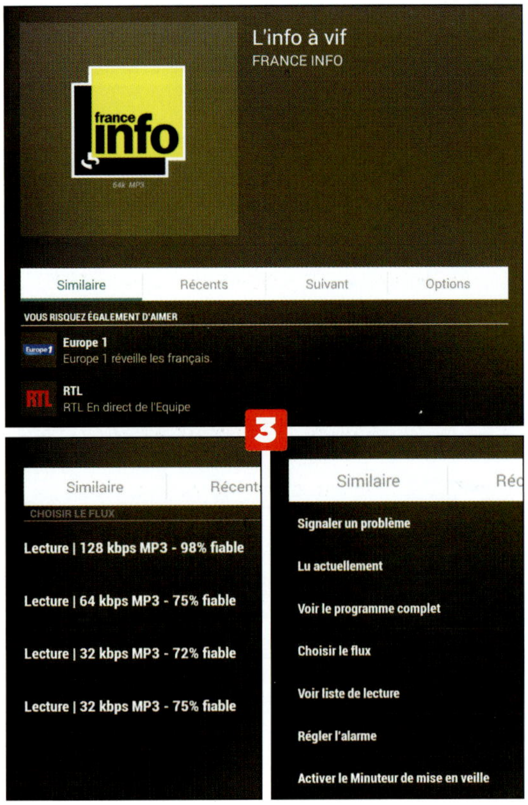

4 SE RÉVEILLER AVEC LA RADIO Dans la liste des options, tapez sur « Régler l'alarme ». Indiquez une heure de réveil et une durée pendant laquelle la radio sera à l'écoute. Si vous avez des réveils difficiles, montez le volume. Mais ne jetez pas la tablette par terre pour l'éteindre !

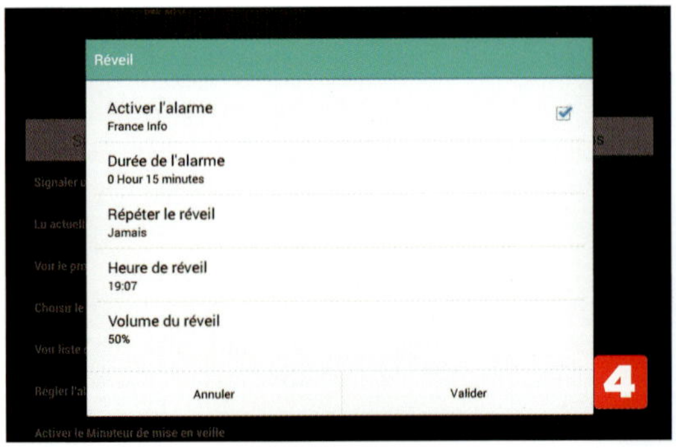

DIFFICULTÉ ★★★☆☆ 15 MN

RATTRAPER ET DÉCOUVRIR DES ÉMISSIONS GRÂCE AUX PODCASTS

1 COMPRENDRE LE PRINCIPE

Les podcasts ont d'abord été conçus comme un moyen de ne plus jamais rater une émission de radio que l'on ne peut pas écouter en direct. Le principe est simple. Une fois l'émission diffusée, la station de radio la propose en écoute libre, soit sur son site Internet, soit via son appli dédiée, soit via une appli de podcasts. Le terme dérive des lecteurs MP3 d'Apple, les iPod, pour lesquels le système de podcasts à été créé. Mais il ne leur est pas réservé heureusement. Petit à petit, le catalogue des podcasts disponibles s'est agrandi et a même commencé à proposer des émissions dont c'est le seul mode de diffusion. Et, du coup, en s'affranchissant du modèle de la radio, certains podcasts sont aussi produits en vidéo. Avec une appli de podcasts, vous pouvez réunir tous vos podcasts favoris pour les écouter ou les visionner quand bon vous semble. Sur Android, la meilleure de toutes est sans contexte Pocket Casts, et elle ne coûte que 3 euros. Un inconvénient toutefois, elle n'existe qu'en anglais. Faites l'effort, vous ne le regretterez pas.

2 TROUVER DES PODCASTS

L'appli a beau être en anglais, elle sait tout de même que vous êtes en France. Faites donc glisser du bout du doigt le panneau Discover pour afficher la liste des « Top ». Vous y verrez de nombreux podcasts des grandes stations RTL, Europe 1, France Inter, etc. Tapez sur l'un d'eux pour en voir une fiche descriptive et tapez sur Subscribe pour vous y abonner. Notez bien qu'il s'agit d'un abonnement gratuit : il s'agit juste d'indiquer à l'application que vous souhaitez écouter tous les épisodes de l'émission sélectionnée. Vous pouvez aussi taper sur la loupe pour lancer une recherche sur un mot-clé.

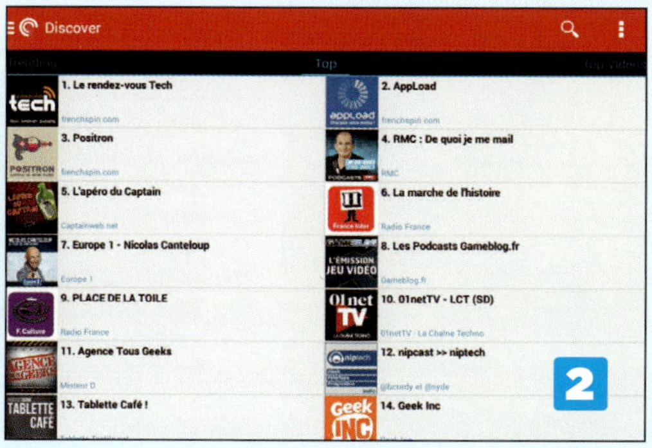

3 ÉCOUTER UN PODCAST

Faites glisser le panneau latéral d'options depuis le bord gauche de l'écran et choisissez Podcasts. Tous ceux auxquels vous êtes abonnés apparaissent sous forme de vignettes. Tapez sur celui que vous voulez écouter. Dans la fenêtre qui apparaît, choisissez si vous voulez télécharger l'émission sur la tablette (*Download*) ou écouter en diffusion directe (*Stream*).

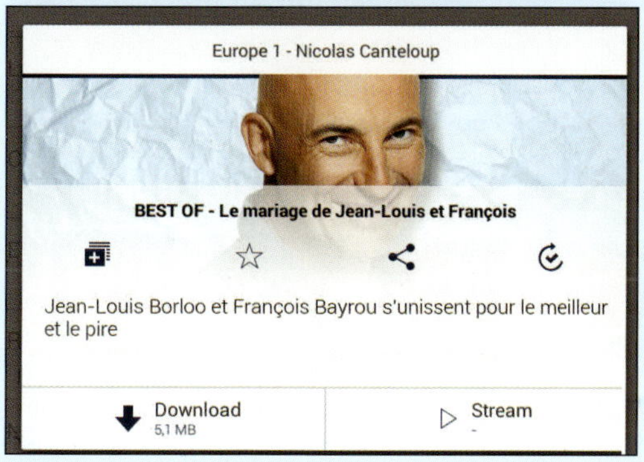

4 SYNCHRONISER SES APPAREILS

L'automatisation et la synchronisation sont les deux points forts de Pocket Casts. Dans le menu latéral, tapez sur « Setup Sync ». Tapez ensuite sur « I want to create an account ». Indiquez votre adresse de courriel et choisissez un mot de passe. Dorénavant, votre liste d'abonnements sera sauvegardée dans votre compte. Et si vous connectez un autre appareil, votre smartphone par exemple, au même compte Pocket Casts, tous vos abonnements et aussi la dernière position de lecture pour chacun d'eux seront synchronisés. Vous pourrez donc passer d'un appareil à l'autre et reprendre où vous en étiez. Pocket Casts existe sur Android mais aussi pour iPhone / iPad.

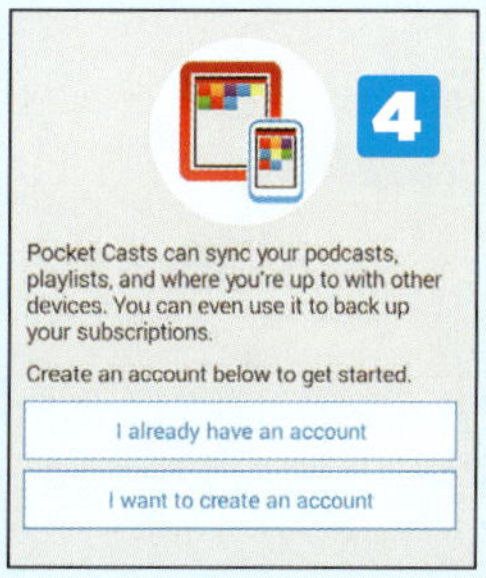

Les applis des stations de radio

Si vous êtes fan d'une station de radio en particulier, installez donc son appli sur votre tablette. Elle vous permettra tout aussi bien d'écouter le direct que de rattraper une émission que vous avez ratée, et aussi de voir des extraits vidéos de ce qui se passe en studio.

Écouter hors connexion

Par défaut, Pocket Casts vous fait écouter les podcasts en streaming, une connexion Internet étant nécessaire à tout moment. Pour télécharger automatiquement les épisodes dans la mémoire de la tablette, déroulez le panneau latéral et touchez la roue dentée en bas. Rendez-vous dans « Episodes Updates » et cochez « Enabled » dans la section « Auto Download ».

JOUER À TOUS LES JEUX SUR SA TABLETTE ANDROID

Jeux d'adresse, de lettres, de simulation de conduite, ou juste de détente, vous trouverez forcément un jeu qui vous plaira.

Jardins d'enfants

Il est étonnant de voir à quelle vitesse des enfants de 4 ou 5 ans s'approprient les tablettes et s'en servent pour jouer. Les tout petits adorent la série des « Qui parle ? » : des chiens, des chats ou encore le Père Noël qui répètent ce qu'ils disent, avec de drôles de voix. Autre best-seller : Fruit Ninja, qui développe leurs réflexes tactiles et aussi Cut The Rope. À partir de 7-8 ans les garçons se tournent plus volontiers vers des jeux de « baston », de type Kung Fu Warrior, et vers ceux… de leurs parents.

CATAPULTES **Angry Birds** mériterait une catégorie à lui tout seul : il existe maintenant plus de quinze versions du jeu de chamboule-tout le plus célèbre du monde. Outre l'original, toujours mis à jour, vous pouvez jouer à la version Rio, sortie en même temps que le film d'animation du même nom, Seasons, sans doute le meilleur de la série (et celui qui compte le plus de niveaux), Space et enfin Star Wars (1 et 2). N'oubliez pas de choisir la version HD pour votre tablette, afin de profiter au maximum de son grand écran. Dans tous les cas, le principe est le même : envoyer des oiseaux grâce à un lance-pierre pour détruire les constructions des affreux cochons verts. Simple, drôle et addictif : vous y passerez des heures, c'est certain ! Et si les catapultes vous plaisent, essayez donc aussi **Catapult King** qui vous propose un mode de jeu assez similaire mais en vision 3D, ajoutant une difficulté supplémentaire.

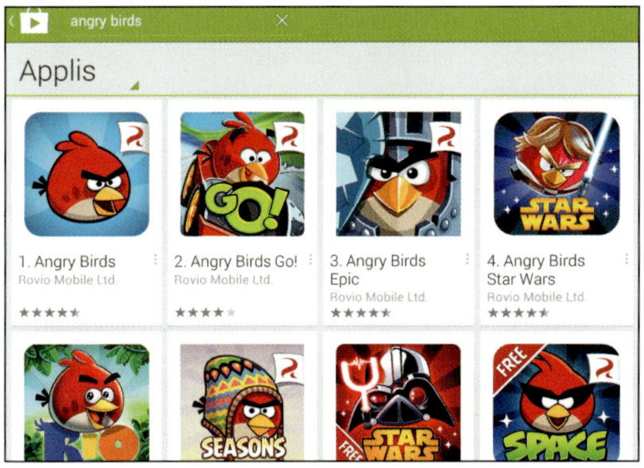

JEUX D'ADRESSE Besoin d'un jeu qui défoule et met au défi vos réflexes et votre adresse ? Avec **Crumble Zone**, devenez ce petit extraterrestre façon Wall-E qui fait des allers retours autour de sa planète, de plus en plus vite, pour la défendre contre les astéroïdes qui veulent s'y fracasser. Si vous préférez le combat aérien de la seconde guerre mondiale choisissez **Air Attack HD Lite**, un jeu très réussi dont le but est de faire subir un maximum de pertes à l'ennemi tant en l'air qu'au sol. Dans un style différent, vous apprécierez peut-être de jouer au billard américain avec **Pool Master Pro** : ici les réflexes n'interviennent pas,

Créez des soleils en plantant des tournesols et utilisez des plantes comme lanceurs de graines anti-zombies. Voilà le résumé de Plants vs Zombies. Attention, la difficulté monte vite de niveau en niveau !

c'est de la pure adresse. Enfin il y a **Plantes contre Zombies**, très apprécié des petits comme des grands. Comme son improbable nom l'indique, il s'agit de stopper avec des plantes l'avance de zombies envahissants. La version 2 est gratuite et propose des achats intégrés (In app) pour aller plus vite ou passer des tableaux si vous êtes bloqué.

PIED AU PLANCHER Envie de conduire à toute vitesse sans prendre de risque ? Saisissez donc votre tablette et installez quelques jeux de voiture. Le plus fun est sans doute **Asphalt**. Les versions 7 (4,49 €) et 8 (gratuite, avec achats intégrés) sont disponibles et sont tout aussi réussies l'une que l'autre. Pas de commandes compliquées ici : la voiture accélère toute seule et un simple coup de frein vous fait déraper dans les virages. Plus vous dérapez, plus vous gagnez de points… notamment en « dégommant » les autres véhicules. Pour une conduite plus réaliste, essayez donc **Real Racing 3**, installable gratuitement. Attention toutefois, le jeu propose ensuite de nombreuses options payantes. Mais cela en vaut la chandelle car il s'agit sans conteste du plus évolué des jeux de conduite. Le plus étonnant, c'est que vous affrontez d'autres joueurs via Internet, même s'ils ne jouent pas en même temps que vous : le jeu s'occupe d'enregistrer votre course et la rejoue lorsque d'autres joueurs entrent dans la course.

CHIFFRES ET LETTRES Si vous préférez vous détendre en faisant fonctionner votre intellect plutôt que de tirer sur tout ce qui bouge, vous pouvez opter pour le **sudoku**. Ce ne sont pas les applis qui manquent : lancez une recherche sur le Play Store, vous verrez ! Autre activité qui sollicite les neurones, les jeux de lettres, et notamment l'incontournable **Aworded** (anciennement Angry Words) aux règles très semblables à celles du Scrabble, dont l'appli officielle n'est malheureusement pas très agréable à utiliser. La version payante est vendue 1,53 €, mais c'est un achat qui vaut le coup car la publicité devient vite envahissante dans la version gratuite. Vous n'êtes pas opposé à la machine, mais à des partenaires bien réels, choisis aléatoirement ou parmi vos amis Facebook par exemple. Il est même possible (et recommandé) de jouer plusieurs parties en même temps.

DAMIERS ET PIONS Si les échecs vous passionnent, vous trouverez des centaines d'applis qui leur sont consacrées dans le Play Store. Celle nommée **Chess Free** (attention, leurs noms se ressemblent) jouit d'une excellente réputation, mais **Échecs Chess Live** offre une interface plus soignée et permet de jouer en ligne. Dans tous les cas, à moins d'être vous-même un maître, vous êtes sûr de trouver un adversaire à votre mesure. Dans un autre genre, les initiés trouveront de quoi jouer au go. Vieux de 3000 ans, le jeu de go est un véritable art martial mental. Et qui dit jeu de go en ligne dit **KGS**, du nom du site qui fédère les joueurs du monde entier. Avec KGS, vous êtes sûr de trouver un adversaire de votre niveau (mesuré en « kyu » et en « dan ») à n'importe quelle heure du jour ou de la nuit. Plus simple, vous pouvez aussi tester votre degré de concentration et d'attention avec un jeu de mah-jong. Ici, le but est de retrouver les paires de pions arrangées selon la méthode traditionnelle. **Mahjong Solitaire** ajoute un mode de jeu proche de celui d'Angry Birds en vous proposant de passer de niveau en niveau, de plus en plus difficile, pour avancer. Attention, là encore vous y passerez des heures !

Connexions
Appareil
Contrôle
Général
Comptes et sauvegarde
Comptes
Cloud
Gestionnaire d'appareils
Date et heure
Batterie
Mode Éco. d'éner
Stockage
Utiliser les informations › Affichage
Luminosité
Mise en veille de l'écran
Après 30 secondes d'inactivité
Durée de l'éclairage des touches
1,5 secondes
Écran de veille
Activer l'écran de veille.
Luminosité
Luminosité automatique
Réglage automatique de la luminosité
+2
Annuler
OK
Calculatrice
Mémo

À DÉCOUVRIR DANS CES PAGES

ALLER PLUS LOIN AVEC SA TABLETTE

Maintenant que vous maîtrisez tous les usages de votre tablette, poussez-la donc dans ses retranchements. Explorez tous les paramètres pour, par exemple, gérer au mieux son espace de stockage. Assurez-vous de la sauvegarde de vos données pour les retrouver en cas de catastrophe et apprenez comment suivre votre tablette à la trace si vous la perdez. Optimisez l'usage de la batterie pour la faire durer le plus possible. Et offrez-lui quelques accessoires pour la rendre encore plus utile.

PROFITER DES PARAMÈTRES AVANCÉS D'ANDROID

1 EXPLORER Les possibilités de paramétrage d'une tablette Android sont si nombreuses qu'il est impossible de toutes les décrire ici. D'autant plus que certains constructeurs ajoutent leurs propres idées aux paramètres de base d'Android. Ici, par exemple, les tablettes Samsung ajoutent des commandes vocales pour déclencher l'appareil photo à distance ou commander l'écoute de musique. Cela n'en rend l'exploration que plus intéressante. Plongez-vous dans toutes ces options pour découvrir ce que peut faire votre tablette : vous pouvez toujours revenir en arrière si besoin (**voir encadré ci-contre**).

2 CONSULTER L'OCCUPATION DE LA MÉMOIRE Si votre tablette vous avertit que sa mémoire est proche de la saturation, rendez-vous dans les paramètres de stockage (section Appareil pour les systèmes Android non modifiés et Général pour les tablettes Samsung). Vous y verrez une liste de tous les types de données et du volume occupé. Si vous avez paramétré plusieurs utilisateurs (**voir p. 54**), vous vérifierez la place occupée par chacun d'eux. Et si vous avez inséré une carte SD pour étendre la mémoire, faites défiler la page pour jeter un œil à sa capacité restante.

3 DÉTAILLER L'OCCUPATION MÉMOIRE Vous pouvez taper sur la plupart des types de données pour obtenir des détails supplémentaires. Par exemple, tapez sur « Espace utilisé » pour savoir ce qui est occupé par les applications, les images et vidéos, la musique et les téléchargements. Tapez sur chacune de ces catégories pour lancer l'application adéquate et éventuellement faire de la place en effaçant certaines données dont vous n'avez plus besoin.

4 DÉPLACER DES DONNÉES VERS LA CARTE SD Si votre tablette possède un emplacement pour y insérer une carte SD, n'hésitez pas et dépensez la vingtaine d'euros supplémentaires pour ajouter quelques Go à votre tablette. Vous pouvez en consulter la capacité dans les paramètres de stockage. La mémoire de la carte SD ne s'intègre pas à celle de la tablette : elle est plutôt vue comme un disque dur externe vers lequel vous pouvez transférer ce que vous voulez, à l'aide d'un gestionnaire de fichiers (**voir p. 92**). Sur certaines tablettes, comme ici chez Sony, vous pouvez automatiser un peu le procédé. Faites défiler jusqu'en bas la page des paramètres de stockage et choisissez « Transfert données vers la carte SD ». Dans la fenêtre qui apparaît, cochez les types de

Revenir à la configuration initiale

Si vous pensez que vous avez un peu trop « joué » avec les paramètres de votre tablette et que celle-ci ne réagit plus comme d'habitude, pas de problème : revenez à la configuration d'origine et reprenez tout depuis le début. Rendez-vous dans les Paramètres et choisissez « Sauvegarder et réinitialiser » dans la section Personnel (section Général pour les tablettes Samsung). Tapez sur « Rétablir les paramètres par défaut », ou « Rétablir la configuration d'usine » et confirmez plusieurs fois. Attention, cette manipulation efface toutes les données de la tablette. **Rendez-vous p. 154** pour savoir comment les sauvegarder en toutes circonstances.

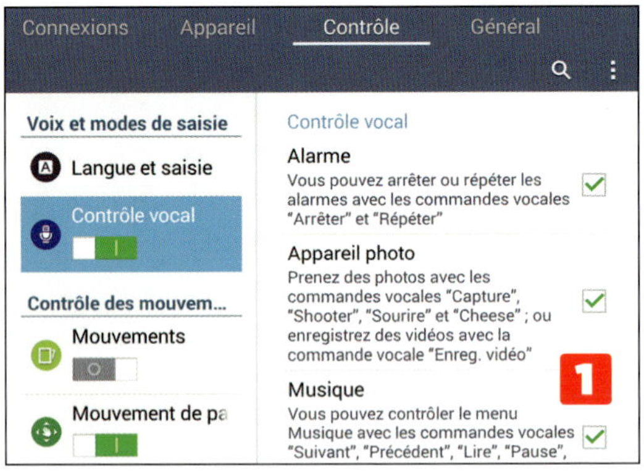

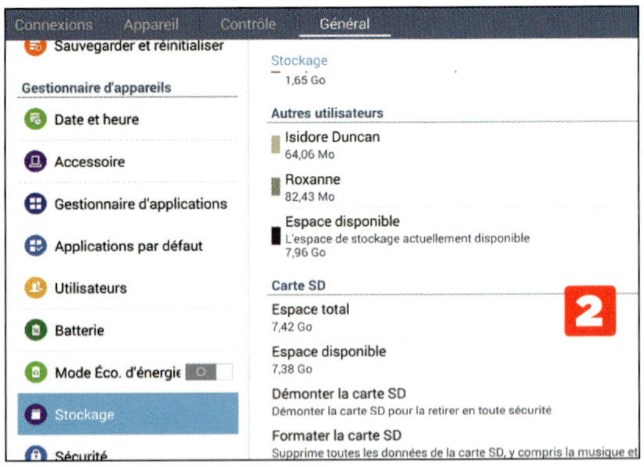

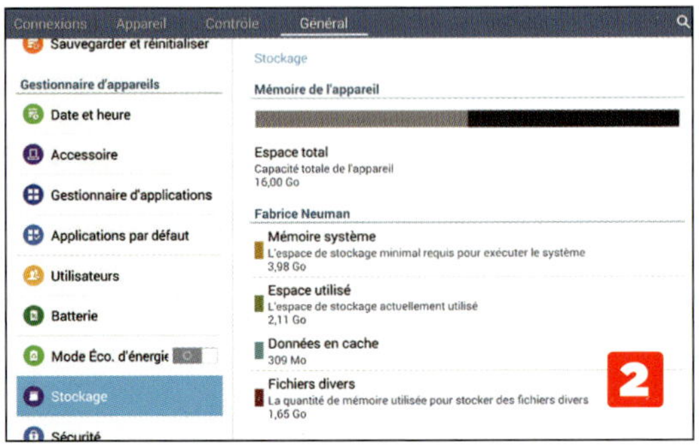

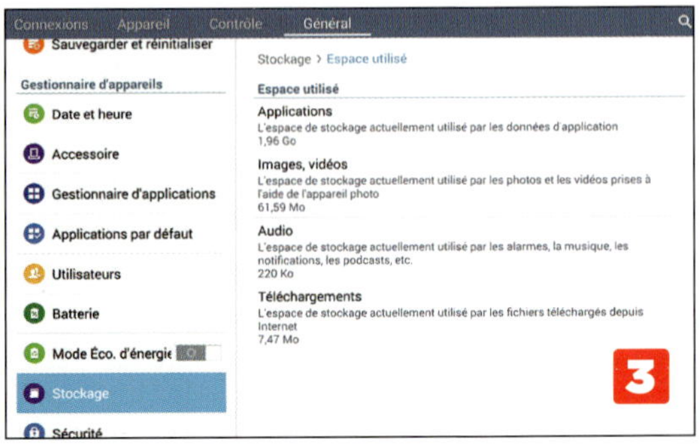

DIFFICULTÉ ★★★★☆ 10 MN

données concernés (Photos, Vidéos ou Musique) puis tapez sur le boutons Transférer. Patientez quelques secondes et voilà, vous avez libéré un peu de la mémoire interne de la tablette. Mais n'oubliez pas que si vous retirez la carte mémoire de celle-ci, vous n'aurez plus accès à ce qu'elle stocke, jusqu'à ce que vous la réinsériez.

5 GÉRER APPLICATIONS ET PROCESSUS

Comme un ordi, votre tablette Android fait tourner de nombreuses applications et modules en même temps, dont vous ne voyez que la partie émergée. Pour en consulter la liste complète, choisissez Applications dans les Paramètres. Une première liste vous montre toutes les applications qui ont été téléchargées sur la tablette. Tapez sur le nom de l'une d'elle pour obtenir quelques détails complémentaires et aussi des options d'action. Vous pouvez ainsi en forcer l'arrêt si l'appli ne fonctionne pas correctement, la désinstaller pour faire de la place et aussi en désactiver les notifications si les messages qu'elle délivre ne vous intéressent pas.

6 CONSULTER LES OPÉRATIONS EN COURS

Faites glisser vers la gauche du bout du doigt la liste des applications téléchargées pour obtenir celle des processus en cours. Là vous verrez en détail les activités «souterraines» de votre tablette et notamment certaines applications qui apparaissent plusieurs fois: c'est simplement qu'elles sont en train de faire plusieurs choses en même temps, et le système en tient un compte précis.

7 PROFITER DES OPTIONS SPÉCIFIQUES DES CONSTRUCTEURS

Asus, LG, Samsung, Sony, etc., les différents constructeurs modifient et complètent le système Android de base. Et il ne s'agit pas seulement de proposer une nouvelle interface. Regardez par exemple les options «Connectivité Xperia» des tablettes Sony qui vous permettront de connecter votre tablette à d'autres appareils de la marque: téléviseur, contrôleur de jeu, etc.

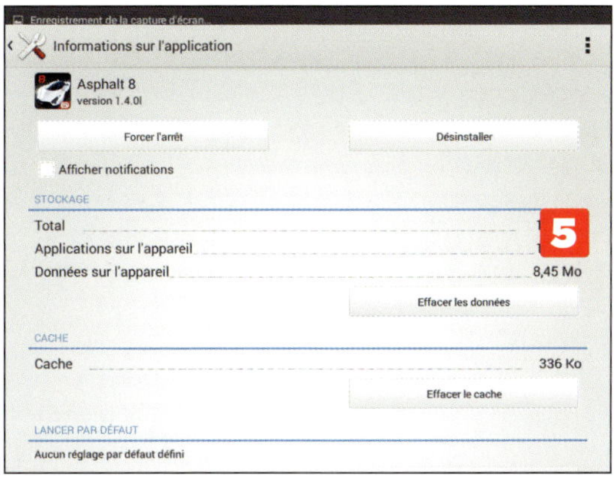

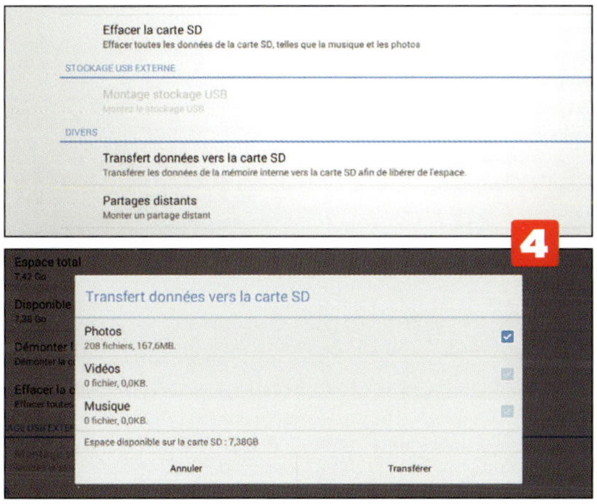

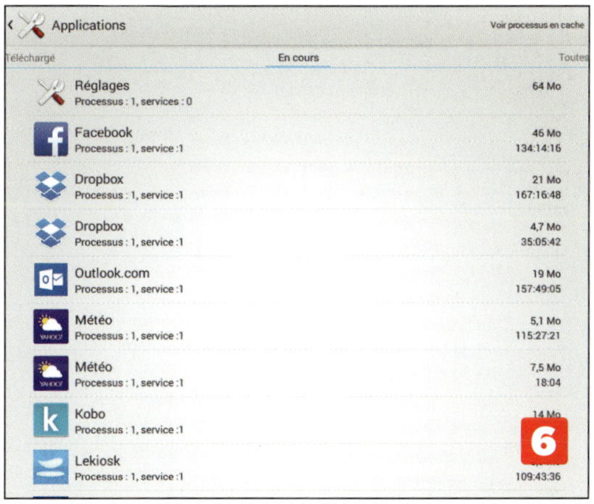

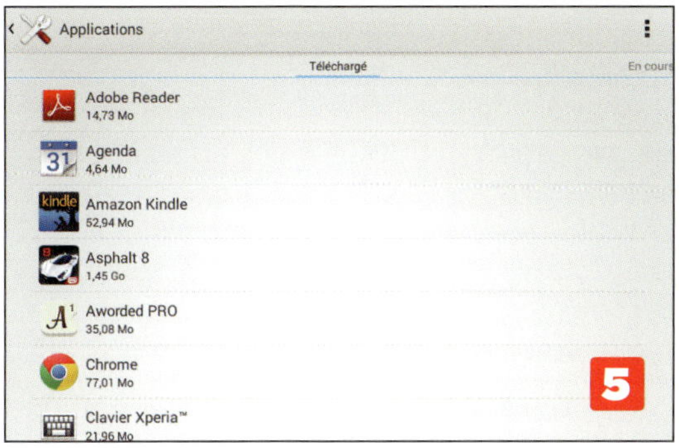

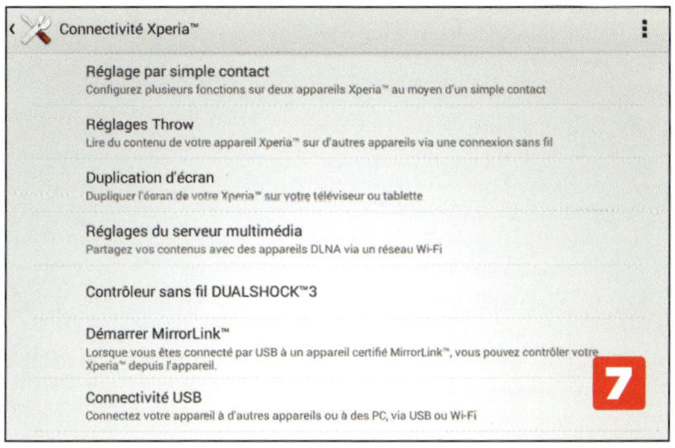

Agrandir les caractères

Si vous trouvez que les menus des paramètres ou même les noms des applis sous leurs icônes sont écrits trop petits, rendez-vous dans la section Affichages des paramètres et choisissez Taille de la police. Sélectionnez la taille qui vous convient dans le menu.

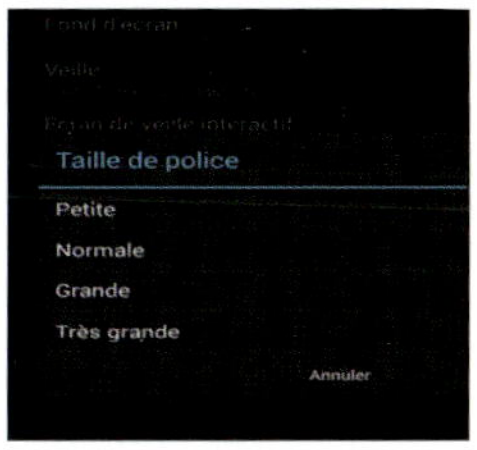

SAUVEGARDER SES DONNÉES ET SE PROTÉGER CONTRE LE VOL

Mettez toutes les chances de votre côté en sauvegardant les données de votre tablette Android sur un espace de stockage en ligne .

Même s'il est possible de s'en passer, ne pas avoir de compte Google lorsque l'on utilise une tablette Android n'a pas beaucoup de sens. Les services qui y sont liés se révèlent vite indispensables, notamment pour conserver ses données en sécurité. Grâce à Google Drive, par exemple, vous pouvez stocker jusqu'à 25 Go de données dans votre espace personnel en ligne (**voir p. 126**). Attention, à part pour les photos prises avec la tablette, le transfert de fichiers ne se fait pas automatiquement. Heureusement, vous pouvez demander au système de réaliser systématiquement la sauvegarde de fichiers importants. Ne négligez pas cette fonction. D'abord parce que vous pouvez perdre, casser ou vous faire voler votre tablette. Et aussi parce que la tablette peut connaître des dysfonctionnements, rares il est vrai, mais vous obligeant à repartir à zéro, depuis la configuration d'origine (**voir p. 152**).

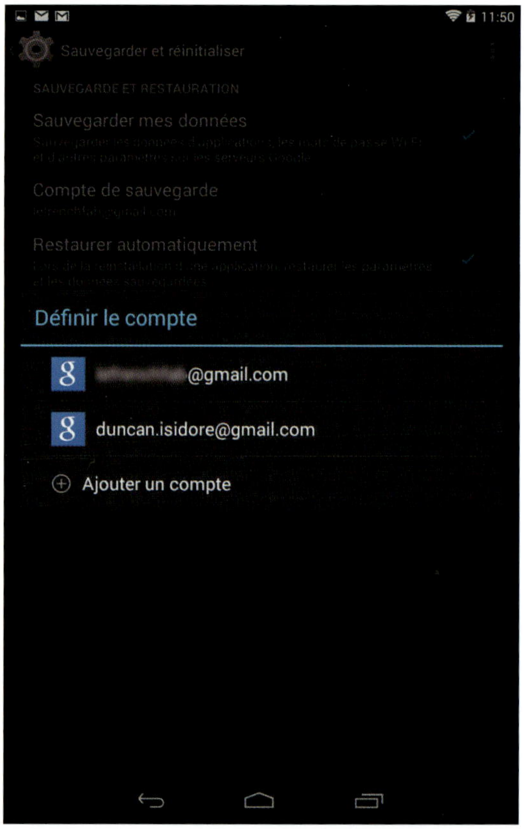

Synchro manuelle

Lorsque vous avez correctement défini le compte Google à utiliser pour la sauvegarde de la tablette, vous pouvez lancer manuellement une synchronisation. Rendez-vous dans les Paramètres, puis Comptes, et touchez l'intitulé Google. Déroulez le menu d'options et choisissez « Synchroniser maintenant ».

VÉRIFIER QUE LE COMPTE GOOGLE EST BIEN ACTIF Pour vous organiser avant de sauvegarder le contenu de la tablette, assurez-vous que le compte Google associé à votre tablette est bien celui sur lequel la sauvegarde sera effectuée. Pour cela, rendez-vous dans les Paramètres, puis dans la section « Sauvegarder et réinitialiser ». Dans l'écran suivant, tapez sur la ligne « Compte de sauvegarde ». La liste des comptes Google apparaît. Vous pouvez en effet en avoir plusieurs sur la tablette si, par exemple, vous en avez un pour votre usage personnel et un autre pour le travail. Ou encore si vous partagez un compte pour le Play Store pour pouvoir ainsi installer les mêmes applis sans les repayer sur tous les appareils Android de le maison. Sélectionnez le compte qui servira de réceptacle à vos données sauvegardées. Assurez-vous ensuite que la case « Sauvegarder mes données » est bien cochée. Cochez également la case « Restaurer automatiquement » qui vous permettra de récupérer les données et paramètres d'une application que vous avez déjà utilisée et que vous réinstallez sur la même tablette, ou sur une autre.

RÉCUPÉRER LES DONNÉES SAUVEGARDÉES
Voilà, vous n'avez plus rien à faire. Votre tablette s'occupe de sauvegarder en ligne les données d'applications, les mots de passe Wi-Fi des réseaux auxquels vous vous connectez et vos paramètres de personnalisation (fond d'écran, organisation des icônes, etc.). Plus tard, lorsque vous réinitialisez votre tablette à partir de zéro, ou que vous changez de tablette, une des étapes du premier démarrage (**voir p. 22**) vous propose de restaurer les données sauvegardées et liées au compte Google que vous indiquez. Si vous acceptez, vous verrez petit à petit toutes vos applications se réinstaller toutes seules. Et se remettre dans leur dernier état connu. Cela inclut par exemple les derniers niveaux joués avec certains jeux. Toutes les applications ne sont malheureusement pas compatibles avec ce mode de sauvegarde. Mais cela vous fera tout de même gagner du temps.

CONTACTS, CALENDRIERS, ETC. N'oubliez pas que votre compte Google sert également à sauvegarder vos données perso et à les synchroniser d'un appareil à l'autre (**voir p. 124**). De même pour les onglets ouverts et les favoris enregistrés dans le navigateur Chrome (**voir p. 28**).

SAUVEGARDER SES DONNÉES SUR UNE CARTE MÉMOIRE SD Certaines tablettes, comme ici une Sony Xperia Z2, proposent leur propre programme de sauvegarde locale de vos données. Cette fonction est surtout

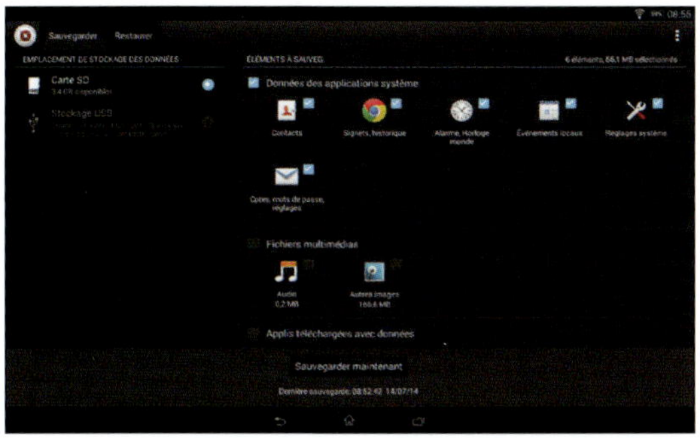

utile si vous disposez d'une carte d'extension mémoire. L'appli vous propose aussi de sauvegarder les données sur la mémoire interne, mais cette sauvegarde sera perdue si vous devez remettre votre tablette à zéro. Lancez l'appli « Sauvegarde et restauration » dont l'icône ressemble à la porte d'un coffre-fort, et choisissez la carte SD comme destination. Il ne vous reste plus qu'à cocher les données que vous souhaitez conserver.

RETROUVER SA TABLETTE PERDUE Grâce à sa puce GPS intégrée, votre tablette peut régulièrement envoyer à Google sa position géographique. Cela peut faire peur, mais il s'agit pourtant d'une fonction utile, voire indispensable, si vous utilisez votre tablette en dehors de la maison. Car elle vous permet de remettre la main sur la tablette si vous l'avez perdue, voire de suivre les déplacements de l'indélicat qui vous l'aurait empruntée. Rendez-vous dans

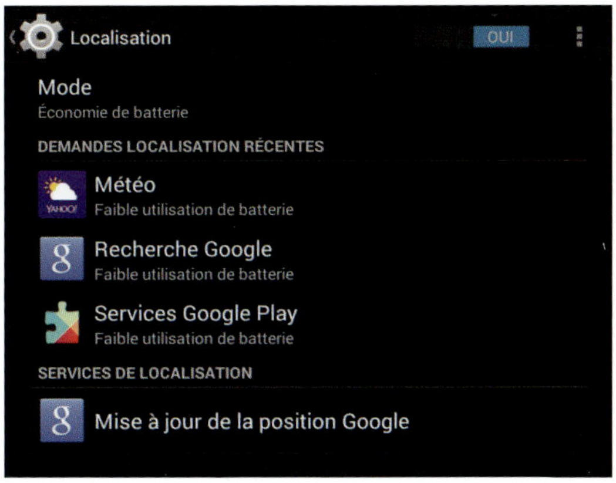

Activez l'historique de mise à jour de votre position géographique pour pouvoir retrouver votre tablette si vous l'avez perdue où si on vous l'a volée.

la section Localisation des Paramètres pour activer la fonction. Plus tard, si jamais vous cherchez votre tablette, il vous suffit de vous rendre sur play.google.com depuis n'importe quel navigateur Internet. Déroulez le menu des paramètres (la roue dentée) et choisissez « Gestionnaire d'appareils Android ». Confirmez votre mot de passe et une carte apparaît, montrant le dernier emplacement connu de votre tablette. La plupart du temps, la tablette est juste cachée sous un coussin : cliquez sur Faire sonner et dirigez-vous à l'oreille. La tablette sonnera même si vous l'aviez précédemment mise en mode silence. Cela ne fonctionnera pas, en revanche, si votre tablette n'est pas connectée à Internet.

EFFACER SA TABLETTE À DISTANCE Si jamais vous n'avez aucun espoir de retrouver votre tablette, cliquez sur « Activer le verrouillage et l'effacement des données ». Au moins, vous serez sûr que l'emprunteur ne pourra pas accéder à vos données.

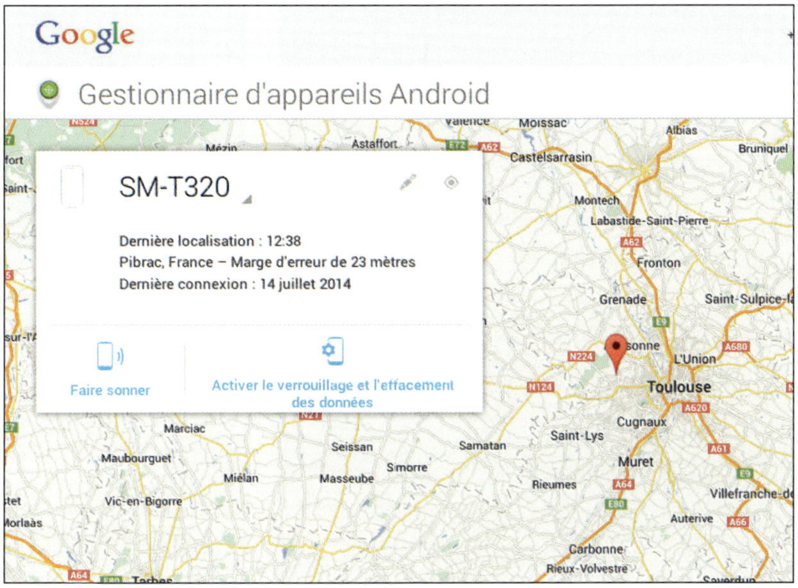

Localisez précisément votre tablette grâce au gestionnaire d'appareils Android lié à votre compte Google.

PLUS

✔ Les éditeurs d'antivirus et de solutions de sécurité proposent des outils complets pour protéger votre tablette Android de tous les risques d'infection, d'intrusion, de perte ou de vol, etc.

✔ Ces suites de sécurité vérifient en permanence les applications installées et les paramètres de confidentialité, et assurent les fonctions de protection et de sauvegarde des données présentes sur la tablette.

QUELQUES CONSEILS POUR OPTIMISER L'AUTONOMIE

Ajuster la mise en veille

Puisque l'écran est particulièrement vorace en énergie, pensez à faire en sorte qu'il s'éteigne rapidement lorsque vous n'utilisez pas la tablette. Rendez-vous dans la section Affichage des Paramètres et touchez Veille. Réduisez alors le délai au bout duquel l'écran s'éteint tout seul.

1 AFFICHER LES DÉTAILS DE LA CONSOMMATION D'ÉNERGIE

Le système Android garde une trace de tous les éléments consommant de l'énergie sur votre tablette et vous permet d'en consulter la liste. Rendez-vous dans la section Batterie des Paramètres (appelée Gestion de l'alimentation sur les tablettes Sony). En haut, vous découvrez depuis combien de temps votre tablette fonctionne sur batterie. En dessous, une liste de jauges vous indique la consommation de tous les éléments (écran, Wi-Fi, applications), classés par ordre décroissant de pourcentage de la consommation globale. Vous voyez donc d'un coup d'œil l'élément le plus consommateur. Il y a de fortes chances que l'écran soit quasiment toujours en haut de la liste. Mais cette dernière vous permettra aussi de mettre la main sur une application particulièrement gourmande. Il s'agira souvent de Facebook si vous n'avez pas pensé à désactiver la mise à jour automatique de l'activité de votre compte en tâche de fond (**voir p. 30**). N'hésitez pas à consulter cet écran régulièrement, pour suivre l'évolution de vos usages et de vos applications.

2 DÉTAILLER LA CONSOMMATION D'UNE APPLI

Tapez sur le nom de l'une des applications pour en voir les détails de consommation. Si le temps d'utilisation au premier plan est presque identique à la durée totale, la consommation est normale : c'est vous qui l'utilisez. Sinon, comme pour Facebook, il est sûrement temps de jeter un œil aux options d'utilisation de l'appli en arrière-plan.

3 GÉRER AU MIEUX LA LUMINOSITÉ

Votre tablette peut s'occuper d'ajuster la luminosité de l'écran en fonction de la lumière ambiante. Dans une pièce sombre, par exemple, le système peut baisser la lumière pour éviter de vous éblouir et, du coup, économiser de l'énergie. Rendez-vous dans la section Affichage des Paramètres et choisissez Luminosité. Activez ensuite la luminosité automatique. Sur les tablettes Samsung ou Sony, vous pouvez modifier légèrement le comportement du réglage automatique en demandant à la tablette de pousser un peu la luminosité par rapport à son réglage automatique de base. C'est une option bien utile car il faut bien avouer que les réglages

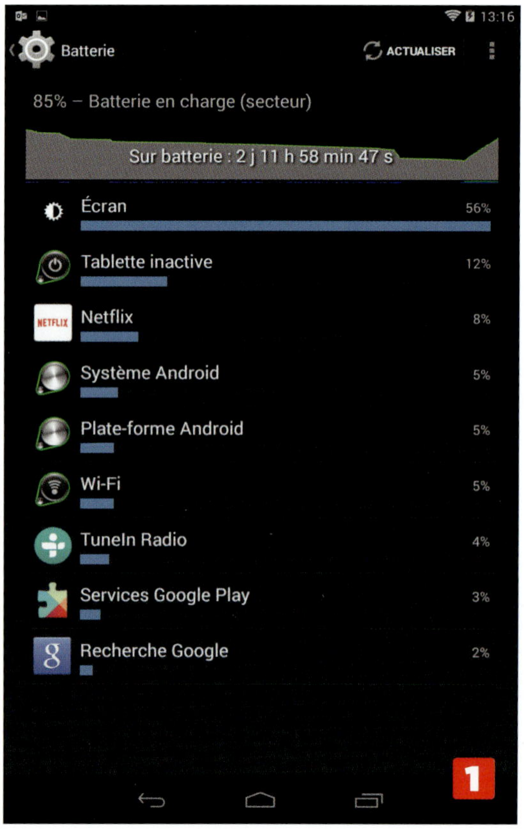

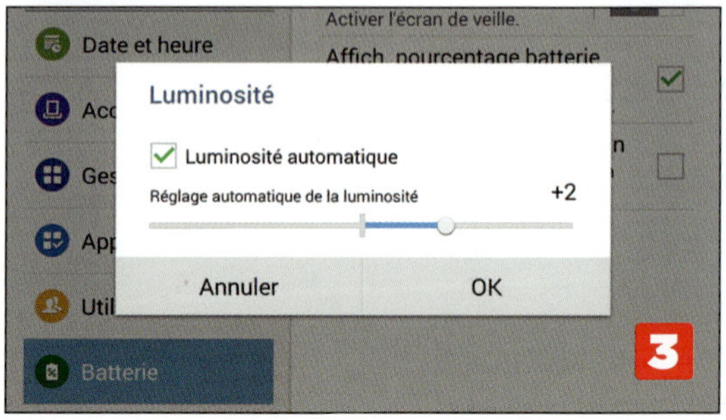

DIFFICULTÉ ★★★★★ 10 MN

automatiques d'Android ont tendance à trop vouloir économiser la batterie au détriment de la lisibilité de l'écran, souvent trop sombre.

4 **ACTIVER LE MODE D'ÉCONOMIE D'ÉNERGIE** Parmi les améliorations apportées par certains constructeurs, les modes d'économie d'énergie sont vraiment intéressants. Samsung et Sony en proposent. Activez-les lorsque vous approchez des 20 % d'autonomie restante et que vous savez que vous n'êtes pas encore près de pouvoir brancher la tablette à son chargeur. Ces modes ralentiront la vitesse du processeur et diminueront la luminosité pour faire durer la batterie plus longtemps. Le mode Stamina de Sony vous donne une idée de l'autonomie restante, via les options de Gestion d'alimentation.

5 **DÉSACTIVER LE BLUETOOTH** Les protocoles de connexion sans fil, même lorsqu'ils ne sont pas utilisés, consomment de l'énergie. Si vous ne disposez à proximité d'aucun périphérique susceptible de se connecter à votre tablette via la technologie Bluetooth, il n'est pas nécessaire de conserver celle-ci activée. Rendez-vous dans les Paramètres, section « Sans fil et réseaux » pour y désactiver le Bluetooth. Vous pourrez bien sûr le réactiver dès que vous en aurez besoin.

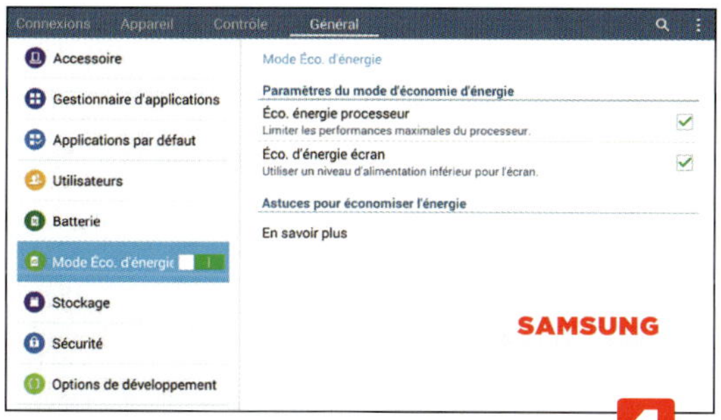

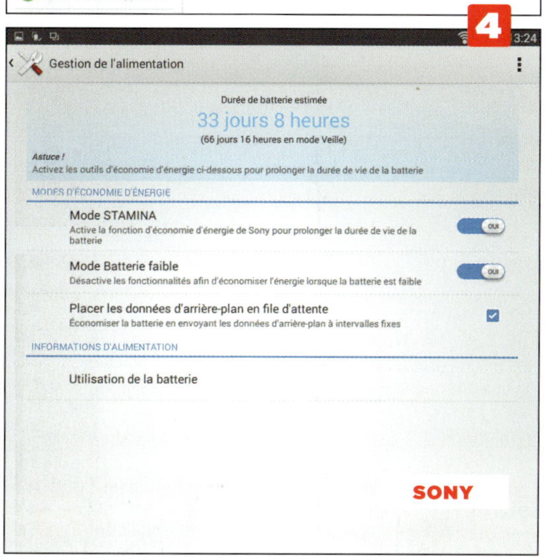

6 **GÉRER LE WI-FI AU MIEUX** L'opération que vous venez de réaliser avec le Bluetooth ne peut pas vraiment être reproduite avec le Wi-Fi. Si vous désactivez ce dernier, vous ne pourrez plus vous connecter à Internet. Cela dit, vous pouvez réduire l'impact du Wi-Fi sur la consommation d'énergie. Dans la section « Sans fil et réseaux » des Paramètres, tapez sur l'intitulé Wi-Fi et déroulez le menu d'options pour y choisir « Options avancées ». Dans l'écran qui s'affiche, tapez sur l'intitulé « Wi-Fi actif en veille », et choisissez « Uniquement si appareil branché » dans le menu qui apparaît. Votre tablette se déconnectera ainsi d'Internet lorsqu'elle se met en veille et qu'elle n'est pas branchée à son chargeur. Attention, cela signifie également que, dans ce cas, elle ne recevra plus les notifications de nouveaux messages ou d'informations provenant d'une application.

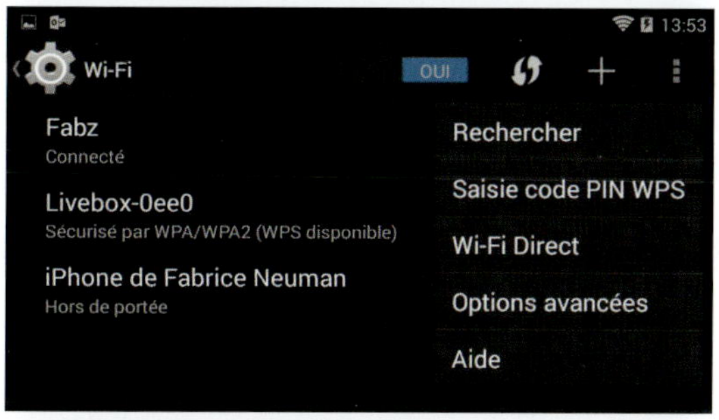

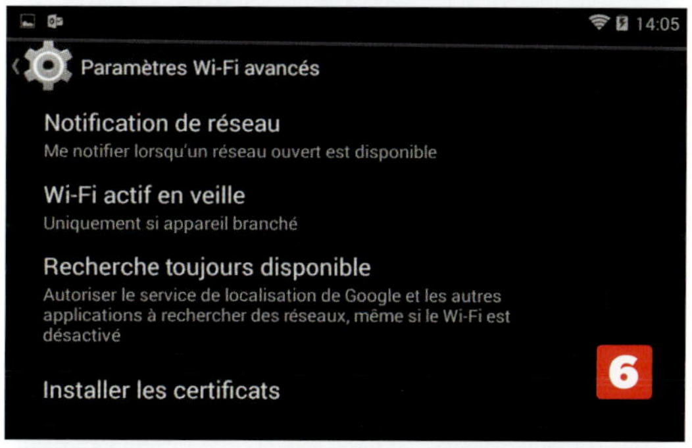

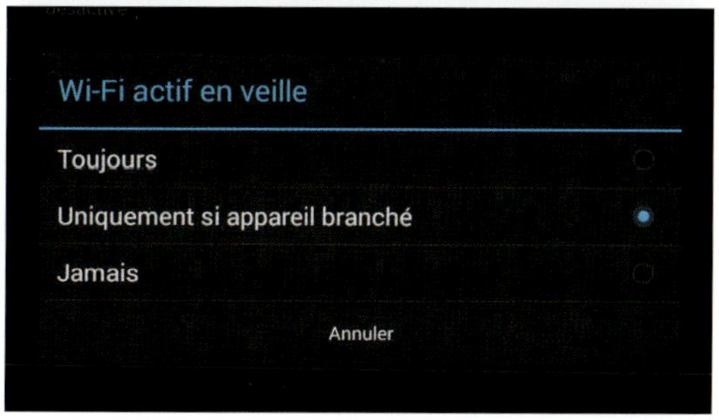

Luminosité en dessous du minimum

Grâce à son écran rétro éclairé, une tablette est un appareil parfait pour lire un livre électronique dans le noir, sans avoir besoin d'une lampe de chevet. Cela dit, dans ces conditions, l'écran peut se révéler éblouissant, même avec la luminosité réglée au minimum. Installez donc l'appli Night mode, qui vous permettra de réduire encore la luminosité. Et si votre tablette est équipée d'un écran de type AMOLED, cela vous fera même économiser un peu d'énergie. Mais cela restera toutefois marginal.

TOUS LES BONS ACCESSOIRES POUR UTILISER SA TABLETTE PARTOUT

Offrez à votre tablette les meilleurs accessoires, pour l'utiliser au mieux au quotidien, chez vous ou en voyage.

STUMP STAND - SUPPORT MULTIPOSITION
Envie de regarder un film sur votre tablette sans avoir à la tenir dans les mains ? Vous avez besoin d'un support. Celui-ci est simple et élégant. Il vous suffit d'insérer la tablette dans l'encoche pour la maintenir en position. Une deuxième encoche permet de placer la tablette un peu plus à plat. Et si vous avez besoin de taper au clavier, placez la à plat sur le support : le dessus est un peu incliné et la tablette ne glissera pas grâce au revêtement caoutchouc. Le support est lui-même très stable grâce à son contre-poids caché dans la base. **Environ 20 euros**.

CARTE MICRO-SD ET ADAPTATEUR Certaines tablettes vous permettent d'y insérer une carte mémoire au format micro-SD pour étendre ses capacités, vous ne savez peut-être pas quoi faire de la carte en question lorsque vous la sortez de la tablette. Pas de problème avec cet adaptateur. Glissez la micro-SD dedans et elle devient une SD standard que vous pouvez insérer dans le lecteur de carte intégré à votre ordi, ou brancher à votre ordi via un câble USB. **Environ 15 euros pour une carte 32 Go et un adaptateur**.

CHROMECAST - SA TABLETTE SUR LA TÉLÉ DU SALON Plutôt que de regarder le film sur la tablette, pourquoi ne pas profiter du grand écran de la télé du salon ? Il vous suffit pour cela de vous procurer le module Chromecast, conçu par Google. Il ressemble à une grosse clé USB, mais se branche en réalité dans une des prises HDMI du téléviseur. Et vous devez aussi le brancher à une prise électrique, car la prise HDMI ne délivre pas d'énergie. Si votre téléviseur est équipé d'un port USB, vous pourrez vous en servir pour alimenter le module Chromecast. Une fois installé, une rapide procédure d'installation vous permet de le relier à votre réseau à la maison. Ensuite, votre tablette le détectera et il vous suffira de taper sur le bouton « Caster » pour envoyer le film que vous regardez depuis la tablette vers le téléviseur. Et sur quelques modèles de tablette récents, vous pouvez même envoyer une copie dynamique de l'écran vers la télé. Ce qui vous permettra par exemple de montrer à d'autres ce que vous êtes en train de faire sur la tablette. **Environ 35 euros**.

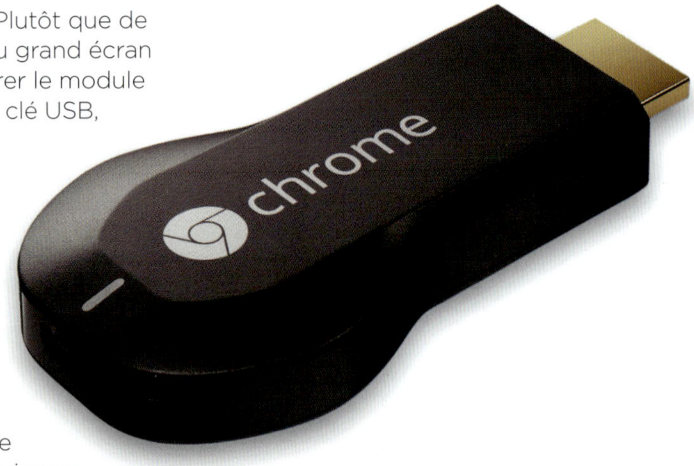

CLÉ USB BI-MODE Si vous échangez souvent des fichiers entre votre tablette et plusieurs ordis, rien de mieux qu'une clé USB bi-mode. D'un côté un branchement USB classique pour l'insérer dans l'ordi et de l'autre une prise micro-USB pour la brancher à la tablette. Dans les deux cas, la clé apparaît dans le gestionnaire de fichiers et vous voilà paré. **Environ 15 euros pour 16 Go et 25 euros pour 32 Go**.

CLAVIER PLIABLE - SAISIR DU TEXTE PARTOUT Le clavier tactile d'une tablette est très pratique mais pas toujours très rapide pour saisir de longs textes. Et emporter avec soi un vrai clavier rend la tablette un peu moins mobile. Le clavier pliable est peut-être le compromis qu'il vous faut ! Il ne prendra pas de place dans votre sac et se connectera automatiquement via Bluetooth lorsque vous en aurez besoin.
Perixx Periboard-805L, environ 30 euros.

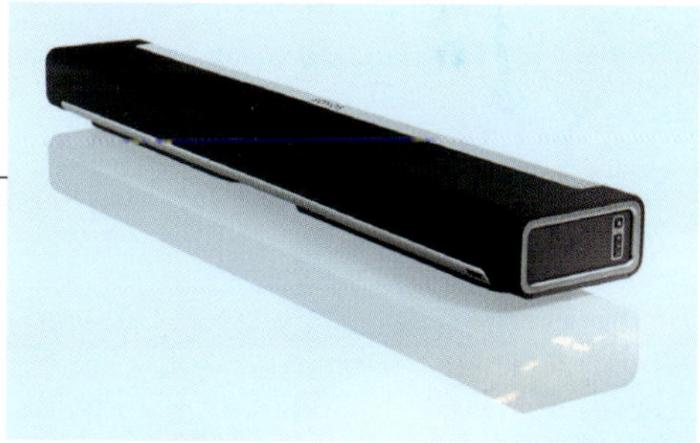

ENCEINTE BLUETOOTH OU WI-FI - DE LA MUSIQUE DE QUALITÉ SANS FIL Vous avez peut-être de la musique stockée sur votre tablette. Ou vous êtes peut-être abonné à un service de musique illimitée en streaming comme Spotify, Google Music ou Deezer.
Et, franchement, les haut-parleurs de la tablette ne permettent pas de profiter de toute la profondeur de vos morceaux favoris. Investissez donc dans une enceinte Bluetooth. Vous pourrez y envoyer votre musique et continuer à utiliser votre tablette sans bouger de votre fauteuil.
De 50 euros à plusieurs centaines d'euros selon la qualité.

NOTES